野間宏

親鸞から親鸞へ

現代文明へのまなざし

新版

三國連太郎

藤原書店

新版にあたって 1

環境破壊の現代を切り裂く——映画『親鸞・白い道』に寄せて

野間 宏

『親鸞・白い道』創造への三國連太郎の旅立ちは、まことに長いものだった。時には行方知れぬ深山の霧の中に迷い入り、ついに出口は見出せず、その姿を隠したまま、消え行くかと思われた。しかし、いま、幾重にも折り重なった、幻影の薄幕を切って落し、その巨大な傑出した作品『親鸞・白い道』は、われわれの前に、現代世界に姿を現し、置かれている。けわしい創造作業の跡は、見事に拭い取られて、作品の思想の結晶は、若き日の親鸞である善信の大きな苦難のなかを、一筋の狭い白い道を見つめ、導かれて、如何なる事件、事変、災害に出会おうとも、退くことなく、自ら然らしめる大自然の浄土への道を切開く透明な中軸を見え隠れさせるようにして、結ばれている。

時は中世院政の時代であって古代王朝の終を告げる内乱の打ち続く時代である。一挙に興り全盛を極めた平家が滅び行き、源氏がこれに代って天下を取るもまた同じように亡びのなかに入り、後鳥羽上皇は王政時来るかと窺っていた京都のうちにあって、鎌倉幕府討つべしとの院宣を下し、全国に兵を募るも、すぐにも北条の軍に打ち破られ、ついえてしまう。しかしその北条氏にも、内紛があって兄弟相争うこととなり、諸国の豪族、領主達は機を窺うが、なかでも宇都宮蓮生は、近辺の領主たちを集め、人心を迎えて、広く権勢をたてようと高田阿弥陀寺を勅願寺とし、ここに太子信仰の多くの念仏信者の敬い、心の依りどころとする善信を収め容れて、自身は多くの大衆の頭領となろうと、謀るに至るのだが、しかし善信その人は、この領主たちの待っている寺院は、戦乱で刑死される人、餓えと疫病に囚われ死に行く人々、清目、非人、犬神人とともにあった自身の身を寄せ、念仏門をひろめるために住するところではないと拒り、踵を返し荒野のなかを行くのである。

作品『親鸞・白い道』は、おおよそこのようにたどることが出来るが、映画の画像は、一つ一つ臨場感をたたえ、余りにも大きく、画面を収め切ることが出来ず、そこから、溢れ出て観る者に迫り、把えてはなすことのない、これまでの映画作品の垣を高く越え出る映画法による創造を達成したものと、見届けることが出来た。

後鳥羽院の時、法然上人の念仏門が生まれ、大に世にひろがり、旧仏教を圧えて人々は念仏門に先を争うように入信したが、後鳥羽院、土御門院の下した念仏門禁止令により法然上人は土佐に、門下七人流罪、安楽ほか四名に死罪のつみを蒙る。『教行信証』の後序に「主上臣下、法にそむき義に違し、いかりを成し、うらみをむすぶ。これによりて、真宗興隆の太祖源空法師ならびに門従数輩、罪科をかんがへず、みだりがましく死罪につみす。あるひは僧の儀をあらため姓名をたまわって遠流に処す。予はそのひとつなり」。

善信三十五歳、雪に煙る六条河原に京のありとあらゆる民衆に埋めつくされた中に端座した安楽が、首斬り役の放免に斬首される。柿色衣を着た善信、笈を背に旅姿で立っているが、念仏者に対する迫害は遠く越後にも及ぶ。

妻、恵信と十歳の小黒と明信《あさ》、生れたばかりの己己を連れての東国への善信の旅立ちが始まり、移り行く善信を追って作品は展開する。越後の奥山の猟師、鉄《まがね》を掘る者、海で漁をする者、東国一円に、太子（聖徳太子）をお守りするものは、五万・六万といるが、悲しいことに、それを導く者がいないと、善信を劉舟にのせて案内する射鹿が言う。

雪の山越え。人買いの阿藤太に、あざむかれて、山越えする百人程の群、父母・子供・年寄達・家族等の集団が、描きとられる。阿藤太に買われた者達は荒涼とした河原の集落につれていかれる。その清目の部落で、死んだ己己を葬ることで恵信と言い合う善信。「念仏はそのようなものではない。念仏は事実を事実として我が身に引き受けよと、み仏は仰せられている。」

次いで餓鬼病《やみ》の棲窟《すみか》。太子堂。一斗の祖母の綾衣との出会い。綾衣は善信の言葉を聞くうちにわれ知れず口に出す。「おら、見えねえ目が明るくなったような気がすっど。」

しかし、綾女の孫一斗は奥山の砂鉄踏鞴場で番子として働いており、ついに踏みすぎて吹っ飛ぶ土炉《かま》の鉄炎のため、死ぬ。気を失った善信は一斗の死骸をさがしだす。善信は一斗を背負って、砂鉄土炉により鉄を取り巨利を得ていた山伏弁円《べんねん》を庵壺の行場につきとめ、迫りつくす。この仮面をはぎおとされる弁円と善信の対比は、この作品のなかの中軸を貫ぬくものを、あらわにし、また、ただちに隠し去る。

砂鉄廃棄物《かじ》が溶けて流れ込む、山の流れの淀みに、幾多の魚の白い腹をみせた死体が浮び上っているのを善信は見届けたのである。

犬神人の宝来は、蓮生に依頼されて善信を殺そうとする考えであったが、童女を抱いた善信の姿にうたれて、善信のたのみを引き受け、必らずこの子を東山大谷の照阿弥殿にお届けしようと誓う。この時、善信と堂脇《わき》に吹雪をさけた宝来は、常に顔を覆っていた頭巾を配《はら》い去る。額に刻み込まれた犬の字、宝来の顔は観るものの心を痛みで揺すぶる。

この後での、善信と恵《あさ》信の姿と対話は、町堂（六角堂）のなかでのちよと善信、善信にすがるように両手を差しのべるちよ、それを拒否する善信、竜安がちよに近づき、その前に立ちはだかり、二人の必死の格闘がつづき、竜安がついに燭台を手にしてちよめがけて打ち下す。炎上する六角堂。その場面とさらに、稲田・善信居室での、善信の世話をするように頼重にいわれて来た巫女になりそこねた女、はいちの仏子、その場面などが重なりあい、恵信の声——

「もう二度とお目にかかることがなくとも、私のなかのあなたは決して私をかなしませることはありません。誰れにも奪われることのない殿御をいだいた今、私は自由になりました。」

この自由の言葉が、しんに生きたものとなる。そして、高田阿弥陀寺に、金色の本尊、阿弥陀仏を背に、着飾った蓮生、頼重そして真仏。向いあって近在の領主達が居並び、慶讃七ヶ日法要結願の日、二荒山の修験が神呪を誦し、天長地久御願円満の祝聖をおえ、堂内、念仏の声で埋り、一同の待っていたのは善信である。しかし善信は旅装に笈を担ぎ鹿の杖をついて現れ無言で「ここにはわしの席などあるべくもない」と、静かに合掌して、踵を返す。

そして、朝焼けの荒野を善信は行く。荒野に一本の白い道が、その足元に生れでる。

安楽処刑、安楽の斬られ落ちた首が、水のなかで口を聞く。

河原の大地を掘りつづけ、刳舟をあやつりつづける善信、薬草をつみたくわえる善信などが、大きく画面をはみでる画像となった。

何日も何日も私のうちに生れでる。

核戦争、局地戦、餓えて死のなかに陥ちる南の人々。

環境破壊の現代を切り裂く青年、「親鸞・白い道」。

頑丈な身体をした善信、一見鋭さがないように見えるが、この大きな時代を根底から身に受け取り、しかも、大宇宙につねに身をつつまれる、その全心身をよく表現している。恵信、その他の人たちも全力をつくして、生きている。

新版にあたって 2

今、「親鸞・白い道」を撮り終えて

三國連太郎

私が親鸞という人に初めて出会ったのは、もうだいぶ前のことになりますが、三ヶ月ほどインド旅行をした際でした。向こうでたくさんの仏教遺跡を見ていて、私自身が仏教の見方をまちがえていることに気がついたのです。そういうあやまりを通して、つまり日本人の精神史を大きく形作った原点を見つめなおすことが、戦後四十年を生きてきた私自身のひとつの責任といいますか、手ごたえのある仕事ではないかと思っています。

まず映画化することを前提にして原作『白い道』を書くことに始まりました。今から思うと原作は少し資料主義に走り過ぎたきらいがあります。このことは読売新聞で内容にふれているのですが、ひたすら自分の中にある親鸞のおかれた社会的環境に重点を置いて原作を書いたわけです。したがって脚本や演出の段階になって、これが大きな歪みになりました。すでに脚本にするという段階で原作のままだと、まったくドラマになりませんでした。ニュース的に撮る場合でしたら構成の仕方はそれなりにありますが、ドラマとなると事情は変わってくるのは当然です。それで困ってしまって社会的環境をまったく取り除いて親鸞個人という立場で書いてみましたが、今度はホームドラマになってしまいました。何とかしなくてはいけないと思いながら、結局十一稿まで書いてクランク・インしたようなわけです。ところが、いざ現場で演出してみるとまるで図式的で、芝居がちっともおもしろくありません。それともうひとつは他の人の場合はわかりませんが、役者という職業を持っている私が脚本を書くと、どうしても登場人物を自分の持ち味にしてセリフを書いてしまうのです。つまり机上で書く場合と、現場に行って私の肉体ではなく他の肉体（俳優）がしゃべる場合では全然違うということです。ですからこの段階からは演出をする者として登場人物を血の通った人間に書きなおしたり、セリフを削ったり付け足したりを現場でやりました。シナリオに毎日改訂箇所が出るものですから、俳優さんたちに二度ほど突きあげを喰いました。しかしもうそんなことに遠慮して、自分の納得できないまま映画を撮るのはいやだと思いましたので、最後まで恥を忍んでなおしていました。

原作を書いたり脚本を書くことに比べると、現場での構成とか演出プランにとまどいを感じたことはありませんでした。私がとまどったままでいますと、七十人からの現場のスタッフはついて来ませんから。とまどったふりは一切見せないで現場を引っ張って行くしかなかったわけですが、私は幸い長いこと役者をしていましたので、そういう意味では現場の七十人が非常に協力的でした。私が逡巡している部分では美術の木村さん、撮影の山崎さん、照明の加藤さんたちの大ベテランがサジェスチョンを与えてくれたり、案を出してくれたりしましたので助かりました。

非常につらかったのは原作の段階から脚本に移る過程、さらには監督として現場に入り生きている人間を動かすことのきりかえです。原作を書くのは自由ですし、通常のケースだと脚本を書いて監督に渡したら、脚本家には責任はないわけです。今までは脚本をもらっても俳優として気に入らなければ、突き返しました。そして現場に行っても演出家が逡巡していたりすると「お前頭悪いんじゃないか」とか、「被害妄想だ」とか勝手なことを言って、朝なんか遅刻してもスタッフには大目に見てもらえていました。当然のことですけれど、それが今回はできません。役者が本職であるという次元での妙なとまどいでした。

ともかく、原作から脚本、そして初監督と十五年の歳月を費やした『親鸞・白い道』は完成いたしました。普通の人間と同じように恐れ、悲しみ、怒った親鸞の生き様を通して、人間として何が大切か、今、何をすべきかを考えていただけたら幸いです。

（以上二篇、映画『親鸞・白い道』パンフレット、一九八六年より）

新版にあたって 3

野間宏さんとの出会い

三國連太郎

〔前略〕さきほど、木下（順二）先生がちょっと読んでくださいました「無償性」という一文がございますが、これが私にとって野間先生との短いおつきあいの中で、非常に大きな影響を受けた部分でございます。そのへんをちょっと二、三分、時間を借りて、お話させていただきたいと思います。

じつは、野間先生と知り合いになる前に、いろいろな仕事をしてきたわけです。言ってみますと、一銭五厘の召集令状をもらって、あんまり鉄砲も撃ちたくなかったんですけれども、撃たないと具合が悪いということで、味方に殺されるのは嫌ですから戦地へ行って、幸い私は無能な兵隊だったものですから、一発の鉄砲も撃たずに終戦になったわけです。ただ、周りに約千二百名ぐらいの同年兵がおりまして、帰りがけに数えてみたらば、三分の一ぐらいに減っているわけです。それはガダルカナルへ行ったり、いろいろあちこちで連戦して、みなさん命を失ったわけですが、最後に私が終戦を聞いたのは、ハンカオというところがございますが、そのハンカオの憲兵隊の前にスピーカーがありまして、よく聞きとれないけれども妙なことをおっしゃっているわけです。「忍び難きを忍び」というだけしか私の耳に入らなかったわけですが、司令部に帰りましたらば、戦争が終わったというわけです。

しかし、戦前の私の中に鬼畜米英という教育が染みついていたわけです。なんとなし自分は戦争で何の関係もない人を殺さなきゃならんという運命を背負わされていたわけですけれども、しかし終わってしまえば、日本へ帰ることができるという気持ちで、佐世保へ帰ってきましたらば、もう六尺豊かの、六尺なんていう古い言葉では申しわけございませんが、一メーター八十センチぐらいの（笑）アメリカの兵隊さんが、上陸するとすぐに、ＤＤＴで頭から、背中、おちんちんまで全部消毒してくれたわけでございます。まるで粉屋の倅になったような形で、そういう兵隊の収容施設に入ったんですけれども、そこで只券の切符をもらって田舎へ帰ったわけです。田舎へ帰りますと、万歳三唱で送られたはずの私が一番危険な人物だということで警察に狙われますし、これは思想的な問題ではなく、食料がなくなると僕ではないかというようなことなんですが、これは帰還兵はみんなそういう災難にあっているんではないかと思います。

野間宏との出会い、映画『白い道』

そういう状態の中で、私はいろいろと職業を変えて、最後に役者になったわけですが、もう右も左も全くわからないところで、不特定多数の作者と不特定多数の演出家の指導を受けながら百本近く芝居をやってきたんですが、だいたい一本の撮影期間が三ヶ月ぐらいあるわけですが、百本というと三百ヶ月ですね。これはもうたいへんな影響がありまして、私自身まったく知らないうちに、私という存在自身が私自身にもわからなくなってしまったわけです。ああ、このまま死んでしまうのはちょっとつらいなというような気がいたしまして、じつは嫁さんに、もうこのへんで別れてくれないだろうかというふうに言いましたらば、今後の生活を保障してくれればということで、持っているものを全部置いて、じつはインドへ行ったわけです。なんてことはない、とにかくブラブラ歩いていれば、何か私が生きるという願いみたいなものが蘇ってくるんではないかと思って行ったわけですけれども……。何かつまらない話ばっかりしましてすみません。

そういうような形で、私は向こうに残っておる仏教というものの残滓、もうほとんど仏教というものは消えておりまして、残っておるのは、なんとなしバーミヤンの仏像とか、そういう形骸だけしかないわけですけれども、どうも違うような気がしたんです、日本の各宗派仏教のあり方みたいなものが。これは何かやっぱり違うんじゃないか。「死について」ということで自分のドキュメンタリーを撮るつもりで行ったんですけれども、なかなか都合よく死ななかったものですから、最後の場面だけ残して日本に帰ってきたわけです。

そこで私の事務所に一緒におりましたY君という、彼は製作の専門家なんですけれども、「じつは仏教についていっぺん映画を作ってみたい」と言いましたら、これは全く儲けにならないし、借りた金も返せないのが当然というぐらいの、あまり企画性がないと言うんです、商業主義の中では。

それもそうだろうと思ったんですけれども、三ヶ月間インドで感じたものを、何とか日本の社会の中で投影させてみたいと思いまして、それでだれが一番相談に乗ってくれるだろうかと言いましたらば、Y君が「野間宏さんという方がいるんだ。一度飛び込みで行ってみないか」と。「どこに住んでいるの」と言ったら、「本郷に住んでる」と言うんです。かつて私も武田泰淳さんの作品も三本やりましたし、富士（正晴）さんという方のものもやりましたが、幸か不幸か、野間先生のものは『真空地帯』も何もやってないんです。

それで、じゃあ行ってお願いしてみようかということで本郷へ行ったらば、そこにいらっしゃる奥さんが、「どうぞ」と言うわけでございますが、上がるところがないんです。廊下から応接間、全部本がつまっていまして、どこへ座ったらいいかわからんような状態で、だいたい作家の先生方というのは、すごい殿堂の中にお住みになって、贅沢三昧をしているのが作家だと思っていた、そうじゃないということを初めてそこで知ったわけでございます。何かお話をしてても、非常に純粋ですし、話があっちこっちいってよくわからなかったんですけれども（笑）、でも真剣に何かを僕に伝えようという気持ちがあったわけです。野間先生の目を見てると、もうじつに純粋なんですね。役者を長年やっておりますと、いろいろな人間を演じてくるものですから、何か皮膚の感じとか、目の色を見ながら、どういう人かなという多少の判断がついたわけですが……。

それじゃあ、野間先生にお願いしてみようということでいろいろして、一週間ほど赤坂の旅館をとりまして、そこで野間先生を缶詰にして原作を書いてくれないかというお願いをしたわけです。

「たいへん興味ある問題なんだけれども、じつは今、『狭山裁判』を書いているんで全然時間がないんだ」、と。「まあ自分でやってごらんなさい」ということになりまして、それから本職のほうを休みまして、脚本を千二百枚ほど書きまして、——千二百枚なんてのはこれはもうちょっと多すぎるんです、映画の脚本というのは、だいたい全紙で二百枚書けば、それでだいたい一時間四十分から二時間程度のものになるわけですけれども——、それを書き上げまして、じつは病気の養生のために長野のほうに行ってらっしゃったものですから——松本の奥ですが——行きまして、「じつは書き上がりましたから読んでください」と言いましたら、「じゃあ、うかがいましょう」ということで、その民宿に訪ねて来てくださいまして、二日間徹夜で読んでくださったんです。そして最後に、「これはだめです」と言われました（笑）。だめですと言われても、困っちゃったと思いまして、それではということで、それから私はじつは親鸞に関する多少の勉強をはじめたわけでございます。約十年近くかかりまして、地方の、つまり、一つの体制の歴史家でなくて、体制からはずれた歴史学者の人をずっと全国廻ってお訪ねして、親鸞観とか、それからここにもいらっしゃると思いますが、日蓮宗の丸山照雄先生とか、いろいろな先生方に中世仏教というものの親鸞のあり方、それから親鸞の数少ない著作の中の問題点を、いろいろと参考に聞かせていただいたりなんかして、『白い道』を作ったわけでございます。

これはなんとかなるんじゃないかという野間先生のご意見もありました。ただ、「君ね、これでお金を儲けようと思ってもだめなんだ。お金儲けというものを度外視して、君が作りたいものを作った時にはじめて、これは君自身を満足させるものになるんではないか」ということを言われまして、若干嘘八百を並べて金を借り集めまして、約五億の製作資金で『白い道』というのを作ったわけでございます。完成祝いの試写会の時に、野間先生からもう絶大なお褒めの言葉をいただいたわけですけれども。私、フランスのカンヌのほうから、ぜひこれを出品しろというふうに言われましたんですけれども、十五分切ってくれないとプログラムに入らないから、フィルムを切れというんです。私も野間先生の頑固さみたいなものがどこかでうつったのかもしれませんが、そんなふうに自分の作った一コマ一コマを十五分切るぐらいだったら、べつにカンヌの映画祭だろうと、だれだろうと、そんなところへ行く必要ないから断ると言いましたらば、向こうからテレックスが入りまして、それじゃあけっこうでございますから、そのままお出しくださいということになったわけでございます。いろいろ賛否両論がございまして、問題になったわけですけれども、アメリカのノーマン・メイラーという作家が、十人の審査員を通して、これこそ全体映画ではないかというふうに言ってくれたんです。それは「宝来」という被差別民を中心に、僕は描いたんで、親鸞がどこにいるかわからなかったんです。問題にならなかったわけです。「宝来」を追ったということが、審査員の方の何かに引っかかったんではないかと思いまして、初めて撮った映画が、向こうで審査員特別賞を受けたわけでございます。

『釣りバカ日誌』と環境問題

長くなりますけれども、私、芝居というのをやりはじめた時に、戦後、皆さんもご承知のように、西洋の文化というのがどんどん流れ込んで来ました。そしてそういうものを通しながら、芝居というのは、日本人でもワルツ、つまり三拍子みたいなもので演じられるんではないか。それが一番やはり生理的にいいんではないかと思ってやり続けたんですけれども、なかなかワルツは演じられないわけです。それが私、インドに行く一つの条件になったわけですけれども。つまり「生理」というものを追い続けているんですけれども、追い続けることで一般の方にはなかなか通じにくい部分、スクリーンからはみ出してしまうわけです。それで何とか、これは野間先生ではないんですけれども、「生理（物理）的」ということもよくわかりますし、これはとにかく一応こっちへ置いといて、何とか少なくとも一本一本仕事をするなかに、環境問題を自分のなかで投影していくことができないだろうかと思って、つい『利休』という映画以来、それから皆さん軽蔑されるかもしれませんが、『釣りバカ日誌』という映画を六本撮ったわけですが、これは作家の先生方には怒られるかもしれませんが、いかにしてこの環境問題を僕は演じて、ハサミで編集の時に切れないような状態を作るかという非常に無謀なことをやりながら、一話から六話まで、そこはかとなく環境問題を提起してきたわけでございます。

そういうことを通して、さきほど、中村（真一郎）先生、小田（実）先生の話を聞きながら、あやっぱり僕は非常に大きな影響を野間先生から受けているのかもしれないなというふうに思いましたし、あらためて今後も野間先生のような生き方をしていきたいというふうに感じたわけでございます。ですから、ここにいるよりもそっちでお話を聞くべきが本来なんですけれども、こんな壇上に立ってたいへん失礼なことばかり申し上げました。どうも。（拍手）

（第二回「野間宏の会」シンポジウム、一九九四年一月二十二日における発言（抜粋）

『野間宏の会会報』第二号、野間宏の会発行、一九九四年より）

親鸞から親鸞へ〈新版〉——目　次

Ⅱ　映画「親鸞・白い道」をめぐって　93

Ⅲ　映画的視点から現代を問う　201

本文扉写真　市毛實

親鸞から親鸞へ

現代文明へのまなざし　〈新版〉

I 親鸞から親鸞へ

一　親鸞へ——自分を疑う・三國連太郎

三國　それではまず僕の系譜みたいなことから入っていきます。出発点はやっぱり、親鸞の「一念多念文意」の中にある「凡夫というは無明煩悩われらが身に満ち満ちて欲も多く、怒り、腹立ち、そねみ、嫉みの心多く、暇なくして臨終一念にいたるまで留まれる、消えず、絶えず」ということですね。

あれはもう一五、六年前になりますか、仕事も含めまして、自分自身に——ちょっとキザないい方になりますが、まあ、むだぐちも入口と思って聞いてください——常に空虚なものを感じはじめまして、「飛華落葉をみてひとり諸法の無常をさとる」っていうんですか、確か八〇年ほど前に藤村操でしたか、例の自殺の古典みたいな人。「人生不可解」という「巌頭の感」を書き遺して日光の華厳の滝に飛びこんだ人です。まあ、この人は天才ですから私と比較はできませんが。「不可解」になればなるほど不安がつのるんです。藤村操は逆ですね。万有の真相は唯だ不可解。我この恨をいだいて煩悩し遂に死を決した訳ですが、相手は、一八歳の天才とこちらは三五歳で、すでに家庭の事情も煩雑で簡単には決められません。

もっとも、性格の相違もあるでしょうが、二年ほどそんな調子でぶらぶらしたんです。仕事もしたくない、「性」についても関心が薄くなる。そんな時期があったわけなんです。いったいそれは何だろうか、と自然にメシも食えなくなるのが浮世ですね。家族はそういう態度を無責任という概念で手厳しく批判するわけです。いくら批判されても仕事に手がつかない。結果は家父長としての資格がないから、そういう人間と家庭生活を続けることは、やはり問題があるのだということで、離縁を申し出てきたんです。

冷静に考えれば、これは至極当然なことでありまして、奥さんのその申し出を素直に受けとめて、そこで離婚にあいなったわけですけれど。離婚して一人暮らしになってもまだ、仕事をするという意欲が出てこないのですね。何故こんなことになってしまったのか原因をたぐってみたんです、ヒマですから。戦前、戦後を生きてきまして、ある日突然、建前だけかも知れませんが民主主義という戦後社会をいただきまして、むやみやたら自分だけはとにかく何とかしなきゃいかんという生き方をしてきましたが、そのあたりに問題があるんじゃないかなと、ほんの糸口ですが、やっとそういうことに気がついたんです。

しかし、性格にしつこいところがありまして、自分が何であるか、ということについてどうしても納得できないことも含めて、折角ここまで来たんだからついでに、とことん突っ込んでみたらどうかと考えて、持っているものを一切整理してお金に換え、インドの旅に出かけたわけです。

ロバを一頭買ってインダス河を通って、もちろんどことという目当てはありませんでした。そこで、いろいろと、まさかというような状況に出会いました。言語の問題でパキスタンが南北に分かれて殺しあいをしたり、町の中心街をまるでアリの絨毯を敷いたようにデモ隊が黒旗を振って行進して来るんです。ロータリーに機関銃を据えたパキスタンの兵隊がデモ隊に向かって無差別に発砲するんですが、黒い絨毯が赤い絨毯に突然に変わっていく。無惨でしたね。そんな現実を見ながらカラチのホテルを朝早く脱出して、奥地へ飛行機で逃れまして、カイバル峠を越えてアフガニスタンに入っていったんです。そうした旅の途中でいまは回教国になっているわけですけれども、みちみち古い磨崖仏とか、仏跡、顔だけ削られた仏さん、首を切りおとされた村の入口の石仏を眺めて歩き続けたのです。僕は、パキスタンの宗教の実態というものについて、あまり詳しくありませんでしたけれども、何かこう、かつて仏教があってヒンズー教と融合し、やがて仏教が形骸化していったわけですね。

そこへまたイスラムが入ってきて、全くイスラムの中に取り込まれたが、何か完全には民衆生活の中から染み抜きできなかった仏教の土壌みたいなものを、この目で見たような気がしたんです。漠然としたものですがね。どっちにしてもムスリムに間違いないのですが、はっきり仏跡なんていうものは無視されているはずですね。しかし、部落の入口と出口に必ず首がなかったり顔を削られた石仏があるわけですが、民衆と切り離すことのできない息吹がそっとひそむようにして生きているように思えたんです。それはきっとはじめて見た外国人の感傷にすぎないかも知れませんが。

その三ヵ月の旅で日本の仏教に異相の興味をおぼえてしまったんです。もっと生活的であって、ちょっと理屈っぽい、失礼ですが、空理空論式仏教と違うものがあるんではないか、二千年前から営々実践され、この人たちの祖先が知っていた仏教とだいぶ開きがあるんじゃないかなんて感じたわけですね。うまくは説明できませんが、おそらく誰でもいっぺんインドへ行って、三カ月ほどそこで生活してみると、言葉にならない実感として同じことを感じ取るんじゃないですかね。そういう何かがあるからこそ、よく日本人がインドを知ると魅入られてしまって、何回でも行きたくなるという気持ちに通じているのではないですか。

戦後生活の中で自分が生きるために、疑いなく具体的な事実を頬被りして簡単に片付けてきた因果であったと、外面と内面の不一致にはじめて気づいたのです。それがインドの旅の三カ月の成果というのでしょうか、結末であったわけです。

あわてて日本に帰ってきました。きっとこの部分を基点にして、何年かかっても追いかけていけば、生き方の行動様式を摑むことができると希望をもったからです。帰国と同時に神田の東洋堂という古本屋で、野間先生のお書きになった岩波新書の『親鸞』に出会ったのです。親鸞と書いてありますから、おそらく仏の道を歩いた方だろうというぐらいの知識なんですけれど、そこでそれを一冊求めて読みはじめたのです。僕らにとっては、とてもすぐとっつけるものではありませんでした。で、何とか自分なりに内容を理解できる基礎づけをしなきゃはじまらんと、著者を選ばず、仏教に関する注釈書を読みはじめたのです。

その結果、まず感じたことは、常日ごろ、仏教、仏教、と不用意に口にしていますが、結果的に仏教のことは何も知っていないということです。わからないのに、日本の仏教とは、なんて口にするのは無責任きわまることですね。わからなければ、知っている人に聞くなり学ぶなりすればいいのに、ただ、難しいという印象だけで頬被りをきめこむ。これは、戦後を一緒に生きてきた日本人が身につけた一つの特徴でもあるのではないか、と僕なりに反省したわけなんです。

先生方の注釈書から教育されたささやかな仏教観といったものを申し上げるのですが、どうも、これは安易な判断で先生方の考え方を曲げてしまっている部分もあるでしょうが、日本の仏教には建前論がありすぎるという印象を受けているんです。釈尊の仏教は「私」を牛耳るエゴイズムの放棄を、ひたすら説いておられるものだと思うんです。つまり自己中心性を否定することから真実に醒めて平等の真理を自覚せよ、と。本質でどこかポイントがずれてしまったのは何故か、とまず疑問を抱くんです。

たとえば仏教学者と教団というのには日本の場合、何か密接な関わりがあるようでして、垣根を一つつくって置くんですね。学者には絶対その垣根を越えさせようとしない部分があって、素人に仏教理解を遠くさせてしまっているものがあるんではないかな、というカングリもあるわけです。日本の仏教の特質として業《ごう》思想というのがとても気がかりなんですね。仏教では本来、人間の運命というものは、人間自身の内的必然によって決定づけられないという考え方ですね。この業思想というのは、いつどこから突出してきて日本人の間に定着させられたんでしょう。人間の存在と自由を一切認めない波羅門《ばらもん》の輪廻思想と同じ神意説につながることで、到底、釈尊が受け入れるはずがないと思うんです。

よくわかりませんけれど、人間の幸せとか不幸はすべてこの業法の結果だという考え方、どうもそのへんが、やはり本来の仏教との違いの部分でもあるのではないかという気がしてるんです。既成の教団は、問題提起をうけて「……釈尊が特に否定された宿作《しくさ》外道の教えと混乱して理解されるものである云々」と回答していますが、この宿作外道という言葉そのものから、改めて理解しなおす必要が出てきて、答えにならんのじゃないかなと心配してるんです。部落解放研究所の編集になる『部落解放事典』の中の宿業観の説明なのですけれど、「宿業とは仏教で説かれている前世の行為だ」と、まずこれを規定しているわけですね。もちろん「この宿業論については、学者によっていろいろと異論があるけれども」と断り書きしながら、この『事典』には「本来、仏教の出発点は生命のあるものを宿（生・老・病・死）の存在として捉え、その自覚と脱却による平安の境地」涅槃、選択、解脱の獲得を目指すことにあるが、業の思想はこのような苦の存在としての自己が解放されるための自覚のしかたとして説かれたものであったと、あります。「（中略）自己の現在の存在は過去・現在・未来へと展開する三世の過程としてあり、過去の働きで現在を迎え、現在の働きで未来が招来される」。その働きが、つまり業だとされております。「この働きによって生まれる結果を因果関係で説明されたものが、業因によって業果を生むとされたものである」。

少々、長いものですから省略させていただきましたが、この業因と業界を縁によって結ばれることを重要視しているのが宿業観だというふうにいっているのですね。

仏教ではこの縁の働きが、因を生み、果となっていく。そういう意味で間接的な原因、因だけでは果は生じないというふうに説かれているというのです。

「したがいまして現在の自己の存在は、過去世における無数の複合的な条件に規定された結果によるものであり、自己一個の働き、責任において、今日の自分があるのではない。つまり生きとし生けるものの相互関係によって、人は相互に規定し合い連帯し合う存在であり、互いに存在の責任を分かち合う関係にある。同胞とか凡夫という言葉は、仏教の仲間意識に端を発するものであるから、一般に言われているように、過去・現在・未来は決して時間的な経過を表現するものではなくて、たとえば宿世といわれるように無限の観念を示すもの」だというふうに記載されてあります。

しかし波羅門の巻き返しで、「やがて仏教はヒンズー化し、大乗、小乗の分裂段階から釈尊の原思想が薄れて、輪廻思想が強調されるようになった」と。これは短縮して引用させていただいたわけですけど、そんなふうにいささか教法を理解したつもりになってしゃべってきましたが、これは決して信心じゃないんですね、わかっちゃいるんです。けれど、いくらそれがわかってもわかったようにならないで苦しむんですね、人間は。親鸞もいっていますね。「一切の人間、一切の衆生、ことごとく阿弥陀如来の本願によって抱き取られる存在である、老少善悪の人を選ばず、一切をことごとく如来の本願によって納め取られる」と……。私は親鸞という方の自然観というか、道は信の元という思いに、とてもうたれるんです。やはりぼくが戦後、生きている一つの責任——そういうと、おこがましいですが——どうも、人間っぽくなるには「信」しかないように思っているんです。今を生かされているというか。生かされている私自身が、一人のバトンランナーとして充足した社会人として義務を果たす道ではないかなと思って、今度の映画「親鸞・白い道」をつくったつもりなんです。いえ無理に理屈をこじつければそうなるというのですよ（笑）。

ただご承知のように、日本の映画界はのぞき見が好きなんですね。何故ならばのぞき見映画をつくりますと、人もそれをのぞいてくれるからです。たくさん人がのぞいてくれるということで、そうした作品をとても大事にしています。苛酷というテーブルの上で生活してますから、あまり物を考えたくない。考えるという、昔のそういう文化的な営みは現実感がないというのでしょうかね。もちろん経営者ですから、儲からなければダメだという基本的な条件はあると思いますけれども、そこを乗り越えていくという……。つまり、映画産業というのはパチンコ屋さんとは仕事の性質が異なっているわけですから、やはり、儲ける手段に対して見識を忘れてはいけないと思うんです。ぼくはべつにポルノ映画がどうのこうの、ということではなくて、ポルノをご覧になられても、それを人の部分として見るのではなくて、自分の部分として受けとめる感性があって欲しいな、と思ってるんです。どうもただそれをのぞくだけで随喜するのは卑しすぎるような気がするんですが。

そういう事情も含めて、制作にかかるまで十何年かかったんですけれども。長い年月をかけますとそれだけ思い入れも激しくて、今流に観客に媚びる余裕がなくなってしまったんです。さいわい仲間たちの理解もあってお金が集まったからできたわけですけれど、事実いろんな方々が損得ぬきで応援してくださいまして、たいへんな数の観客を動員したという事実はあるわけなのです。今度、この「親鸞・白い道」という映画が、ご存じのようにカンヌ国際映画祭で最終のコンペに選ばれまして、カンヌでいろいろな人から受賞の対象になったという内容を聞きましたが、まったくおもねりがないところが、この映画を評価されたのだといわれて、思い入れもあながち悪くないかな、と正直思っております。

これから先、どれぐらい仕事をしていけるかわかりませんけれど、日本の仏教というものから足を抜いて全く別な映画をつくるということは考えられません。おそらく仏教をグランドにして、その中でコツン、コツンと頭をぶつけながら、仏教の意義を自分自身の理解のために、つくり続けていくのではないかと……。

概略、そういうところでしょうか。

二 親鸞から——自然・野間 宏

——次に、野間先生が、どういう機縁で親鸞とめぐり会われたかをおうかがいします。

野間 三國さんが「親鸞・白い道」へと到達される苦悩の連続をおうかがいし、よくそれを超えられての大きな結実と思いました。しかも、なおさらに今後、それを避けることなく続けられるというのですね……。

僕のほうは全然逆といっていいでしょうか。僕の父親は在家の門徒であって、しかも東本願寺にも西本願寺にも属していないのですよ。最初はだいたい神戸地方を布教の対象として広がっていた、親鸞の教えを中心に置く土俗的な親鸞宗門といえばよいでしょうか。善知識がこの宗門の中央にいて、善知識に信仰を頂くということになっているのですが、その善知識になるのには百日の行をしなければならないのです。後で少しずつ明らかになってきますが、僕の父親は信仰心が厚く、その善知識になって布教に力をつくしました。

父親は電気の技師で、工業学校を出たのですが、独学で技師の試験を受けて、大学出の技師と同じ資格を取ったのです。それですから、水力・火力、両方の発電所をつくれるのです。それの役を次から次にやらされて、中国地方の水力発電所を多く建設することになったんですね。いちばん奥地は津山市の奥の伯耆大山が日本海側からではなくて、瀬戸内海岸側からごく近くに見えるところに水力発電所をつくった。その時期、僕はまだ小学校へも行っていませんが、津山市の街から遠くはずれた山間の農家の離れに、お婆さんと一緒にすごしたりしたんですよ。父親は発電所の建設地のところにいわゆる建設事務所があって、そこで寝起きをしていたのです。結局、発電所のいちばんの中心はタービンのモーターです。これは当時は、まだイギリス製が最も優れていたのです。それを据えつける技術を身につけた技師はごく少数のエンジニアだったのですが、父親はその一人といってよいでしょう。日本の電気産業というのはそういう技術者をだいたい結核にして――三〇代か四〇代で死ぬ――そして、殺しながら成長していったのですね。

三國　ほんとうに妙なご縁ですね。僕の親父というのは先生のお父さんみたいな技術者の下に付いて発電所が完成したあと、送電線を敷設しまして、変電所に電力を送り、各家庭や工場に分配するその架線工事の職人なんです。それで、群馬県の太田にできました水力発電所の工事をしているときに、ぼくはそこの飯場で生まれたのです。

野間　ぼくの父親はね、その飯場の人たちを使う立場にいたのだが、大学出ではない。播磨灘の近辺の御津町に野間村といってもいいほど野間姓の家が大半の字《あざ》があるのですが、次男に生まれた父親は、同じ野間姓で、子供のいない家へ養子に行き、それで神戸の工業学校へ入学して卒業することができたんです。大学まではとてもいけないが、工業学校へはいけた。それで神戸の発電所に就職して、働きながら自分で勉強して試験を受けた。その最初はいった発電所に職を得たときから、上役に声をかけられ、その指導があって、試験を受けて昇進するんだけれども、技師になってからは、その上役の代りになって働いている。そう、その上役の代りをして、ほんとはその上役のほうが機械を取り付けなければいけないのだけれど、そんなことはしないということをよく知らされていたわけです。

三國　うちの親父は独身時代にシベリアへ出兵しましてね。これという手職がなかったんですが、豊橋の工兵隊の軍属でシベリアに行って技術を身につけたと聞いています。子供心に忘れられない思い出がありますが、親父の上役がいまして、たいてい架線工事の設計かなんか、その技師が直接やらなきゃならんのですが、その上役では全然現場が掌握できないんです。だから親父が腕一本と経験で全部代行してやっておりましたけれどね。でも、家に帰って酒を飲んだりすると、よく嘆いていました。それで僕に学問しろ、学問しろ、お前はとにかく卒業証書という鑑札をもたないと、おれみたいに哀れな生き方をしなきゃならないとこぼしてました。ところが、親の心子知らずで、ついに中学二年で辞めましたけれど。

野間 不思議ですね(笑)。まったく不思議な結びつきという思いがしてきますね。

三國 話は違いますけれど、あるとき、僕は中国へ行って、揚子江南の未解放地区でずっと撮影をしていたんです。それでノーマというカミの名前を耳にしたことがありますけれど、これは野間と何か関係がありますか。

野間 ノーマというのは、遊牧の民という意味なんですね。フランス語では nomade というんです。流浪している。歩き続けて、定着することがない。だから家がないんです。

三國 では漂流民のことなんですかね?

野間 ぼくは大学時代、仏文科でフランス人の講師からノマッド、ノマッドといわれた(笑)。遅れてきたり、遅刻したりする。座る机も毎回決まっていない。それでフランス人の講師がノマッドというあだなをつけた。そのフランス人の若い講師は、大学との契約を取り消し、一年はやく帰国しました。その最後の別れの講義の時間に、ドイツにヒットラーの勢力が強大になり、フランスが危うくなったので自分は帰国するんだ、フランスを守るために、と私たちにはっきりいいましたよ。

三國 失礼ですが、やはり先生の体にはノーマの血が脈々と流れてるんですね(笑)。鹿児島にたしか野間神社というのがありますね。

野間 鹿児島県の西海岸に野間岬というのがあります。また種子島に野間という村があります。これはつながりがありますね。

三國 ではもともとは江南のあのへんを漂流していた民族が、晋、韓、魏、趙の戦国時代の煽りをくって海を渡って日本に漂着した子孫かもわかりませんね。

野間 野間岬でね、敗戦を迎えた詩人がいましてね。その方がいま詩をつくっていて、『思想の科学』に詩を載せてね、毎回、載った号を送って下さるのですよね。ついに僕もこの間、お礼状を出したのです。そしたら野間岬の写真を空中から撮ったのを送ってくれました。野間岬で敗戦を迎えたんですね。それで自分の弟に『暗い絵』の主人公の名前を付けてね、ほんとにね、変わった名前をつけてるんですね。びっくりしたですよ。野間岬で敗戦迎えたから、もう、とんでもないことになっているのですね。一生、離れられない。僕もびっくりしました。こんなことに責任をとることになったら大変ですからね。しかしもう、まぬがれることができません（笑）。まだまだ他に野間岬の写真がありますから、お送りしますと便りが来まして、そんなに深くつながり合っていいのかなあ、と思ったりもしましたけれどもね。しかし、まあ、野間という村が種子島にあるというのは、ずっと前から知っています。行ってみようかと思ったりしたのですが、とにかくあっちのほうからの出らしいですね。

三國 そういわれると、江南地方の杭州のほうに行きますと、何となし先生にそっくりな人たちが住んでましたね（笑）。

野間　中国系ですね。どうもね。中国系といっても定着ではない、と思うのですけどね。血はそれであるかもしれないですね。父親は神戸にいた頃に在家の親鸞の土俗的宗門に入ったが、母親もここの門に入っていて、そこで知り合って結婚したのですよね。両方が同じ信者なのですよ。このような経過があって百日の行をやりましてね。

三國　在家で百日行をおやりになるのですか。

野間　ええ、やるんです。それでもって善知識になるんです。このときのことですが、ちょうど、今度は海岸べりに火力発電所を建てたわけです。そのときにも、やはり同じ上役がいて、それに引っ張られているわけですね。父はその発電所の機械部と電気部と両方やれたのですが、そのうちの機械部の責任者をやりながら百日行をしたのです。僕は寝ていて夜中に眼をさまし、父親と母親とがいったい何を話しとるのかな、と不思議な感じで思っていましたがね。

三國　善知識となるための必修科目として百日行があるわけですか。

野間　そうなんです。いわゆる肉を全然食べない、精進料理。夜、一二時を越えた時刻に家を出かけて、目標となっている街のさかいにある御堂へ向かう、その途中で人に出会ったら、また家まで引き返す。人に出会ったらまた出直し、これを何回でもやる。またまた帰ってこなければならない。そして一つの祠《ほこら》、御堂……、善知識がここだと決めた祠、善知識が「如来がここへいませり」とみなした、そういう祠があるんです。そこへお参りに行く。夜中に父親が母親に何の話をしているのかと思うと、今日は途中で牛が道の真ん中に寝ていて、どうしようかと迷ったが、それを跨いだら横たわっていた牛が消えたとか、そんな話ばかりしているんです。

父親は僕が夕食を食べる前に仏壇の横に座らせまして、お経を暗唱させるわけです。「阿弥陀経」から、その次は「観無量寿経」ですね。「大無量寿経」はちょっと後になりますけれど。それで「観無量寿経」には観想法というのがある。あれをやるのです。海岸べりに出て、信者が海岸に並び座って、両眼を細めて、海の波の上に光る輪に観入っていると、その光輪が蓮華の台、蓮台に見えてくるんです。

結局、父親はお金のない貧しい人を宗門の中心に置く形で、だんだん門徒を増やしていきました。つまり信者の人たちが、入門してきて、少しずつ、月一回、説教の集まりがあったのですが、それを繰り返しながら、だんだん信心を深めるといいますかね、段を上がっていくといいますかね。入門者があるごとにお祝いの膳をしましてね。いったいどうしてるのかと思ったけれど、お膳には必ず祝いの頭つきの鯛の皿がついていましたし、ものいりで、入るお金は少ないわけで、やはり父親が金を出していたのですけれど。それは父親の身に染みついていました。

僕はその父親の土俗信仰から逃げ出そうと脱走を考えたのです。それから逃げ出すのに全力をかけ、どこから逃げ出すか、それをどこから破って切り捨てるか。文学による脱走がはじまります。はじめは漱石とか芥川とか、谷崎、次はボードレール、それでボードレールの詩集『悪の華』を読むためにフランス語の講義のある三高に入りましてね。三高に入ったのはまぐれでしょうね。あのときは試験が特別に難しかった。受験した他のものもできなかった。受けた者すべてが、できなかったから僕も試験の出来が同じ程度だったのですね。

それから不思議なんですね。それを破りたい一心でボードレールを読んで訳していたら、竹内勝太郎という詩人に出会いましてね。これまた大陸を放浪して、フランス語を独学で勉強した。当時、京都の知事に認められてフランスに行くときに、彼も連れて行ってもらい、帰国してから道元の『正法眼蔵』を読んでました。親鸞はまあまあというので道元ばっかり読んでたんですね。その曹洞宗を開いた中国の曹山、洞山の禅の語録などを読んでいた詩人なのです。

竹内勝太郎はほんとに無名で、全然、名を出そうとしないのです。著書に詩集『明日』『黒豹』『春の犠牲』『詩論集』『芸術民俗学研究』等があり、『現代フランス、四つの顔』という、非常に早く当時のフランスの文学と詩と美術と音楽と演劇を受容し論じたもの、マラルメ、ヴァレリー、ピカソ、ブラック、ロダン、ドラン、アランなどを、小林秀雄などより早く見出していました。しかしその詩人は僕が大学一年のときに亡くなりました。黒部峡谷で足を滑らせて谷底に落ちたのです。一挙にその人がいなくなった。僕はボードレールを読み、マラルメ、ヴァレリー、象徴主義を奉じ、アンドレ・ジッド、その上マルクス主義の勉強をしていた。とにかく、神秘的なあまりに神秘的な父親の土俗的親鸞宗門を否定することをすすめていました。

フランス文学科では落合太郎教授の下で、デカルト、ラシーヌを読み、フローベール、アンドレ・ジッドを読んだのですが、アンドレ・ジッドは、一時フランス人民戦線の反ファシズム知識人作家会議の議長の位置についていましたね。
しかし大学を卒業、就職するというときになると、フランス文学科生はまことにみじめで、就職する先がないのですよ。求職の貼り出しがあった。行くたびに見ても、試験を受けるところが一つもなくてね。だけど家では母親が働きに出ていますし、結局あの頃、文学部を出て就職できない者は市役所へ行き、調査の仕事をする人員として市役所に雇われることになりました。どこにも就職できないとなると、思想が悪くなる(笑)、それを避けるという方針を政府がとっていて、それで僕は最後に、神戸市役所と大阪市役所の社会課、この両方に採用願を出した。両方から来いと同時にいってきたんです。どっちでも仕事は同じなんですけどね。しかも日雇いですね。それで大阪のほうが家に近いので大阪市役所の社会部に入り、そこで水平社運動のリーダーたちとも会うことになりました。びっくりしたんですよ。小学校しか出ていない人が、僕よりもはるかに優れているんですねえ。
三國　『一千年史』を書いた高橋さんは、一九歳くらいでしたか。
野間　そうですね。『特殊部落一千年史』の著者は、一九歳でソ連の極東大学へ入学し、帰ってから二一歳のときに書いた。じつに優れた人ですね。あの当時、部落問題をマルクス主義で明確に捉えた人がいなくて、むしろ転向した佐野学とか、ああいう人たちのほうが部落問題にはやく気付いて、その理論を提出していた。しかし転向してしまいましたから、その影響は弱まり、高橋貞樹という人だけですね。あの人だけがあの優れた本を書いている。いまも生き生きと生きている。大衆運動体である部落解放同盟の中心理論にはマルクス主義もありますが、当時の被差別民とともに生きることをすすめた親鸞、それに「我は旃陀羅《せんだら》の子たり」を宣言して布教をした日蓮を認めざるをえないのです。僕はそう思っていますし、そう主張します。親鸞・日蓮の思想を見直すべき時だ、と僕も思いますね。

三國　短絡しすぎるという非難を受けるかも知れませんが、本願の不思議を誇る信心を教えた親鸞の思想を見直すべき時でしょうね。近頃、『歎異抄』の「十二章」が問題になっていますが、あれは、つまり、たとえそれが本願ばかりだといわれようと本願の誇らぬ念仏はない、と。そう唯円はいいたかったんですね。ですから、わざわざ「宿業」なんて言葉を引き合いにだして、「善も悪も簡《えら》ばない」という親鸞の思想をあいまいな記憶で書いてしまった誤りではないかと思うんです。僕が知る限り、親鸞が自分で書いた文章に「宿業」という言葉が探せませんですから。

野間　いや、そんなことないです。ここのところ、この宿業も前世に行った悪行がつみ重なって往生がかなわぬ、などという考えは、間違っていますよ。本願をまことに信じる、その信じ切る心にすき間がある、というふうに解すればよいのではありませんか。一切は如来のはたらきに拠るということ、このことに徹することがなければなりません、といっているのではないでしょうか。善悪の以前つくった行為について心得ることがないのである、と解していいでしょう。「業」は行為でしょう。「宿」は前世と解するのではなく、「以前の」と解すべきです。

僕は『親鸞』(岩波新書)を力を尽して書きました。あの次期の僕の考えの頂きとはいえますが、足りないところがいろいろあります。

岩波新書の『親鸞』の最初は、津田左右吉は日本歴史の大学者とされている方ですが、この学者の念仏批判・非難について、これを反批判した人がこれまでいなかったのですが、まず僕は、それからはじめたのです。

念仏という言葉には、称名の意味はサンスクリットの原典には少しも含まれていない。ところが漢訳経典には念仏が称名と混同されており、それがまた日本の仏教行にそのまま受けとられ、念仏すなわち称名であるとされている。「無量寿経」の弥陀の四十八願中には、往生を求めるものの称名という言葉がサンスクリット原典ではどこにもないにもかかわらず、中国の善導などにおいては称名という言葉が導入され、念（心に思う）の中に称（唱える）を組み入れるという勝手なことがなされていて、それを法然は疑いもせず受けいれ、親鸞においてそれが極まっていると烈しく非難している。しかしこの非難こそ、釈尊死後千五百年、あるいは二千年、仏教は滅びるという釈尊の言葉を真実と受けとり、その正像末時に仏教をどのように変革すべきかを、その身に引き受けた法然、親鸞の追求し、切り開いた浄土門について、少しも知ることのないのは哀しい。痴語は困ったものです。

もっとも重要なところは、生活という問題と『教行信証』の後序といわれているところと関係の深い、親鸞と差別の問題などがあります。その足りないところを補充して、出そうという計画があるのですが、それよりもこの対談（『親鸞から親鸞へ』）のほうを先に出したいという考えになってきたのです。

『教行信証』には「仏説諸仏阿弥陀三那《さんな》三仏薩楼《さろ》仏壇《ぶつだん》過度《かど》人道経《にんどうきょう》」を引いて、「第四に願ずらく、其作仏《それがしさぶつ》せしめんとき、わが名字《みょうじ》をして、みな八方上下無央数《むおうしゅ》の仏国にきこえしめん。みな諸仏をのをの比丘《びく》僧大衆のなかにして、わが功徳《くどく》国土の善をとかしめん。諸天人民《にんみん》蜎飛《けんぴ》蠕動《なんどう》のたぐひ、わが名字をききて慈心せざるはなけん。歓喜踊躍《かんきゆやく》せんもの、みなわがくにに来生せしめ、この願をえて、いまし作仏せん。この願をえずば、ついに作仏せじ」とある。

ことに、諸天人民蜎飛蠕動のたぐひ……云々という文があるが、さまざまな天人や鬼神や人民、また飛びあるくこまかい虫けらやうごめいているうじ虫の類一切が、わが名字をきいて、仏の慈悲の心を求めたいものはなかろう。仏の国に至るが故に、よろこびの余り、まいおどりあがるものは、みなわが仏の国に来り生れさせ、この願を得て、いますぐ仏にならせよう。

天人も鬼神も人民も虫けらもうじ虫も、いずれもが、このように、その願によって仏の国に生まれ、仏になることができるのである。

このように蜎飛蠕動の虫なども差別することなく、迎え入れる仏の願のことを親鸞は書きつけているのであるが、この虫などのうちには、もちろん微生物も入っているといってよいだろう。ここに人間中心主義でない仏の教えが、明らかにされている。

＊　＊　＊

親鸞の主著『教行信証』の「後序」といわれ、この本のもっとも後のところでこの書物を書きしるす根拠経緯が述べられている。そしてその初めのところに次のように書いている。有名なところだが、よく間違って読まれている。

「ひそかにおもんみるに、聖道の諸教は行證《ぎょうしょう》ひさしくすたれ、浄土の真宗は證道いまさかんなり。しかるに諸寺の釈門、教にくらくして真仮《しんけ》の門戸をしらず。洛都の儒林、行にまどひて邪正の道路を弁ずることあたはず。ここをもて興福寺の学徒、太上天皇《だじょうてんおう》（後鳥羽院と号す）今上《きんじょう》天皇（土御門の院と号す）聖暦・承元丁《ひ》の卯《と》の歳、仲春上旬候《ころ》に奏達す。主上臣下、法にそむき義に違《い》し、いかりをなしうらみをむすぶ。これによりて、真宗興隆の太祖源空法師、ならびに門徒数輩《すうはい》、罪科《つみとが》をかんがへず、みだりがわしく死罪につみす。あるひは僧儀をあらため、姓名をたまふて、遠流《おんる》に処す。予はそのひとつなり。しかればすでに僧にあらず俗にあらず、このゆへに禿《とく》の字をもて姓名とす」

（ひそかに思い考えるに、聖なる仏道のさまざまな教えは、その修行も教えの證果も久しくすたれ、ただ浄土を願う真宗のみはその教道の證《あかし》の成果が、いま盛んである。しかるに諸寺の釈尊の宗門は、その仏の教えを明らかにしえず、真の教え、仮の教えの戸の在《あ》り処《か》をしらず、京都の学者たちは、その修行にまどひ、邪、正、いずれの道路が、それか見分けることができない。このようなわけで、興福寺の学者たちは太上天皇〔御鳥羽院〕・今上天皇〔土御門院〕の聖暦・承元元年、仲春の上旬に、奏達することとなったのである。天皇・貴族・学者、仏法に背き、正義にたがい、怒りを発し、うらみを実現することとなった。真宗興隆の太祖である源空法師ならびに門徒数名、その罪科にいかなる根拠があるかを考えず、徒らに死罪のつみを科したのである。或は僧籍をあらためて、僧尼令により、僧の地位を取り上げ、俗人の姓名をあたえ、遠方に流罪することにした。自分はその例のひとつである。このような訳であるから、自分はすでに僧ではない。また俗でもない〔俗人の姓名をあたえられたが、それを用いることはしなかった〕。この故に禿の字を姓とすることにしたのである)

この『教行信証』の後序は非常に重要であって、興福寺の学徒の奏達したことをそのまゝ聞き入れ、その真実をただす裁判もすることなく、主上臣下が仏法に背き、正義にたがい、仏法の学徒は仏の教えに従うことなく、私憤、私怨に陥ったのである。そこで浄土真宗の太祖の源空法師、ならびに門徒数人を十分にその罪科が成り立つのかどうかを考えることなく、まったく取調べも十分にせず、死罪にしてしまった……〔以下略〕

この終りのところの「すでに僧にあらず俗にあらず。このゆへに禿の字をもって姓とす」とあるが、この言葉は重要であり、また、この禿の考えは親鸞独特の思想言語であって、これを誤り解することは許されないのである。これについて、私の考えるところを示しておこう。

親鸞は、律令の僧尼令によって、天皇に直属する僧籍身分を取り上げられたから、すでに僧ではない。また還俗し、俗名を名のるよう藤井善信という名を与えられたが、還俗し藤井善信を名のることを拒否した。それは自分は俗、俗人ではないとの考えがはっきりと、その内にあったが故である。すでに自分は師源空の浄土真宗の門にはいったのであって、そのときより、僧籍があるかないかは、もはや問題ではなく、まことの真宗の仏道であると考えてきていた故に、僧尼令による僧籍身分を取上げられたからには僧ではない。しかしまただからといって真の僧位が奪い去られたわけもなく、したがって俗ではない。それ故に禿を姓としたのである。禿とは髪の毛のないはげ頭の者という意である。「僧にあらず俗にあらず、このゆへ禿の字をもて姓名とす」というのは、僧でなければ俗でなければならない。俗でなければ僧でなければならない。それ故「僧にあらず俗にあらず」ということは、考えられないところなのである。これをつきつめて考えていき、私はこの地球上においては考えられない位置に自分を置こうとし、それを実際に親鸞は行ったのである。というのは、この地球上にまったく考えられぬ、ない位置に自身を置こうと考えつくし、その位置を見出し、そこに自分を置いたのである。

師法然は土佐に流され、先輩四名は死刑、僚友も、自分と同じく僻地に流刑として流された。このような刑を受けた仏法者のこの世にあるべき位置は何処にあるか、これを考えつくし、「僧にあらず、俗にあらず、禿なり」というところに至って、自身の在るべき位置、この地球上にはない架空の位置を自身を置くべき位置として見出したのである。それが禿なのである。

　僧は髪をそっているが、髪が短いばかりで髪がない禿ではない。俗人は髪の毛をのばし、僧のようにそってはいない故に、禿ではない。僧にあらず、俗にあらず、禿である、というこの形が見出されるのである。しかし、このような形を見出し、地球上にない架空の位置を発見したとして、はたして親鸞はこの架空の位置に自分の身を置くことができたのかどうか。このことについては十分考えて来ていますが、架空の位置がこの地球を離れてある位置と考えるとして、この位置に肉体をもった人間としての親鸞がはたして、身を置くことができるかどうか。親鸞はこの禿について考えつくし、自覚を深め、この位置を測定して、そこに身を置くことを実行するが、何度もそこから身をすべらせて、足を踏みはずすということを繰り返している。越後から関東へと行く途中、浄土三部経を何度も読んで、衆生利益《りやく》をはかろうという考えにとらわれたことが恵信尼の手紙に書かれていますが、念仏のみでよい、それで往生必定と定めておきながら、経文を数多く読むという旧仏教の位置に心を移し、身の置き場を元のところに戻すようなことになってしまうことがあるわけである。

では俗の方はどうかといえば、親鸞が『教行信証』に書いているように、愛欲の広海に身を沈め、また俗世の名声を得たいという欲と思いにとらわれ、押さえかねるということが起るのである。これを越え切るということは、まことに困難きわまることなのである、ということを親鸞は知りつくしているのである。俗世間のなかに入り、大衆とともに生きて、多くの圧迫と苦悩の底に落されている農民、民衆の生活のなかで生きて行くことになると、そのなかで今度は俗世間のとりことなる危険にたえずさらされなければならないという体験を、親鸞はしてきているのである。ここに親鸞の禿の姓を名乗った大きな意味を見出す。自身にたえず禿と言いきかせるためにも、禿という変った姓を自分の姓としてつけて人に表示し、禿を実行し、禿を生きる一個の人間の生、そして死に近づかせ、次第にそれを受け取らせ、受け容れるようにした親鸞の意図は、特別の企てであり、大きな意味を持っているのである。

——野間　宏

野間　以前、僕はこの禿を片足を地球の上に置き、片足を大宇宙のただなかに置いて身を保つ、その姿勢を明らかにするのであって、ヘーゲルをはるかに超えるものであるといって、怒られたり、また笑われたりしたが、いまでは、怒ったり笑ったりする者は、いなくなりました（笑）。

僕の小説には化物、幽霊などがよく出てくる。それを批評家は気づかないのです。最近、少しずつ気づき出した。読み直しているらしいんだけれども。みんなね、よっぽど悪いことしたんだなあ、なんて読みながら冗談をいってよこしますよ（笑）。それでいろいろとモデル探しなどもするんですが、モデルはありますが、変形したり、三人を結合して一人にしたり、というふうな方法もとっているので、実人物とはまったく違います。作品中の人物が梅毒患者だったりすると、そのモデルじゃないかと思われて「困ったことをせんでおいてくれよ」と冗談のようにいってきたりしてね。兵隊にとられて南方戦線に行ってきた僕自身は、梅毒にならなかったのが不思議みたいに思われるんですがね（笑）。でもならないんですよ。

三國 でも世の中の天才というのは梅毒になった人が多いようですね。

野間 そうですね、ボードレールも……。

三國 ニーチェなんかも梅毒だったんではないですか。

野間 そうそう、モーパッサンも。しかしその逆は真とは限らない。

三國 梅毒というのはいつ頃から地球上に現われたのでしょうか。エイズみたいなものですかね？ 羊と獣姦したためだともいわれたりして、歴史はまだそんなに長くない？

野間 アメリカ大陸からもたらされたことは確かですが、獣姦したことが原因であるということはないでしょう。

三國 しかし文明の節目になると不思議と変てこな病気が出てくるものですね。梅毒が出てきたでしょ、あの当時。世紀末になったら今度はエイズが出てきましたね。

野間　エイズの治療法はまだ見出されていませんが、たしかに文明の節目を感じさせますね。もちろんエイズを克服する苦闘、大きな苦闘もかさねて、必ずこれを克服するでしょうが。

自然と人間の関係の大きな狂いが、いまこの地球上にくりひろげられていますが、エイズはその一つの人間における現れといってもよいでしょうね。その文明の節目ということで、自然についてどう考えるかの問題が重要になってきますが、親鸞の自然観、大自然理論はどうなのか。それを、まず出しておきましょう。もちろん、後でもっと深いところで捉え直すことになるでしょうが。

僕は親鸞の自然観を曽我量深を媒介にして考え続け、すすめたのですが、そうすると親鸞の自然理論というのは、自然法爾《じねんほうに》ですね。自ずから然らしめる自然、つまり自然そのものが自ずから然らしめている、運動しているという、そういう自然観、自然理論ですね。それからさっきいわれましたけれど、人間、動物、植物、さらに微生物、そういうものも包み込んで「仏性あり」というわけで、親鸞の自然観というのは大宇宙からこういう微生物までをも包み込んで成立している。

親鸞は旧来の寺院を認めず、民家の部室に棚をつくり、その中央に南無阿弥陀仏、南無不可思議如来などと書いた軸をかかげるのみであって、これを道場といい、釈尊が古代インドにあって、そのはじめ法を説かれた道場をこの日本にも実現しようとされたのである。そして「無上仏とは、かたちもなくまします。かたちもなくましますゆへに自然《じねん》とはまふすなら」と。形なく色もないことを、その手紙のなかで、つねに書きとめているのである。

この寺院を否定した親鸞の教えは、正像末を迎えた、釈尊がなくなって二千年たった、仏法が滅びなくなるという、その大いな危機の時代に、いま生きているということを徹底して心に刻み、生死に対した親鸞の根本の精神を示している。

——野間　宏

三國　そういえば親鸞の生きとし生けるものの原点は「海」だったかもわかりませんね。

三　現代の状況と課題

三國　戦後をむやみやたらに生きた人間にとって、そういった宇宙観の欠落みたいなものが一つの大きな特徴になって、いまの日本人を形づくっているんじゃないかという気もしているんですけれど、違うでしょうか？

野間　そうですねえ。

三國　宗教の場合でも同じみたいですね。親鸞思想を個人として的観に把握しようとすると放免逸不頼、異端者という見られ方をすることが多々あるようですから……。ある人なぞ田舎の寺に逐いやられたりしますから。

野間 最近は、マルクスをここが間違っている、自分はここだけを大事にする、とかということがヨーロッパで出てきた。そんなに隅から隅までちょっとでも間違ったら「間違いだ！」というような、そんなのじゃない読み方になってきた。しかし現代世界の現実に合わねば、それを大胆に明らかにしなければならないでしょう。

三國 中国の廖承志さんと会ったときに流暢な日本語で「重箱の隅をつつくようにものを考えたら何事も成り立たない」というような言葉を聞きましたけれど、優れた政治家というのはそういう感性を豊かに持っているのでしょうね。

野間 僕は、河上肇の「科学的真理」と「宗教的真理」の二つがあるという論を受け継ぎ、その根元のところで、それを究めようと考えているわけです。

三國 役者という稼業はからだで感じようとする癖があって、それに頼りきろうとする。言葉や文章は信用しないんです。これは、いちばんいけないところなんですね。今度はじめてカンヌ映画祭でフランスに行きましてね、いろんな国の人たちが集まっているんですね。五万人集まったとか聞いていますが、一緒にごちゃごちゃ喫茶店でお茶を飲んで、言葉はわからないんだけれども、何となく向こうの人たちは、生活観に節度を持って諸事に対応されているような気がしたんです。そこにゆくと日本人は、ことごとに野放図で出たとこ勝負という気風があるんですね。その辺の違いは、やはり歴史からくるものですか。

野間 日本は世界でマルクス主義の学者が最も多いといってよいほど、その数が多いのですが、それでいて、民衆に影響をあたえることが少ない。親鸞のように浄土念仏門に徹して、天皇、貴族と闘い、ついで武家の支配とも闘いつくして、民衆とともに生きるという、この生き方、生活の仕方を受け継がないというのでは、民衆の中で何かを生み出すことがないといってよいですよね。

三國　日本の資本主義を代表するような会社の社長で、元マルクス主義者であったという人も何人かお目にかかったことがあります。それが一旦転向して経営の代表者になられると平気で海賊的になっちまうんです。百年前か二百年か知りませんが英国の海賊みたいなことをやってのけるのですけれども……。

野間　そうですね。哲学ということになると、最近、哲学があるとか、ないとか、よくいわれるんですが、哲学がない場合と哲学を持つのが早すぎる場合と両方ありますね。哲学というと、非常に便利なものですからね。哲学が苦闘せずに身についた、つまり余りにも早く簡単に哲学を手に入れますとね、バーンと割り切って、「これはダメだ」「あれはよい」とやれますからね。あれは哲学がない、とか、なんとかいうのだけれど、哲学ほど怖いものはないんです。そしてまた、こんな便利なものはないんです。しかし、本当の哲学はどうだ？　といえば……。

三國　仏教でいいますと、世界は久遠の昔から「如」としてあったもので誰がつくったものでもない。しかも久遠の昔から絶対不変ではなく、成立し存在し破壊され消滅する。キリスト教の場合は、神ですから神の世界は不変で不滅である、神は真理だという認識の違いですか？

野間　特にハイテクノロジーの出してくるものが危険物ですね。これを今何回も現場へ行って自然科学者と一緒に調査してるのですが、つきとめたと思う瞬間にまだ問題が残っていることが明らかになるんですね。その残っている問題の危険性というのは、それを証明する根拠が薄いのですよね。さらにまた現地へ調査に行かなければいかん。そういうのが非常に面倒なところですね。

しかしこの全く性格の異なる親鸞なら親鸞、これが今度、映画作品として製作された。そしてカンヌで外国人が評価する。これまた非常に重要ですね。全世界がどうしても、この作品をめぐって通じ合わないとね。まず西と東、これが通じ合わないといけない。それから南と北が通じ合わないといけないですね。このあたりが充分行き合うかどうか……。

三國 カンヌの国際映画祭で受賞した作品を見てみますと、審査員の国際的なダイナミズムのようなものを強く感じました。東西を軸にして南北を差別する黒い影が一般を覆っている事実は、あらゆる部門で見逃せません。それでカンヌの審査員は、このことにこぞって怪訝の念を持っていて、親鸞ではありませんが「内から開発」すべきだという情熱に燃えておられたと見受けられるんです、一人一人が。

野間 僕もそれを感じますね。特に審査員ね。審査員がそうだと思いましたね。日本の映画祭も最近できたのですが、これが立派に世界に認められ、その評価が定まるには、やはり回数を重ねる必要があるでしょうが、日本でもっと数多くよい映画が製作されるという、そうした背景がなければならないでしょうね。まあ、一挙にそれは無理でしょうけれどね。

三國 やはり審査員の姿勢の問題ということもあるのではないでしょうか。正直なところ、今度の「白い道」をつくるとき、この内容をストーリーで構築するにはとても二時間や三時間では不可能だと考えましたね。ではどうしたらいいか、ない頭をひねって自分と格闘したんです。たとえば自分自身がヘドを吐きまして、それを掌の上にのっけてみて、これを一体どこへ投げたちいいかという格闘ですね。あそこを黄色にすれば、次は紫にきまっているんです。なんてことをすればコンピューターで映画をつくるのと同じですものね。目をつむって開け放してスパァーンと投げたわけです。

純白のスクリーンにいくつも色を投げながらできあがったフィルムをラッシュで見て、それを今度はつなぎ合わせていったということです。だからいろんな方々がどう受け止めてくれるかまったく考えたことはありません。媚びることを忘れて投げ続けた、それ以外にないということでしょうかね。ずいぶん乱暴な話ですが、ほんとのほんとなんです。「わからん」という人がいてもいいし、一つの宇宙観を観て取ってくださる方がいてもいいし、索漠とした現実としてご自分を受け取ってくださってもいい。どう受け取ってくださってもいいから、そのうちの一つだけでも感じ取ってくださる方がいればラッキーだと思っています。

野間　ちょうどヨーロッパの画家たち、ゴッホ、ゴーガン、マネ、モネなどが、日本の浮世絵にひかれ、亜欧堂田善、司馬江漢、葛飾北斎、歌麿、広重などそれらをどうしてもフランス、ヨーロッパに入れなきゃならないという相応じ合う力が大きく動いたのですね。あの当時、北斎は世界最高の画家ですからね。日本ではもう貧乏、貧乏で、北斎は旅行の名手だといわれていたけれど、じつは旅行ではなくて、次々と家賃が払えなくて、九〇何回も移ったとか、そういう状態です。ヨーロッパ文化があのときに、もう破綻しかかっている。どうしてもこの浮世絵が必要だというので、フランスからロシアまで全部が浮世絵を受け入れるわけですね。そういうものを日本の文化・文政期が生み出す。しかもその浮世絵師の出身が非常にわからないのですね。どこから出てきたか。そんなに上の方からではない。そういうふうなものを日本が持っていながら、その価値を発見して……。まあ、両方でしょうけれど、浮世絵というやつは、もう一つのわい印の方と、どっちも大衆的なのだけれど、わ印の方なんて、いまは逆でしょ。政府は禁止して、見せちゃいかんと。わ印の方も大胆に書いて世界一流のをみんなヨーロッパが買い入れて保存したわけでしょう。日本にほとんどなくなってしまったんですね。

四　庶民思想の凝結——法然と親鸞

三國　葛飾北斎を演じたことがありました。これはイタリアの賞を貰ったテレビドラマですが、演じながら、いちばん感銘したのは、飽くまで自分を凝視する北斎の感度でした。お栄という娘がいまして、愛弟子の英泉と一緒にさせるんです。自分の家の二階に住まわせて、その男女のセックスをじーっと障子の穴から眺めていて、自身を見つめ直す。老いの肉体から消えた躍動を思い起こそうとする、あの狂気のような執念というものが偉大な庶民芸術を生む原動力になっているのかと思いましたね。だから、という理屈にはなりませんが、親鸞の思想は雲の上の空理空論ではなく、人々に根づいて八百年を生きる庶民思想の凝結ではないかというような気がしまして、今度の映画づくりにとっても参考になりました。

野間 その問題、前にも少し出したのですが、庶民のいちばん底まで降りて行って、それを全部包み込んで浄土真宗を確立したのですが、その経過の中で、僧にあらず、俗にあらずという問題を解いたんですね。親鸞は親鸞聖人であって、上人ではない。これは親鸞聖人だけです。律令の僧尼令による僧の位のない僧で聖《ひじり》といった。当時そういうひじり僧がたくさんいた。その中の非常に優れた人を聖人とするんですね。

三國 あれは意識的に問題を受け止めて親鸞はそうされたのでしょうかね。たとえば法然という方は生涯、叡山の官僧として生きました。そのために島流しになりましたが、いろんな援助を受けて無事に八〇何歳まで生きたわけですけれども。

親鸞という人は山を降りて、聖の群れに身を投げました。親鸞が単に他力本願をたのんで称名念仏という蓑を被り、現実認識に目をつぶろうとしただけでしたら亡国の露はらいと同じことですね。美しい、愛の説教を繰り返すなんて芸のない話ですから、結局親鸞は二〇年も経験した叡山の無力に絶望し、自分自身の救いは大衆の救いと共存すべきだという課題のための在家仏教の第一歩が、下山の理由だったんでしょうか。

――研究の途中で三國さんからいろいろうかがった話の中に、親鸞は法然の高弟ではないのではないか、という説をおっしゃっていた時期がございますね。親鸞は新潟に流されたのか流罪の僧に従っていったのか、そのへんのことについてその後どうお考えですか。

三國　じつは、まったくわからないです。真宗年表には承元元年十月二五日親鸞越後に流される、とだけありますが流罪になったとは書いてありません。不思議なことは法然の許に弟子入りして、六年目のことですね。じつは無罪の先輩がたくさんいるのにどうして親鸞だけがという不審もあるのですが……。師の法然は温暖の土佐に流罪を命じられましたが、実際は土佐には行かず讃岐でのんびりして、十カ月で赦免になっています。ところが、親鸞は別でした。寒冷地の越後に追われるのです。その厳しさは日蓮の手紙でもわかりますように死を意味するものです。そうしたことを考えて、恐らく支配者側にしてみると親鸞という人は、法然教団の中で想像を超える行動派の代表ではなかったかと思うんです。何を根拠にそうなったか知りませんが、居多浜に旧暦の三月一七日に着いたといわれています。何人かの従僧が付いておりますけれど、しかし政治犯でしたら必ず検非違使が付いて来て受け渡しの任に当たるのが通例ですね。

萩原民部に受け渡していったというけれど、萩原民部というのは徳川前期もしくは上杉家ぐらいのときにはじめて萩原という人が他国から来てあそこに定着したという史料はあるんですけれど、やっぱり架空の人ではないでしょうか。それから、例の「化身土巻」の末尾に書いてある「主上も臣下も仏教にそむき義に違し、怒りを発し、怨みを結ぶ、それによって真宗興隆の太祖源空法師も、数人の門徒とともに正式な裁判もしないで死罪に処せられてしまった。私もその一つである」という文章にいたしましても果たしてそれを一人と現代調に理解すべきか、それとも範囲を広く一党とみるべきかさっぱり見当がつきません。

野間　大切ですね。一人ではなく、一つですね。

三國　はい、「一つ」ですね。

野間　例の一つか、それともその一人と解するか。

三國　その二つのうちどっちに取るのかということで、六年目の法然教団における親鸞の位置がやや鮮明になるのではないかと思うのですがね。

——そのことでおうかがいしたいのは、僧にあらず、俗にあらず、というその自己規定というものと、親鸞自身が置かれた状況というのがたいへん深い関係があるのだろうと思うのですが。

三國　質問の答えにはならないと思いますが、これは河田光夫さんという方の論文で読んだことがあるのですけれど、その後に「禿《とく》の輩《やから》」という差別語があったと主張されてるんです。その禿に共通しているのではないかと思うのですが……。

——中国へ行かれたとき、その禿について中国の人は何といっていましたか。

三國　中国へ行きましたときに気になっていたものですから、愚禿という字を書いて「これはどういう意味か」って聞いたら、「あ、これは手紙によく書きます」というんです。つまり末尾にへりくだった意味で旧い人は禿というふうに書きました、と答えたんです。では語源は何ですか、といいましたら昔、髪の毛を二握りできる少数民族の人たちを愚禿といったのではないかというのですね。

――それが転じて？

三國 ええ。『中国文化』とか何とかいう小雑誌を発行している雑誌社ですが。そこの事務局にいた方なんです、北京の。

野間 難しいですね。つまり仏教語ですね。親鸞にも、ある言葉をそのままいい出してきて使った場合ね。たとえば「自己」という言葉、それから「自我」という言葉、これを区別して使うわけですけどね。自己という言葉が親鸞、道元の表現の中に何回も何回も出てきますと、すぐに自己は親鸞、道元の言葉だと思い込んじゃう。親鸞、道元を媒介、仲立ちにして使う。自己を道元の使った意味でそのまま使ってるというように思い込まれてもまた困るんですよね。親鸞の場合もまた同じでしょう。我という言葉も自我という言葉の意味と違いますから。「天上天下唯我獨存」とよくいわれる釈尊の言葉の「我」は自我の我ではないでしょう。しかしその使い方だって、若いときに書いたものとだんだん意味が違ってくることがあるでしょう。そのあたりまでたどって、しかも、全世界の民族がどうしても通じ合わないといけないという問題が最近出てきていて、地球的規模の環境問題が出てきていて、その解決が急がれていますが、しかしただ急ぐのではダメで、ゆっくりと急がなければいけないという面倒きわまることをやり遂げないといけないんでね。

三國 資料の理解のしかたでも、やっぱりずいぶん個人差があるようですから。これをどういうふうに整理していくかということは、学問に浅い者には難しいことなんですけれど。たとえば、親鸞が流されて新潟に行ったという伝承をたよりに旅をすると、自然と昔の北陸道が起点になるわけです。すると「親不知《おやしらず》」という場所にゆきあたります。冬の越後はきびしい、波も荒いし、特にあのころ地球が寒冷期でしたし、並じゃないんです。本道は境川から山に入って青海市に抜けられるんですが、検非違使と一緒に鑑札不用の流罪人がわざわざ命がけで険難の海岸を越えたとすれば、それなりの理由があるはずですね。

そこを自分で歩いてみたのですけれど、境川から上って青海へ出る山道には古い伝承がいっぱい残っているんです。山姥伝説とかいろいろありました。そういう伝承を詰めていくと、やっぱりそこが大昔は通常の道路であっていちばん安全なのですね。もし親不知を通らなければならないということになると、これは普通の旅人ではなくて、やっぱり官憲の目をはばかる人たちがおもに通った間道ではないかと思うのです。そうでなければ危険は侵しません。そういうことなども含めて、自分なりに納得のゆく親鸞という人を尋ねるとすれば、居多浜にある銅像みたいに供を連れて旅するような立場ではなかったのではないかと思ったのです。義経だって都に攻め入るとき、軍勢は山道を選んだぐらいですから。

野間　そうですね。それでもあまりにもたくさん、ここを通った、ここを通った、という親鸞の通った道が出てくるのですね。そういうことからもたいへんな人ですね。

三國　「親不知」という名前があそこの近辺に付いたのは『梅花無尽蔵』ですか、一四八九年に書かれたものですが、そこで「親不知」という名前がはじめて紹介されたのではないですか。それまでは親不知という名前で呼ばれていなかったみたいですよ。

野間　ああ、そうですか。そういうことがあるのですか。

三國　親鸞伝承というか伝説というのは、信州にあった系統が頸城に入ってきて、信州勢力をつくるんですが、その段階でつくり上げられたものがずいぶんあるのではないかという気もしますね。

野間　それはつまり伝承が、蓮如のときにつくられたものも相当あるのではないでしょうか。だから金沢あたり、岬が突き出ているほうは、ここからこう舟で渡ったとか、そういうのがあるんですね。いやー、そこまでも、という思いがしますね。

三國　恵信尼伝説もずいぶんありますが、推理を軸にしているだけで確定的なものは一つもないんです。いちばんわかりにくいのは、たとえば二七、八になって親鸞さんと一緒になるということは当時の女性としては、ちょっと晩婚すぎるのですね。新鮮な果物としては貴族が女性の芳香にひたるにしても、やっぱり一四、五歳ぐらいが一番いいんじゃないですか。二七、八になった姥桜は、あまり相手にしたがらないはずです。晩婚時代の今日ちょっと女性に失礼かもしれませんが。何しろ八百年前の話ですからお許しいただいて、正直、そうだったと思っても間違いないと思います。晩年、頸城に帰ってあそこに一期分という形で土地をもらって生活するということは、納得できるのですが、もともとそこの出身であったという主張は、郷土史家の先生方が若干ひいきの当益を願うあまりの解釈とも思えるのです。

『恵信尼文書』のなかにある「ちくせん」ですけれども、用人として京都に出たという体験も考えられるでしょうし、また環境から考えても消息にみられるような文字が簡単に書けるようになったと思えませんね。だからといって三善氏と結びつけるというのは、ちょっと無理な部分があるのではないかという気がするんです。三善は『姓氏録』に右京諸蕃百済の大族とありまして、越後の三善氏は鎌倉期に布施氏を名乗っておりますから、実悟師の書いた大谷一流系図にある兵部大輔三善為教（越中三善氏）に結びつけるのは少々無理なような気がします。

野間　あそこのところにあまり大きくない恵信尼の御堂がありますね。

三國　はい。

野間　つまりその辺りの土地の人に聞いてみますと、その辺りの山の高地の田んぼは大雨が降ると、すべてずーっと下の土地まで降ちて沈んでしまう、それをまた下から上まで運び持ち上げて田にする……。そういう土地です。

その辺りは、わりに親鸞も信徒もその近くを歩くことが多かったのではないかと思います。もう一つは例のミイラですね。ミイラになる修行がありますね。竹の筒を山間の地を掘って、その中に入れて呼吸ができるようにして、修行者が木製の箱、あるいは土製の筒の中にはいって最初はおもゆのようなものをすすり、それを次第に水分だけにして、最後に食せずして、百日で竹筒にも空気が入らぬようにして、ミイラになるのですね。「土中入定」、このようなミイラが関東のほうに行く山中から掘り出されていますが、親鸞も当然見とどけてたと思いますよ。もちろん親鸞はこの修行法を認めはしません。

三國　ああそうですね。

野間　善鸞の事件が晩年に起こって、親鸞は苦しみますね。自分は父親の親鸞から秘密の奥意を授かっている。その秘密の教法によって病者を治癒し、さまざまな現世利益をもたらす力を授かっているといって、大変な収益を上げるのです。親鸞は、それはいつわりである、と否定し、善鸞を義絶します。親鸞は女性との結合を認め、結婚した。その結果、その晩年に苦悩のどん底に沈められますね。しかし、それをのり越えます。

三國　はあ、でも『教行信証』なんかの考え方と似ているのではないでしょうか。つまり、こう思うのですけれども、この経典にはどう説かれているだろうか、またこの教えをどう判断すべきか、自分の中での声を菩提の水で晒し見ようとした行為そのものではないかな、という気がするのです。他愛のない考えですが。

野間　つまり晩年になればなるほど、徹しに徹していくということがあるのですね。それから法然の下に入るのも、なかなか一挙には入りませんね。一〇年ぐらいかかっているのではないですか。しかし最晩年は、かなり、ゆうゆうとした生を見出しているともいわれます。宋の教典が、宋で出版されて一カ月後には、親鸞の手元にはいっている。それを『教行信証』に引用しているのを学者が証明している。貿易船につまれてはいってくる書物、それはじつに高価だったでしょうが、それを手に入れているのですね。

三國　あれはどれくらいの時間的経過があったか知りませんが、『恵信尼文書』などから類推するしか手がないと思いますが。『漢語灯録』におさめられている「遺北陸道書状」ですか、もちろんこれは偽物ではないかという一般の解釈に耳を傾けないわけではありませんが、かりに先生方がおっしゃるように鎮西派が『四十八巻伝』や『九巻伝』とみあった偽物書状だとしても、法然からこのようにして一念義の徒として排斥されたという文意は、親鸞と法然の関係を直接的に結ぶものではなかったように思うのです。

たとえば、恵信尼が娘の覚信尼に送った書状に出ていますが、山を降りて六角堂に百日参籠して約四カ月目に霊告があったといわれますが、この夢告の後に「ごせのたすからんずる上人にあいませんとたづねまいらせて」と自己救済の道をはっきり選択した訳ですね。しかし六角堂で親鸞がふんぎりをつけて、鴨川を渡る仲介者として聖覚の存在が浮き沈みしながら見えてくるんです。だから、綽空という二尊院に残るサインですが、どのご意見を読んでも感情的で納得するまでいけません。

野間　入門がずいぶん遅いという気がしますね。熟慮に熟慮を重ねて。しかしまた、難しい、難しい、とばかりいっていてはよくない。みんな、難しくて迷いに迷っているのだから。

三國　よく「三願転入」とかいって、先生方が問題にしていますね。あの三願転入を先生方が考えられるのは、内面的な展開を論理として親鸞が追体験の中で決定したものだという主張ですね。でもあんなふうに論理的にすっきりと割り切れるほど、人間は思想的転換をしながら生きれるものでしょうか。やっぱり晩年になって親鸞が、京都で静かに自分を見つめ直した自分の総括から生まれたものだと思います。

――自己総括ですね。

三國 すいません。凡庸の証拠に詭弁を弄して、自分をフォローする習性があるものですから。

五　共同体づくり

野間 親鸞は社会的実践をしたのかしないのかという問題は非常に大きな問題になっていましてね。ぼくが『親鸞』を書いたときに「信」という字を字引をひっぱったら、ずーっと四十いくつの意味がありますわね。その中に信は「興」なり、というのがあって、「衆とともにことを行うなり」と書いてあるんですよ。社会的実践ですよ。それを提出したら、それからこの問題については、問題がなくなりました。それで決まったのですね。それで水俣へ行きましたとき、真宗の方にもっとこういう問題で一緒にならないのは、間違っているのではないか、ということをいったりしたのですけどね。もうすでにやっておられる人がいます、ともいっておられましたが、しかしそれはごくわずかの方でした。

親鸞は社会的に実践したのかどうかが、以前には大きな問題になっていた。しかし親鸞は至心と信楽と欲生の三心が信という一つに到達する根拠を問いつめている。そしてその三心の一つ欲生の、生とは成であり、作であり、為であり、「興（衆人と共同して事を行い盛んに起こす）である」と辞書にあるのを僕は見出すことが出来た。この生が興の意味をもつからには、親鸞の信が社会的実践であることは疑いえぬということが明らかにできたのである。

親鸞が社会的実践者であること、社会的大実践者であることは明確となり、以後、この問題はもはや提出されなくなったのである。親鸞の道場を中心とする共同体づくりは、その社会的実践の結実の基盤である。

——野間　宏

――最終的には三國さんがどういうお考えになったかよく判らないのですが、研究過程で、新潟が親鸞の思想形成に非常に重要な位置にあると考えられていたと思うのです。今度の映画の中でも「アイゴー」と泣く人が出しておりますけど、最期に新潟で親鸞は言葉の通じない人たちに出会ったのではないか、できれば当時の通じあわなかった言葉が復元できないか、といわれましたですね。その親鸞の新潟体験といいますかね、そこのところは現在のところでどんなふうにお考えですか。

三國　日本の古道の史料を見ますと駅舎というのが絶えず入れ替わってるんです。ということは、政府の管轄が時代によって移動した事実を物語っているんです。例えば、吉田東伍先生の地名辞書を参考にして現在の新潟県図をかさねますと、新潟平野のほとんどが島と潟であったことが判ります。以前、蒲原の津という古地名をたずねてみましたが、沼垂町の南に蒲原という地名が残っておりました。もとは信濃川と会津川が交わって作られた州の中にあったものですが、延宝年間に水害にあって現在地に移転したものだそうです。蒲原の津は延喜式にも「当国の貢米を海路敦賀津へ回さんがため蒲原の津の湊より出船云々」とありますように有名な処でしたのに、これは天災による移動の例ですが、徳川期になって急速な開拓が始まり歴史は闇にうめられてしまったのです。でも弥彦の頂上に登って新潟平野を俯瞰しますと、古代のようすがイメージすることぐらいは可能です。親鸞が越後に行くちょうど一年前に、蒲原一帯の領主が謀叛を起こしております。

越後の国は当時、「建久四年頼朝は越後等十一か国の正税を東寺に付して、その造営の資金に当てさせた。越後国分寺が頼朝の頃再建されたことがあるのではないかと思われる。国分寺の屋敷取りにそうした跡をうかがうふしがある。正治元年(一一九九年)、恐るべき権力者、源頼朝が死亡すると、建仁元年(一二〇一年)、前越後の領主、城長茂が後白河上皇に源頼朝追討の院宣を乞うたが成らず、失踪して吉野で捕われ、さらし首にされた。同年四月、甥の城資盛が北蒲原郡中条町にその伯母板額とともに立て籠って幕府に反逆するが、佐々木盛綱の出陣でこれを打ち破ることができ、この地滑り的交替現象が城主の拠点、岩船北蒲原郡一円に多かったことは郷土史家の研究によって知ることができる」。こういう状況下に親鸞は越後へ行ったわけですね。ということはつまり、蒲原の津の近辺というのは、先程の延喜式などからみて想像されるのですが、一種の開放区ではなかったかと思うのです。

だからいろんな人たち、たとえば、蝦夷といわれる人たちもそこで自由に交易をしたり、政治犯で都を追放された誰れそれや、幕府の方針に絶望した進歩的な一族とか数多くの人々が思い思いに島々で、厳しい自然環境ですが共同体みたいなものをつくって、楽しい暮らしを満喫していたんじゃないですかね。記録によりますと、当時の柏崎は五千の家があったそうです。もっと入江が奥深く、直接に大陸と往来する船が港にひしめいていたんじゃないかな。そこで親鸞は建暦元年十一月十七日に赦免になるわけですね。『親鸞絵伝』は、『教行信証』後序記載の法然赦免の月日を親鸞が赦免になった月日ということにしていますので、一応絵伝にそって赦免になったということにするしかありません。でも『教行信証』の後序は、親鸞自身の赦免を記したものでなく、法然の勅免帰洛の日付であることは今日どなたも認めるところだと思います。余談はそれくらいにしまして……。

小説『白い道』では、私の造語ですが「結」という形で親鸞は、越後でコミューンみたいなものをつくっていたわけです、いわゆる僧伽《さんが》みたいなものでしょうかね。ところが新しい権力集団の鎌倉幕府の利害と旧権力者である中央貴族の駆け引きの間にはさまって、庶民は二重、三重の課役を要求されたわけで、これは、むしろ暴力ですね。この仕組みは、いかに権力とはいいましても、絶対的ですね。心の弱い人たちは当然のようにアヘンに身をゆだねて現実の苦しみをしびれさせますが、親鸞はそれを知恵をすてた人間のあさましい生き方だと感じたんですかね。知恵を捨てることは人間をすてることだ、と。

――日蓮文献に、いまおっしゃったようなことを意味しているのではないか、という一節があります。要するに、日蓮が育った文化みたいなもの、そういうことが全然通じない人たちだ、ということをいっている手紙の一節があるのです。三國さんのお話を聞いていると、そういう人たちが新潟周辺のどこかに、いわゆる一般とは違う社会があったのかな、というふうに感じました。

三國　当面いちばん大事な問題として、人々と強いかかわりを持つためにまず医療があったんではないでしょうか。「越後の七不思議」なんて伝説は、そうした土壌から生まれたはずです。

――新潟に伝わる伝説の読み直しですね。

三國　はい。

野間　共同体ですね。何度も、いまいわれたような、つくりかけては壊されて、つくりかけては壊されて……。新潟がいちばん最初でしょうか。

三國　と思うのです。たとえば、「七不思議」の伝承が伝わっている地域を、地図で見ますとだいたい五キロ半径で、その伝承が生きているんですね。それは関東に行きまして、たとえば、稲田、高田、あの辺の行動半径も、多少の違いはありますが、おおむね、五キロなんですね。

野間　あのあたりでも共同体をかなりつくっているのでは。

三國　ですから「結」と呼んだ共同体の鉄則として、親鸞の頭の中には五キロという考え方が根強くあったのではないかと思うんです。

野間　一日で行き来できるという距離でしょうね。

三國　と思います。赦免されてからの何年間を何もしないで、生きてるような親鸞ではないと思うのです。何かに挑戦していたはずですね。あの御絵像に写された親鸞の体格を見ましても、じつにエネルギッシュですね。絶えず挑戦していった方であればこその面体としか思えません。なんじょうもって数年間を無為に過ごせましょう。おそらく関東での共同体の原型みたいなものの体験として新潟があって、そこは権力によって踏みつぶされたという苦渋にみちた経験を通して再度、その延長の中で関東の共同体づくりに挑戦されたのではないかと考えます。

──それが映画の冒頭にくるわけですね。

三國　そのつもりで映画はつくっております。随所に切られた安楽の首が親鸞の心情としてカットインしておりますが、でも人によっては、あれ、どういう意味なんだかさっぱり判らんと言われましたが、説明のしようがないのです。安楽の首を超えることが、ことによると親鸞の至上の願いではないでしょうか。

野間　そうですね。自分の仲間であり、先輩ですよね。

三國　今頃の人は毒を毒と思いたがらんのですね。

野間　つまりあれは、京都での非常に少ないながらの共同体づくりの最初の手始めですよね。

六　法然と当時の仏教権力の構造

三國　さて、本題になっていくわけですが、この辺になりますと、僕は嫌でも馬脚を見せることになるんです。しかしこれは当たり前のことで、先生方に太刀打ちできるはずがありません。これからは謙虚に中世仏教の諸事情をお教えいただきたいと思いますので、どうぞよろしくお願いします。

ところで『九巻伝』の註釈書を読みまして『四十八巻伝』を見ますと、両書に深い関連性があることは先生方のご意見の通りだと思います。ただ奇端伝説についてだけは『九巻伝』の方がはるかにエスカレートしておりますね。そうした傾向から見ますと、『古徳伝』の著者が正安三年ですから、『四十八巻伝』が親鸞門流の所伝の法然伝記を参考にして聖光門流に都合よく書かれたものだ、という中沢見明さんの分析があたっているように思うんです。

何にしても『法然上人伝の成立史的研究』全四巻を読んでおりませんので、不勉強の誇りはさけがたいことですが、『古徳伝』編集の正安三年より七年前に『親鸞絵伝』ができあがっておりますので、起行《きぎょう》派側の本の中身に親鸞排斥の意味が含まれるのは当たり前かもしれませんね。

本物ではないと思いますが、「一念義停止の起請文」というのを和文に訳して載せております。

わざわざ成覚房の弟子の名を善心房と明記してありますが、これはどうお考えになられますか。

——そうですか。絵伝はいつごろのものですか。

三國　『四十八巻伝』にあります「光明房の状につき、上人一念義停止の起請文を定めらる。かの状云」は『九巻伝』にはのせないで、「一念義停止の起請文」だけ載せまして、承元三年六月十九日沙門源空、と年月日を書いてあったと思います。

——『法然絵伝』というのは立派なものですね。絵伝の中ではきれいにできている。

三國　はい、そうですね。高田の浄光寺の宝蔵で本物を一度見ました。

野間　法然は、どういいますか、あまりにも偉すぎるというのか、名前が知れ渡っている。

三國　ある意味ではやはり当時のエリートだったと思います。

野間　しかもいろんな問答をすると、とても法然にかなわないわけですね。あの年齢で交わっていこうとしても、差がありすぎて、そういう点ではやはり民衆の中へは入りきれなかったのでしょうね。

三國　私のような者がいま判断するとすれば、文章がとても抽象的ですね。あの頃の方はそういう抽象的な言葉を理解できる感性を持っていらっしゃったのかもしれませんが……。

親鸞が越後に流罪になったのは承元三年以前のことですね。それ以前から浄土教の一念義派が、越後、北越に相当大きな勢力を持っていたとしても、法然が一念義は困るというような言い方はしないと思うんです。ちなみに『四十八巻伝』には、成覚房の弟子等としてあるだけで、『九巻伝』

のように弟子善心房なぞとあけすけに非難していません。また『九巻伝』は承元三年、配所にて法然が記したようにありますが、法然はすでに承元元年十二月八日には勅免を得まして配所にはいませんでしたから、これは矛盾しているわけです。こうした背景から、簡単には否定しかねる一念義派の勢いみたいなものが当然あったと想像するんです。『明月記』なぞをみましても、定家が、一念宗の長教脱の師成覚と記してるほどですから。

野間 なんども疑いが……。

三國 「たとえ法然聖人にすかされまいらせて念仏して地獄におちたりとも、さらに後悔すべからず」というのは親鸞独自の逆説ではないかと思うのですが、先生、違いますかね。浅智愚鈍の読みすぎ……(笑)。でなかったら愚痴の念仏ともいわれる法然を裏返して知恵の念仏という発展は考えられませんか。

野間 そうそう。はっきり法然を賢と呼び、自分を愚と呼んで、真っ正面からこれは違うわけですね。しかし両方合わせてくれということでもあるでしょうけどね。

――当時すでに法然教団というのは、相当な力を持っていたのですが、その教団に対する一つの姿勢でもあるんじゃないでしょうかね、法然上人に対する態度は。

三國 日蓮が関東の浄土教団を非難してますね、その批判が張本人である法然におよぶわけですが。そういう意味では浄土教そのものの体質が、すでに親鸞が関東を去ったあとに相当きびしいセクト争いでもしてたんでしょうか。

—— 第一の問題としては、権力と結んでいるということですね。日蓮の言っていることは。

三國 そんな事実があったんですか。

—— ですから念仏衆といってもいろいろなものがあって、それを一括して法然の宗派だということになっていたのではないでしょうかね。

三國 親鸞が関東を出て京都にお帰りになったということについて、いろいろな説があるのですが、根本的には日蓮が批判したような体質が当時の関東の浄土教を見て、関東にいたたまれなくなったというのが実感なのかもしれませんね。

野間 そうです。それが根本だと思います。

三國 親鸞は関東を捨てたわけではない。捨てざるを得ないように仕向けられた。そこで縁なきものと割り切られて。

—— そのようにお顔からも感じます(笑)。

三國 おそらく諸般の状況を眺めて、「迷惑於名利大山」と嘆息なさって背を東に向けられたのでしょう。

野間 日蓮の手紙は、非常に親鸞の手紙と違ってもっと情がこもっているような手紙が多くてね。あれは信ぜざるをえないですね。とくに手紙はね。

三國 なにか切々たるもの、というのですかね。親鸞は日蓮と対照的ですね。

—— ですから一般的にいえば、親鸞のほうが強い、身近に来た者に対しても教えという意味では非常に厳しい人だったろうと僕らは思いますね、日蓮と比較しますと。日蓮の場合は近づいてきた者が少しぐらい間違った考え方を持っていても、包摂していきますね。

野間 ただ、年齢にもよるのではないか、という感じがしますね。手紙を書いた年齢は親鸞の場合かなり高年齢ですよね。日蓮さんの場合は……。

三國 五〇以前ですかね。

―― だいたい一〇代から残っていますからね。写本まで入れますと。

野間 非常に大胆なものもありますし、細やかなので、びっくりするほどのものもありますね。

―― ですから日蓮の場合は、思想の展開過程を年齢を追って考えられるわけです。生活の場面でもだいたい推定できるのですね。周りにどんな人がいて、どういう生き方をしていたかも。親鸞聖人の場合は資料が限られているのです。高齢のものしか残っていない。三國さんからも前にうかがっていて、抹殺説をとりたいですね、これはやっぱり抹殺されたのではないかな、という思いが強いですね。

三國 先ほども『法然上人伝』でも申し上げたと思いますが、浄土教の本派というか、起行派（聖光は自ら法然の滅後に血脈を立てている）というのはおかしいですね。親鸞という人を邪魔者扱いにしているんです。

―― それともう一つ、やっぱり血縁で本願寺を相続したという問題もあるんじゃないかという気がするんですね。自分の親族の者というのは比較的、軽んじますわね。

三國　これは野間先生にぜひ、お聞かせいただきたいところですが、法然という人の出発は、やはり一念義からだと思われますか。関東に教線を持つ浄土教の連中は、一念義ではやっぱり権力に追従しかねるものがあって、いろいろと支障があったのではないですか。多念義系が大きく勢力をもつようになります。これは起行派ですね。親鸞は自分の考え方はあくまでも浄土真宗、純粋に法然に直結するんだというい方、主張をしてますね。教学という意味で脱漏なくここで問題を解く能力はありませんので、単純にお聞きするわけですが、親鸞そのものの思想を一念義であるということで、法然に直結していると考えてもいいのでしょうか。

素人考えで恐縮ですが、『和語灯録』なんか読ましていただくと、一念によって往生は可能だという言い方もしていますから、法然自身の基本に一念義があった。しかし半信半疑で、「往生するものものまれなるは……」なんて不得要領の悪いことをおっしゃってます。またそうかと思うと「行は一念十念なおむなしからずと信じて、無間に修すべし。一念なお生るいわんや多念をや」といってのけ、親鸞的な「信」を基本に考えると念仏の数に優劣はつけられないはずですね。事実、親鸞はのちになってこの一念多念の優劣論をきびしく批判していますが、法然の隠されたたくましい部分を読みとって親鸞流に拡大解釈をなさったものでしょうか。

野間　そう思いますね。

三國　「一念に往生すればとて必ずしも一念に限らず」と安心起行を別物に扱った法然は、最後まで比叡山の官僧としての絆を断ち切らなかった。どういうことですか、これは。法然門下にいろいろな弟子の勢力が台頭してきますと、多念義、一念義の論争も激しくなったようですね。そうすると、多念義の人たちには「そうだそうだ、お前の言う通りなんだ」とおっしゃるし、一念義の人たちについても、「そうなんだ、お前の考えも一理あるな」みたいなことで吉水集団を統括し抱え込んだあたり、相当な政治感覚の持主としての法然がいたように思うんですが。

―― 比叡山から念仏の門徒を助けていく、法然の政治力で守っていくというものもあったのではないでしょうか。

三國 あったでしょうね。だから法然の門弟信徒にいわゆる、知識階級の人が多く集まったんでしょうか。有名なところで善恵房証空しかりですね。それからこの証空には貴族公卿が信徒になっています。その外に聖覚あり、成覚房幸西、例の一念義教団の首長ですが、以下、多念義、鎮西派と多土済々ですね。

―― 道元禅師にも叡山は非常にひどいことをやっていますわね。ですから道元に対してもあんなにひどいのだから、法然上人に対しても相当ひどいことをやったのではないかという気がするのですね。

三國 「七箇条起請文」の文案はなにかの本で聖覚が起算したというようなことを読んだことがありますけれど、あれは事実なんですかね。

野間 と思います。しかし法然みずから提案しないと皆は受け付けないでしょうね。自分で書かれたかどうかは疑問ですね。しかしこれ以上念仏門の歩みを思う限りすすめると、また皆が全員やられてしまうという、それをかなり察知しておられたように思いますね。聖覚は『唯信鈔』を著し、親鸞はこの『唯信鈔』を重んじ、よく読み、それをすすめて解りやすくするため『唯信鈔文意《もんい》』を書いていますが、この『唯信鈔文意』がまたじつに重要です。

三國　法然という方は、何のために敢えてたくさんのブレーンを置いて吉水で専修念仏を説いたんでしょうかね。それが見えてくれば、法然を解くキーワードにもなるかもしれません。

野間　信徒が貴族の中にずいぶん、いますからね。

――　法然出自について何かいっておられましたね。あれは仏教史を見る上で非常に重要な問題提起ではないかな、と思うのですが、ちょっとお話いただけませんか。

三國　いちばん冒頭のところですね。

野間　小説『白い道』の、あそこの書き出しは、すばらしいですね。

三國　あれは江ノ島で構成をやるときから固執したファーストシーンだったのです。

野間　いや、ほんとうに。

三國　岡山の誕生寺に行きまして、あの地域の郷土史家の先生方にいろいろと細かい史資料を見せていただいたのですけれど、誕生寺の裏側に踏鞴《たたら》場の跡があるんですね。あの近辺には姥捨ての伝説も残っておりますし、間引きの伝承もあるんです。そのほか法然さんの母親の実家ではなかったか、という長者屋敷というのがありました。案内してもらって、その長者屋敷を見たのですけれど、朝鮮式の城郭みたいな跡なんですね、だからそういう庇護というか、背景があって漆間という豪族は権力に盾ついていたんじゃないですかね。それで明石というのが刺客に入るわけですけれど、藤原家から仮に預かり所として赴任するんです。漆間というのは管家党で、つまり明石源内は藤原家の殺し屋の役目を持っていたんですね。

野間 法然上人のお母さんは秦氏ですね。当時秦氏は渡来人のなかの勢力と富と知識技術を持った大勢力の地位の高い一族です。『大菩薩峠』を書いた中里介山が『法然伝』を書いているのです。あの人は法然を最高の思想家としている。そしてそれを受けついでいる。いろんなものが入っていますけれど、中軸は法然の思想する。だから法然も相当、悪人を書かせるのですね。

七 当時の越後の国際的状況

――日本における渡来系統別の対立というのも一つ、考えておきたい。あれは当時の念仏教団というか、法然教団の状態全体に関わると思うのですが、どんなふうな状態だったのでしょうか。

三國 充分考えられることだと、私も見ております。

野間 もう一つ前の源信、恵心僧都、あの方は渡来系の方と非常に親しいのではないでしょうか。法然も親しかったと思います。しかし漢文が書けたのは源信のほうですね。それは例の『往生要集』の漢文が非常に優れていて、中国へあげるんです。するとそこの宝物になってね、それほどの文章だったのですね。

三國 そのようですね。たしかＮＨＫの報道番組でやっておりました。

野間 非常に有名な話で必ず出てきますけれど。記録にもちゃんと残っているようです。あれだけの文章が書ける人は日本では少なかったでしょう。貴族出身の道元は別ですが、親鸞が書けたかというと、書けませんね。

三國 当時の親鸞の生きた時代というのは、官吏登用の必須科目として中国語があったそうですね。書いてしゃべれなければ登用試験に合格しなかった、という史料を見たことがございました。だから聖覚の祖父なんて、じつに中国語に堪能だったという記録も残っておりますね。

野間 しかし法然はしゃべりはしなかったでしょうね。この点はよく判りません。その源信のほうはしゃべることもしゃべれたんでしょうが。比叡山に渡来した僧を朝廷が抱えていたのではないかと思いますよ。

三國 でも、やっぱり法然もお母さんが渡来系の方ですから、古代朝鮮語はある程度は理解できたんじゃないでしょうか。少なくとも理解できる素地はあの地域にあったんじゃないですか。山一つ越えれば日本海ですし。

―― ですから常識的にいえば、浄土教というのは、中国に生まれ、それが源信、法然、親鸞と展開したと考えられると思います。そうしますと、朝鮮から入ってくる浄土教というものが全然見捨てられていますわね、これまでの仏教の歴史では。いまの真宗でも七高僧という形でインドまでは行きますけれど、朝鮮は落ちちゃいますね。これは一つの浄土教の流れを見るときの問題でしょうね。

野間　ただ『教行信証』ではね、非常に苦労して、資料を集め、目に触れる限りということでしょうけれど、朝鮮の僧の書いた「大無量寿経」の引用がありますね。しかし教祖としては一人も入れないいんですね。いまいわれたので初めて気がつきましたけれど。

――朝鮮には浄土教というのは、相当普及していたと考えられるのではないでしょうか。

野間　ずっと朝鮮の普及がなければ、とてもあんなに一挙に日本に広がることはなかったでしょうね。ただ朝鮮の場合、儒教がそいつを圧迫してしまったのですね。

三國　朝鮮半島は大陸と地続きですし、中国との交通も便利で、海一つ渡ればいいですね。ということは異民族の脅威は日常的で、平和を楽しむなんてことは望むべくもなかったでしょう。ですからシベリア、満蒙で起こった巫祝《ふしゅく》信仰が中国の道教と混じって、まず入ってきているんですね。そうした状況の中に仏教が四世紀頃に伝わりますと、もちろん純粋な仏教ではとても入り込む余地はなかったはずだと思います。ですから仏教は、何にもまして霊験あらたかな教えであるということで、徐々に受容されたんではないでしょうか。伝説によりますと、中国の殷から箕子という人が三千年ほど前に半島を統治して、「箕子朝鮮」を建てて以来、中国の政変に反応して何度か政権が変わったというか、変えさせられているんですね。その後、漢の武帝に滅ぼされまして、漢の属国みたいなことになって支配に甘んじたこともあったでしょう。

ちょうど、その頃なのですね、仏教の渡来は。当時、中国では五胡十六国の乱が起きまして、半島の属国支配が薄くなりますと、火の手が上がるように各地で独立闘争が起きます。この辺のことについては、史実として真偽のほどはわかりませんが、『三国史記』がくわしく書いています。その『三国史記』によりますと、仏教は高句麗に三七二年。百済へは三八四年。新羅には五二八年、とこれが公式の伝来記録だというのです。高句麗仏教が日本に影響したのは、聖徳太子の師匠すじに当たる慧慈が有名ですね。

次に百済の仏教ですが、これは晋の国から海を渡って直接にマラナンダというインド人が運んできます。欽明天皇に丈六の仏像と願文を送ったのは渡来後、百数十年たった聖王の時です。この百済仏教には戒律があったようで、蘇我馬子も百済僧から受戒を受けたそうです。推古天皇の時には百済人観勒が僧正に任ぜられ、日本の僧尼全体を検校してますし、これが殺生禁断のはしりにもなっています。

なぜか新羅だけは、同じ朝鮮半島の中で仏教が認められるのがいちばん遅いのですね。しかしいったん認められますと浸透するのが速かったといわれます。それは新羅の国風といいますか、国民感情とでもいいますか、日本人と傾向がとても酷似しているんです。祖国のために身命を賭す、なんてお茶の子さいさいなんですね。まったくの精神主義です。真興王のときに「花郎団」が組織されますが、その忠誠心は広く国外にも恐れられたそうです。この「花郎団」の青年たちを教育する基本は、儒教、道教、仏教で、特にその中心となったのが仏教だったそうです。

新羅の仏教僧は国家護持の情念に燃えていたようでして、慶州の芬皇寺に九重塔を建てましてね、その各層に敵国を配して降伏退散と呪い続けたそうですが、あまた隣国がある中で、一番の対象になった国はどこだと思いますか。それが日本だったんですよ（笑）。

くわしいことは不勉強でわかりませんが、新羅仏教の特質は、祈禱信仰に徹していたとも言えるんじゃないでしょうかね。阿弥陀経の朝鮮語訳はたしか十五世紀頃のように聞いておりますので。ご質問の浄土教については一足、日本のほうが早かったのではないですか。『日本霊異記』を撰した景戒の表白に願生浄土という思想があるそうですから……。それが念仏であったかどうか私ごとき素人にはわかりかねますが、たぶん行法としての芽は当時すでにあったように思います。

野間　岡山のずっと奥はそうですね。お寺あるいは神社の朝鮮風構えのものがあります。最近、田村圓澄氏、あの方が『朝鮮仏教』を出されて。しかしまだそこまで手がとどきませんが。

三國　前に、先生からもお話があった『日本書紀』『古事記』なども『三国遺事』などの朝鮮の歴史に似ているな、と思う内容があちこちに見られますね。

野間　いや、あれはもう絶対に朝鮮の渡来の人がいないと書けません。

三國　ことによると、専門職みたいにして、渡来の人が係わっていたのでしょうね。

野間　渡来の人たちを非常に大事にしていてね。それを何人抱えているかで勝負がつくぐらいの雇い方でしょうね。それが現地へ聞えて、向こうの待遇よりはるかにいいというのですね。ですから優れた方が来られたのではないですかね。

三國　東山道から日本海を渡って朝鮮というふうな形の伝承というのは、否定できないんじゃないですか。

野間　そのあたりでヤポネシア論というのがありますでしょ。これを見直す必要がありますね。

――新潟にも渡来者の言葉の痕跡はありますか。

三國　そこまでは専門的に検討できませんが、あの当時『玉葉』だったでしょうかね、関東語はトーンが高くて品がなくて汚い言葉だと差別している記事があったと思うんですが、いや、出どこは『明月記』だったかな？　トーンが高い発音というと朝鮮語しか考えられないのではないでしょうか。畠山重忠が鎌倉幕府にお祝いを言いにきた時の衣装が異形の装束だったので列席者が驚いたとか、どうとか、読んだ記憶があるんですが、あれは朝鮮服だったのではなかったでしょうか。技術集団の移動を考えても秩父から安中方面へと辿れますね。

――そういう渡来民と親鸞聖人という係わりが、親鸞浄土教の形成というものに決定的な意味を持つというふうにお考えになりますか。

三國　無視できない部分ではないかという気がします。

野間　とくに関東渡来人の人たちの力、経済的な勢力は大きかったでしょう。

三國　関東七党なんかの少ない史料から見ましても、関東地方における主要な産業は農業より地下資源を対象にした経済機構が力強く支えていたと思えます。その背景にいる渡来の技術者集団を無視しては何も語れないんじゃないですかね。

野間 そうね、つまり秋田・新潟あたりの色の白い肌というのは、どうもシベリアの人々の血が混じっていると考えられる。男鹿半島ですか、あの辺りからずーっと入ってきたのではないですか。

三國 津軽の十三湖辺りが北の窓口ではなかったんでしょうか。あそこは唐人町の跡もあるそうですし。

野間 大きな港町だったのですね。青森に港ができるまでは、ここがもっぱら栄えていた。ぼくも一度訪ね、十三湖に行き、この港町に泊りました。男はほとんど外へ出かせぎに出ていました。

三國 ある時期までは厳然としたある王国が北関東以北に存在していたのではないですか。

野間 そう思いますね。それで坂上田村麻呂ばっかり出てきますけれど（笑）、それを防いだり攻略するのですね。困難を極めて。

三國 藤原三代と一口にいいますが、あれは大変な勢力だったんじゃないですかね。例の木曽義仲が金を掠奪した。秀衡か誰かが、源家の係わりがある義仲に自由に使わせたほうがいい、といって、朝廷に持っていく金を後からすぐ馬で運ばせた、とかいわれています。経済力の大きさもさることですが、それほどやはり中央に対して張り合える勢力が奥州藤原にあったともいえるのでは。

野間 藤原三代の繁栄は優に京都に対抗できたのですね。しかも藤原氏を支え、その文化創造を行なわせたのは奥州の藤原氏ではない人々なのですね。江戸期となってからは蝦夷といわれている。それまではどう呼んでいたのか。

三國 まあ、「えみし」というういい方の中には、非常に中国的な匂いを感じないでもありませんが。

野間 空海ねえ……。

三國 ところで先生、ヒンズー教は、日本の仏教にまったく無縁だったんでしょうか。

―― 道教も相当なものではないでしょうか。

三國 空海という人が不思議でしょうがないんですけれど、そんなことありませんか。伝記に七年間か八年間の空白があった、その間に中国語をマスターしたんだという人もおられますが、ポッと行ってしっかりと中国語をしゃべるなんてやっぱり天才的ですね。

―― マスターしたということでしょうか。

三國 渡来人の末裔といわれる最澄でさえ、まったくわからなくて通訳がついていますね。ぼくは空海さんが中国系の人ではなかったかと（笑）。

―― 最澄のほうが中国系のようですね。

三國 確かなことは知りませんが、空海さんは、そのものずばりでは……。

―― 空海の場合は、環境が非常によかったと言われますね。子供のときから学問ができて。

野間 誰かに中国語とサンスクリット系語を教わっていたのではないかと。

三國 はあ、そういう辻褄合わせもありますか。

野間 そうとしか考えられないですね。

三國 突然しゃべるなんてことは。

——それはあり得ないですね。一緒に学問ができる中国人がいたのではないでしょうか。

野間　そうそう、いますよ。その人のくれる木がなんという木ですか、すーっと伸びるのですけれど。そう、クスノキです。

——空海は意地悪ですね。最澄さんとのけんかになってしまった経過なんかはほんとに意地悪なんですね。

三國　なんか一種の民族意識みたいなものが底流にあったなんてことは？

——なんか理屈ではないものがあったのでしょうね。

野間　あの人は最澄にも伝えないけれど、弟子にも秘密は伝えないんですね。しかし空海は、実力は持っていたと思いますよ。朝廷を頼るというより、まず朝廷のふところに入るというところは、釈尊の仏教とは根本から異なりますね。

八　一念義と多念義

——三國さんのほうから野間先生に二、三、おうかがいしたい問題点があるそうですが。

三國　よくわからない部分なんですが、親鸞思想というものを統括して僕たちが受け取れるのは、一念義としてしかその出発点が見られないのです。そうとしか考えられないわけですが、一念義と親鸞の思想ということを比較しますと、その共通性の多いところに僕はびっくりします。それで、やっぱり親鸞は一念義だというふうに思うわけです。これは浄土宗の望月信亨さんですか、あの方がそういうふうに断定していらっしゃるわけです。しかし、歴史的に見ますと、一念義というのは念仏の正しい理解から外れている邪説だ、ということで積極的にその意義については、いままで取り上げられていない。幸西を祖とする一念義法流は、教義書というものが散失してしまったのか、意識的に消されてしまったのかよくわかりませんが、とても不明な点が多いわけですね。何で一念義というものが、浄土教の中で、これほど誇張されながら反対されているのか、よくわからないわけですが。何か感情的な反感が基本になっているみたいで、どうもぼくらには納得できないわけなんです。

親鸞の思想の基本を一念義と考えることは、やっぱり問題があるんでしょうか。

野間　いや、全然、一念義でしょうね。『一念多念文書』にこういうのがある。「この文どもは、これ一念の證文なり」という文があります。しかし「多念をひがごととおもうまじき事」という表題の文で「多念すなわち一念なり。一念すなわち多念なり」と書いています。

三國　しかし、こっちの史料で見ますと、十念という、多念の基本になっている善導の解釈でしょうけれども、その部分はどうなんでしょうかね。そういう言葉の内容みたいなものの中には、どうにでもいい訳ができるような……。

野間　日ごろ念仏を唱えない方でも、死ぬ間際に一念唱えるだけでも、それでいい、というわけでしょう。一念というのは根本だという考えですね。『歎異抄』の場合は念仏は唱えようとするこころざしが動きさえすればいい、というところまで行きますね。

三國 ただ善導の言葉というのは、一般には十度声を出して唱えるというふうにいわれていますが、善導自身はそういうふうにはいっていないという学者もいらっしゃるようですけれどね。なかなかそのへんの理解というのはむずかしいな、と思います。

野間 つまり親鸞が、釈迦入滅後一千五百年、あるいは二千年、藤原頼通が宇治に鳳凰堂を建てた、あのときがその年に当たるのですよね。それで阿弥陀仏をつくらせて、その横に座って、どうしても浄土往生したいという。往生できず地獄などに墜ちるのが、非常に怖いといいますかね、そういう感じでいるのですけれど。そういう時代に直面している親鸞ですね。しかもあのときは、今度の映画にも出ているように道端にごろごろ人が倒れ、京都に地震がある。京都に地震があるというのは、もう最近ではほとんど考えられないことですね。でもあの頃はそうで。それから疫病が出て、戦乱で逮捕された人の首が、毎日のように斬られる。あらゆるものが積み重なってくる。そういう時代、まさに正像末そのものだというとき、親鸞は一念でいいという観念、それを出していく。

三國 それはやっぱり『西方指南抄』だったかに載っているように「一念に必ず往生すべしとえり」という一念についてしゃべっているわけですけれど……。ただこれは松野先生の本で読んだものですけれど。

野間 松野さんはどう言っておられるのですか。

三國　松野先生はたしか、法然の一念義として定義しているのは「弥陀如来、余乗をもって往生の本願となさり、ただ念仏をもって往生の本願となしたまえる……」と、これはご承知のように『選沢本願念仏集』から取ったものだと思いますけれど、このへんのロジックは難しくて、まったくといっていいほど私にはよくわからないのですがね。

野間　『一念多念文意』の一念義のところでは、「念仏のいとをば『大経』には『次如弥勒』とときたまへり」となっていて、弥勒と同じとはいわず、弥勒菩薩に近く、弥勒の如しというのですが、『正像末和讃』では「等正覚・便同弥勒」すなわち弥勒に同じとされているのです。この世で弥勒と同じ位、浄土において還相廻向のできる位、つまり等正覚の位につくと書いていることを、曽我量深ははっきりと指摘しています。つまり念仏を唱えれば弥勒と同じ位につくということです。これが曽我量深の読み方でしてね。それまでの「大無量寿経」の訳と違うところだというのです。つまり「大無量寿経」の訳に新訳と旧訳の二つがあって、玄奘が訳したものを新訳といい、法然までが使っていた訳を旧訳として新訳と旧訳の違いの中心ともいうべきところは、このところであると述べているのですが。その曽我量深のこの読み方は重要な問題提出でした。

三國　素人にはよくわからんことですね。つまり「衆生ことごとく仏性あり、というところから出発して、一念義が出ているわけですか」、そういうようなことを見てくると、一念義そのものの教義は、教義というよりもむしろ感性を本質に捉えている。つまり、実際の主張は袈裟の不着用といった在家生活に帰ることにあったと、親鸞の非僧非俗の部分を考えてしまうんですが。

でもしかし、あの聖光という人はそういう考え方を忌み嫌ったわけですね。

野間　このあたりが、たとえば『教行信証』で涅槃という考えをたどり、「衆生の仏性は現在に無なりといえども、無というべからず、虚空のごとし、性は無なりといえども、現在に無というをえず。一切衆生また無常なりといえども、これ仏性は常住にして変なし。これゆえに、我この『経』のなかにおいて、衆生の仏性は非内非外にして、なお虚空のごとし、と説きたまう。これ非内非外として虚空のごとくにして有なり。内外は虚空なれども、名づけて一とす、常とせず。また一切処有ということをえず。虚空また非内非外なりといえども、しかももろもろの衆生、ことごとくこれにあり。衆生の仏性もまたかくのごとし」

このあたりは無と有でやっていきますが、次から次にひっくり返されてしまうようになっているのですね。次から次にひっくり返されてしまって、自分が何回も逆立ちさせられてぐるぐると回っているわけです。水車に足をかけているような有様のところです。

やはり一念義多念義のところも一念義ということだけを説いていなくて、一念義にとらわれてはいけない多念もいいというふうに説いているのですね。

三國　多念もいいとはいっていませんけれども、一念多念のことについて総括的に多念を否定しない部分も受け取れたものですから。そのへん、やっぱり晩年の親鸞の意識の中にはなにか微妙なものもあって、結果的にそういう発言になったのかな。

野間　いや、だから多念が悪いといっていませんね。それは一念に徹した上での多念でね。一念に徹していないで、多念のほうがいいんだという考えを退けているんじゃないですか。一念というのが弥陀の本願だということですね。それを根本に据えるかどうかという、その上で多念もまた、ということだと思いますね。こういう点で親鸞はとことんまで徹し切るというところまで行く。たとえば『末燈鈔』の手紙類の中にも「仏は形がない、色がないということを」必ず書いている。つまり「化身土巻」では化身土ですから、いろんな修行をする。そういうことについての意味ですね。それなどについても説いてあって、一八願に行くまでの二一願とか、それがどういう媒介をするとか、そういう意味を「化身土巻」では説いていますけれども、それは媒介といいますか、化身土の方便というか、これを仲立ちにしないと到底世間の人にわかってもらえないといいますかね。こういう気配りで書かれているのですが。しかしどう言いますかね、たとえば易行、易行、といいながら、易行門に人影なし、そこに至る人の影一つ見えないなど、易行の困難、きびしい道であるという残酷なことをいうんですよ。易行は最も難しいのだ、ということを一言、いっておくのですからね。

九　国家暴力と親鸞

三國　僕は「悪人正機説」というのは親鸞独自のものかと思ったら、日蓮もいっているのですね。悪人成仏ということで。

——日蓮の場合にも信心に係わっていえば、善悪に関係ないんです。それから「非僧・非俗」についても自分の名乗りじゃないんですが、自分のいちばん信頼していた檀越《だんのつ》に当てて「僧に非ず、俗に非ず禿居士」と称しています。

三國 悪人正機は鎌倉初期のお祖師さんたちの一つの通念としてあったことですか。

——時代思潮だったと思うんです。

三國 そうですか。

——善悪がもうわからないと。それがひっくり返っているという状態の中でいっているんじゃないかと思いますね。それは官僧という制度が崩れてきて、非僧非俗というのも一つの通念としてあったのではないですか。禿の字の使い方とか、戒の否定とか、いくつかの共通点があります。

三國 やはり鎌倉期の祖師たちというのは、みんなそろって天才ぞろいだったのですかね。

——ですから鎌倉仏教というのは、時代思潮の中でのそれぞれの個性として天才を見ていったらいいんじゃないかと思うのですね。

三國 現代はどうなんですか。こういう時代の中で宗教は求められているわけでしょうけれども、そういう人たちがいないということですかね。

——残念ながら、平安末頃に当たるんじゃないかと思ってみたりするんです。

野間 ただ親鸞は悪人正機でね、造悪の徒が自分の近辺に出てきて非常に困り果てている。悪人正機をあやまって受け取り、悪を故意に行い、これみよがしにしてみせる人々の出てきたのを処理するのにかなり困った様子がうかがえるのです。

三國　『消息文』では一生懸命、弁明しておりましたけど、いつの場合でも悪という範疇を決めているのは、体制的でないところから出発するんですか。

――　悪というものが大衆の本質だということでしょうね。ただ僕がキリスト教の人たちと話していて立ち止まってしまうのは、善悪の問題です。とくに正義の問題、これは仏教からはそう簡単には出てこないんですよ。キリスト教の方々がおっしゃるようには、仏教では正邪の問題はそう簡単にはいえない、ということが出てくるのですね。

三國　あれは社会正義になるんですかね。たとえば今度、原発をつくるということになって、いま三〇いくつ、これから四〇近くに増えてくるんでしょうけれど、あれはやっぱり国の政策として正義なんですか（笑）。体制的に見ると正義なんですかね。それに反対するのは、やっぱり悪なんですかね。

野間　つまり国家というのは、国家が備えている凄じい暴力の問題、それをどう考えるかということから決まってくるわけでしょう。

三國　僕はたいへん誤解していましてね、庶民、大衆、人民というものが、底辺にあって、それからそれを動かしていく一つの指導層があって、国というものが成り立っていると思ったのですがね、逆みたいですね。なにか国が先行ばっかりしていて、いつも国民はそれに引っ張られて引きずられている、という感じを受けるのですけれど、錯覚ですかね。

野間　いや、そんなことないですね（笑）。もっとも国家というものはおおよそはそういうものです。けれどもその国家の持っている権力、暴力をどこまで少なくしていけるかということですね。国家というのは、いまの日本の憲法で、戦争しないという、ほんとは根本的に戦争しないということに、いちおうなっているのですけれどね。

三國　普遍的な考えですが、憲法というのは、国民の意識の総意によって、つくられたものですよね。

野間　そうですよ。日本のいまの憲法は総意によってつくられた、また現に憲法を支えようとしている。また憲法に支えられていますね。

三國　僕は歴史に弱いのですけれど、親鸞の生きた時代というのは、憲法みたいな基本的なものはあったのでしょうか。

野間　律令があった。ただそれは生きているのですが、貴族天皇の支配力が墜ちて、幕府のほうへ移っていく。ただやはり、その幕府の主権者、将軍は天皇によって、征夷大将軍の位を授からねばならない。そういう形、仕組みになっている。徳川時代の幕府の老中になるには、正四位の位がなければならなかったのです。たとえば井伊大老は正四位の位を一千両で買取って大老になっています。

三國　ある種の主権者の権威の盛衰によって、そういう律令とか憲法というのは強弱が出てくるのでしょうか。

野間　強弱が出てきていて、しかも、ずーっと一貫して、今日まで変わっていないとも言えるのですね。

三國　では、いまの憲法も、ことによると、ある種の意識みたいなものが低下すれば、憲法そのものも揺らぐということになるわけですね。

――　現状ではやっぱり憲法の条文の多くが白くなっているのではないですかね、実際問題としては。たとえば戦争放棄条項というようなものが、実際に軍備をすすめて、兵力も相当あるわけで、いつでも交戦できる状態ですから、それ自体は憲法に書いてあるけれど、白文に近いですね。

野間　憲法では、自衛隊はほんとはつくってはいけないのですね。

三國　鎌倉時代の律令と同じような状況を背負って、いまの憲法は仮死状態なんですか。

野間　非常に変わっている、それでいて変わっていない、というふうにいいたいところがある。それでちゃんと政治家、実業家などが死んだ場合に従何位とかというのが新聞などには書いてありますから。でも、現憲法は主権在民であって、戦争を放棄している、このところを十全に生かしきるならば、世界でもっとも優れた平和憲法になり得ますが、そして、その可能性がないわけではないですがね。

三國　憲法に保証されている部分がありますね、たとえば人権の問題。今度三〇何年かたって、人権についての基本法を解放同盟が要求してますね。いまさらという感じもなきにしもあらずですが、仮りにあの要求が通って基本法が成立したとして……。ほんとうに人権の問題が解決するだろうか、なんて危惧も感じているわけです。もちろん一つの出発点ではあると希望は持っていますけれど。

――全部、棚上げですよね。憲法も棚上げですし、基本法も諸般の事情でつくったとしても、棚上げということになるんじゃないでしょうか。

三國 時の為政者の感性で、右に置いたり、左に置いたり、どうでもできるわけですね。

野間 いまのところ、できますね。

三國 するとアホなのは、国民だけということになるんですか、いつの世も。

野間 ほんとはそうでなくて、親鸞は徹底的に国家暴力と真正面から対立しつくしたわけです。仏法という法を国家の上に置くべきだと主張を重ね重ねするわけだけれど、当然うまくいきません。しかし、また自分を流罪にした国家権力を認めることは最後までなかった。

三國 仏法がすべての上になくてはならないはずなんでしょうし、――仏法という言葉でいうと、何か引っかかる人もあるかもしれませんが――やっぱり人間を、まず一番上段に置いて、そこからものごとは理解されていかなければならないと思うのです。だから、今の主客転倒した状態は、なかなか理解がつかないのですね凡夫のわれわれには。理解がつかないというより、僕は映画の中で、最後に宝来が撲殺されて犬にはらわたを食われ、蛆が湧いているという映像は、自分自身ではないかという気で撮りました。自分自身であると同時に、われわれはいま、ここで同じ生活しているわけですから、みんなも同じ状況にあるということなのですがね。そういう意味で、狭山事件でも、石川一雄さんの場というのは、まさしくぼくの場でもあるんじゃないか、という気がして恐いんです。そういう認識は、単に私の被害妄想だけではないと思うんです。

野間　ないことはないですよ。統計をとってみれば、それがいちおう定着しているといっていい。しかし日本人が軍備をGNP一パーセントの枠内といっても聞かないで、アセアン諸国の代弁をして中国が、「日本の中に軍国主義者がいる」というと、日本政府は聞く。実際情けない。

三國　ほんとによくわからないという感じが強いですね。この間、『朝日新聞』に綾部のある一六歳の高校一年生の投稿が載ってたのです。かなり辛辣で、いまの日本人のヘソを指摘しているのではないかと思ったのです。つまり大人たちは平和よりお金だというのですね。

たしかに売上税には国民こぞって反対して、それでやっと棚上げになったことは事実だ。しかしこれはあくまでも公約違反だから、追及すべき問題だということは自分たち子供にもわかる。しかしあれだけ国を挙げてみんな反対したのに、たとえば教育問題にしても、国鉄の分割にしても、あらゆる問題が強行されている。日の丸掲揚とか、国歌斉唱とか、いろいろ出てくるのだけれども、それにはまったく無関心で、なんの反応も大人は示さない。大人にとってはやっぱりお金だけがすべてなのかなあ、という嘆きです。自分も決して利己主義者でないとはいえないけれど、大人たちが信用できなくなる、というのですね。

野間　そうですねえ、きびしいですよ。

三國　でも、たった一つだけ、大人にお願いがある。やがて、あなた方も墓場に行くだろう。その後を受け継ぐのはわれわれなのだ、あなた方のやったことのツケを回さないでほしい、といっているのですね。

野間 それです、それは凄じいことですね。

三國 ツケを残すことを平然とやってのけている、ということがわからないのですね。

野間 やっていますね、ほんとに。でもそのツケという問題の方よりも先に、「経済問題」の方が先になってしまう可能性が出てきたですね。

三國 だから僕なんか感じるんですけれど、法治国だ、法治国だと、やたらにマスコミはいってますが、法治国を逆手にとっているのは誰なんだといいたくなるのですね。ずいぶん考えさせられる部分があるわけなんですけれど。やっぱりそういいながら、ふと我に返ってみますと、ああ、自分もその片割れかな、という気がしまして、なにか引き締まるような思いがするのです。日本以外の国でもみんな、そうなんですか、いま。

野間 この間のフランスの学生たちのデモンストレーション、教育の内容を変えようという保守派の政策提出に反対した大きなデモンストレーションですが、それを労働者が受け継いで大きな力となり、政府はその政策を止めましたね。

三國 すると日本人個々ということでは意識が低いということになるでしょうか。

野間 やはり、ここまで来させたのは、ぼくらの年代の責任ですね。

—— ここ一五年ぐらいの状況を前後、比較してみますと、やっぱり国民の中の心ある人が結束するとか、目覚めていくような運動が始まると、それを四分五裂にしてしまう支配のテクニックも、なかなかのものだったのではないかという感じがしますね。

三國　たとえば超党派で核軍備に反対する集会があるとしますね、そのときに、僕らの世代の責任だと思って参加すると「あいつは赤だ」とかいうレッテルをすぐに張りたがるのですね。だから僕みたいな臆病者は、やっぱりそういう集会に出かけるときは、なんとなしに怖いのですね。なぜ、こんなに怖がらなきゃいかんのかと思って、ずいぶん悩むときがあります。赤・白という色は、日本人は昔から好きなんですね。

野間　そうですねえ。赤ではなくて源氏だというと、すむんですがね（笑）。

三國　あの時代から源平を、赤・白に分けて善悪の基準をはっきり付けようとする日本人の意識構造みたいなものがあったんでしょうか。

――それは国際的なもんじゃないでしょうか。赤というレッテルをはって大衆から孤立させるということは。

野間　そう。そしてむしろ国際的にはルージュというのは誇りのようなんですね。クリスチャン・ルージュとかね。赤いクリスチャンとか、誇りとしてアカが付いているということもある（笑）。

三國　ぼくは面白い現象を見たことがあるんですよ。『日本の再建』という写真集を見たときに、北陸のある町のお祭りなんですがね、大きな祭りちょうちんが街に吊してあるんですよ。表に源氏の紋章を染めてあるのです。裏には平家の紋章がありまして、そのちょうちんの上に赤・白の旗を建てあげるのですね。当家はどっちでもございません、ということで世間に対応した祭りの一つの伝統ではないかと思うのですけれど。

野間 そうですね。幕末の豪商(政商)は両方へお金を出していたわけですからね。

三國 本願寺もそうじゃないんですか(笑)。両方に軍資金を貢いでるんですね。

野間 幕末の場合は幕府側に出すほうが少しで、まあ、維新側へ出すほうが多かったのですけれど、三井とかああいう政商は。

三國 この赤・白を決めたがる日本人の生活習慣というのは、よほど根が深いみたいですね。

—— 寄らば大樹の蔭、強い者のほうへ付く、そういうものではないんでしょうか。朝鮮戦争のときにはこんなことがありましたよ。いわゆる北側がぐーっと攻め寄せて来る、釜山の近くまで。今後は南側がまた、だんだん北に押し返して行く。その都度、警官の対応が違うのですよね。戦況によって。見事なものだな、と思って。

野間 そうですね。ほとんど南の端っこまで追い詰められたときね、みんなね、オー、オー、なんて軽くて重い掛け声に近い挨拶がありましたよ(笑)。

三國 しかしほんとに上手に豹変しますね、日本人て。ぼくは戦地へ行くとき、ぼくは「赤子《せきし》」なんてアッパレな柄ではないんですけれど、ほとんど多くの仲間の兵隊というのは赤子として戦地へ送られたわけですよ。それで敗戦になって帰ってきたら、どうです、物が無くなったり、なんかあると、まず兵隊帰りだということで、おまわりさんにチェックされましたからね。昨日まで、国のために命を投げ出す愛国者が、戦争が終わったとたんに今度は国賊みたいに扱われるのです。

野間　そうですね。だからあの頃の黒沢明の映画ね、戦争帰りをテーマにした映画、あれはいい映画だったですね。『野良犬』という映画じゃなかったですか。

三國　背の高い沼田さんという俳優さんと中北千枝子さんがやった映画だったですね。造悪といえば、悪人正機の問題なんかでも、やっぱりあの時代も善悪の基準について、いまみたいな日本人の生理で決められていたものですかね。

野間　釈尊は自分の王権を投げ出した、つまり国家権力を否定した人ですからね。そういう点では仏教を開いた大変な人で、それを辿っていったのが果して何人いるかという問題になってきますね。そうすると鎌倉仏教の人たちだけとさえいえる。

――正邪善悪に対する批判原理を提出したという意味合いで、鎌倉仏教の中で親鸞が最もラジカルではないかと思います。その一点は間違いない。批判原理としての親鸞の仏法というものの、その後の継承が、なにか弱いように思うのですね。

三國　教団をつくったという一つの背景が、そういうものを踏みつけにする部分なのではないですか。

野間　ただ日本では一向一揆というのがある。一向一揆は果して親鸞の考えを根本的に実行したのかどうか、ということは別にして、一向一揆というのは根本的には非常に激しいものでしたね。

三國　一向一揆の場合は過程として、いろいろな蹉跌があったと聞いておりますが、しかしその原点としては、やっぱり親鸞の考え方を軸にして湧出した大衆行動ではなかったかと思うのです。途中、豪族が利権として介入して来たりして、混乱してしまった事実があったようですが。

—— 一向一揆もそうですし、声明の坂東節なんかを聞いていますと、念仏信仰の民衆的なダイナミズムみたいなもの、非常に迫力のあるものを感じさせる。それがどこからか死人の宗教になってしまう。あの伝統がどこかで途絶えてしまったという気がしますね。

一向一揆については非常に複雑な構造を持っている。ただ、ともかくそこに民衆のエネルギーが引き出されたというのは間違いないですね。そこにいろいろな政治的な問題があったにせよ、そのエネルギーを生み出したのは信心ですよ。それがどこに行っちゃったのかな、ということです。坂東節なんか聞いても、かすかにそういうものを感じます。

三國 あれを聞いていますと、まさしく民衆のエネルギーそのものという感じがします。それが形骸化されていった過程について、何処でどのへんにあるかということは問題にすべきところでしょうね。

—— そこで蓮如の問題が難しい問題として出てきますね。蓮如なしには、その後の真宗というのはないし、蓮如は一体、何だったかということです。

野間 そうですね。つまり蓮如がいなければ、親鸞がこんなに大きく浮かび上がったかどうか、それはなかったでしょうね。

三國 でも先生、親鸞さんという方はとても慎ましやかに自分の考えを伝えることが願いだったのではないのですか。

野間　慎ましやかさでしょうかねえ。決して慎ましやかという感じではありませんね。晩年でも、自分の息子の善鸞が関東で自分が父から秘法を授かったといって、親鸞の他力念仏門を大きく曲げて人々をまどわし、権力に取り入るので、その善鸞を義絶しますね。ああいう事件が起こりますけれど、最晩年まで激しく厳しく、全然笑えないという感じです。しかし京都の晩年は悠々たるものです。

三國　しかし、京都の親鸞の生活はずいぶん貧しかったのではないですか。

野間　貧しいっていったってね、あの頃は、宋の国で一か月前に発行された本が親鸞のところへ入ってくるのですから。そりゃ高い本ですよ。日本に二、三冊しか入ってこない。その一冊は必ず親鸞のところへ入ってくる。悠々たるものですね（笑）。

三國　過分なお布施をいただいて有難う、という手紙もあるにはありますけれど、そういうものが資金源になっていたのでは。

野間　そういう金も集まってくるし、船に乗っている人は「この方へ」と言う。だいたい『教行信証』を書いた紙が当時最高の紙ですからね。あの紙でなければ、真筆が絶対、今日まで残ってないですよ。紙の値段はまことに高い値段です。どうして慎ましかったら、あれが買えますか。

三國　あれはやっぱり頂いたのではないんでしょうか、ありがたく。だから京都へ帰って以降は親鸞に対する信奉者というのでしょうか、信頼感というものは相当な人たちも関心を持っていて、やはり親鸞のためにということで、差し入れられたんじゃないですか。

野間　それから自分には弟子は誰一人いない、というのですが、門下の名前がずっと書いてある帖、記録が出てくるのですが、あれを計算して、当時の日本の人口と比べると、大きい数なんですね。

三國　あの頃の日本の総人口は五、六百万人ぐらいですか。

野間　そのぐらいと考えてよいでしょう。おおよそ門下一万というふうに計算するのですね。

映画「親鸞・白い道」をめぐって

●登場人物

親鸞（善信）

時の政権によって越後に流罪になってから、放免された後、関東に新しい布教の地を求めて移り住んで、苦闘の布教活動をする。親鸞の生涯の中でもいちばんドラマチックでエピソードが多かったのは、この壮年時代である。原始宗教や政権の迫害との闘い、子供を亡くした父親の悲しみ、妻との別れ――。これらを背負って生きていきながら、常に人間の尊厳と愛を叫びつづける。

親鸞の妻・恵信（あさ）

親鸞との間に生まれた三人の幼児を連れて、越後から雪の山道を越えて関東に移り住む。流行病で亡くした我子の葬り方をめぐって、念仏に対する考え方の違いから親鸞との間に小さないさかいが生じる。いつも人間全体の規模で物事を見つめている夫に対して、あくまで妻であり母である恵信。自分の夫でありながら追いかけてもいつも追いつかない、悲しい女性である。

射鹿（いじか）

本名を無為信といい、関東六万の念仏衆の隠れたリーダー的存在。親鸞一家とその一行に弾圧の手が迫ったとき、越後から関東へと吹雪の中、山越えの手びきをするが、自身は所払の為、関東に入れない。

ちよ

見知らぬ男に肌を許して生活する遊女。京都の六角堂で如意輪観音に向って修業をする親鸞（善信）の姿に心をうたれる。罪深い性を悔い、心の安らぎを求めて後世の救いにあやかろうと、六角堂に日参する。親鸞の心の内にある女性観の一部分として、回想シーンに象徴的に登場する。

藤原定家

世の中がそれまでの平安時代の公家社会から鎌倉時代の武家社会へと大きく変化しようとしている時のハイ・ソサエティの代表である。史実のうえで親鸞と定家が何らかの関わりを持ったかどうかは不明だが、時代変革の過渡期に生きた歌人の姿の象徴といえる。ドラマの登場人物は大別して、親鸞ファミリー、武家側、公家側の三者から構成されていて、彼に公家側の立場を垣間見る。

行仙

土地の豪族の庇護を受けて、山上で仙人のように暮す僧侶。明寅の意を受けて、言葉巧みに親鸞を小島に追い放ったり、頼重と謀議し親鸞を頼重館に取り込もうとしたりする。権力者に迎合し遊弋《ゆうよく》する親鸞と対照的存在。

阿藤太

一年の半分近くを雪におおわれて悲惨な生活にあえぐ越後の人たちを、飢えから救うと称して関東に連れ出す人買いである。彼の部落を支配するのに原始宗教を利用しているが、親鸞と民衆の心の隔りはここにもあった。

宇都宮蓮生

上野国の豪族で僧形の武将でもある。北条義時の姉を妻に迎え、娘を藤原定家の伜に嫁がせて、京都と鎌倉の両方に姻戚関係を築いている策謀家。自ら画策して建立した高田阿弥陀寺に、親鸞を迎え入れようとする。

仏子（ふっし）

巫子になりそこなり、神にも棄てられた女（はいち）。迫害の手が身近に迫って稲田頼重のもとに、妻子と別れて身を寄せている親鸞の身のまわりの世話をする。なかば捨て鉢に生きていて、その思いのたけを身体ごと親鸞にぶつける激しい女性である。

明寅（みょういん）

上野国の新田氏に京から招かれた世良田《あらた》真言院の住職。尊大で豪放磊落な話しぶりとは裏腹に、実は小心者である。京都、鎌倉の権力者の動向や、親鸞が念仏衆の心を得ることに過度なまで神経を使っている。

放免

検非違使庁の役人で、非人の首斬り役。法然の一門が民衆に念仏を広めたとして、門弟の一人、安楽を多勢の人で埋めつくされた京都六条河原で斬首する。当時の仏教は上流階級の者のためだけにあったので、親鸞を含む法然一派は権力者にとっては、よからぬ思想の持ち主ということになる。

稲田頼重

地元の豪族。宇都宮蓮生と横の連絡をとりながら、我が身の安全を画策する。農民などをはじめとした大勢の念仏衆をヘタに刺激して、一揆でも起こされては大変だという気持から先手を打って、すでに迫害の手が目前まで迫っていた親鸞を自分の屋敷に預る。

一　はじめに――ラストシーンから映画は始まる

フィルムの逆回し

野間　すっかり遅れまして。まったく迷いに迷って、ゆうべ読み直し読み直ししたんですが、いくら読んでも解らんのですよ。じつに用意周到そのものというべきでしょうか。大胆きわまる作品構造というべきでしょうが、やはり恐るべき映画で、これまでなかった作業があるんですね。ようやくにして見えてきましたよ。

三國　僕、先生に、はじめてここで正直にいいますけどね、親鸞なんて撮るつもりなかったんですよ。ほんとは親鸞でなくてよかったのです。しかし親鸞という名前を付けなければならないという私の発想の土台は通俗性からです。ほんとは映画そのものがとっくにあれを超えていなければならないわけですが。

野間　そうでしょう。これは現代より未来のほうから出てくるんですね。

三國　僕は二、三の批評を読ませてもらって、いちばん感じることは、僕がとにかくフィルムを逆回ししているんだ、ということに気がついていないということです。

野間　だから僕は、後ろからやっていこうと思ったんですけど、それでは解らない方が出てくるでしょう。順番通りやりますが、後ろからといっても後ろのほうに、こう無限に続いていましてね、後がじつに膨大なんですね。後ろからもう、とうとうと流れていますものね。

三國　ほんとは素直にラスト・シーンから映画が始まるべきものだったんでしょうね。

野間　しかし、そういうことをしたら、カンヌに爆弾をしかけて吹っ飛ばすわけですから(笑)。

大胆きわまる傑作である、ときちんとまずいいましょう。非常に太い線が通っていながら、そのなかにあさと善信の念仏を真ん中においた激闘があり、また善念と善信、一方の善念は念仏門弾圧によってすでに念仏の未来を失っていて、そうはいいながら自身の保存を考えて、仕えている人たちに念仏門弾圧に自分は係わりがないと冷然としていなけりゃならない。しかし善信はあくまで念仏門の絶対を中心に置いて、いかなる障害をもしりぞけようとしている。善信とそういう身近な人たち、それが射鹿と善信の身近の一人ですが、これは「あなたを連れて来たのはこういうわけで……」と、策略ですね。しかし策略とわかっていて乗らざるをえない。それだけ頼られるとすれば乗ってみようと。阿藤太も入っているのですね。阿藤太がまた鼓という子供のことになると、とたんにどういうものか、泣き出してしまう。お願いします、といって頭をすり付ける、人買いがね。こういうのをむき出しにしなきゃならない。いまもいろんなそういう、この映画の登場人物に似た人たちがいます。

三國　僕は阿藤太に私としての知りうる日本人を賭けてみたんです。

野間　やがてこうなるぞ、という……。しかしそういう中で一枚起請文を、九州の「唯信鈔」を書いた方、聖覚に起草させる。違いますか？

三國　はい。

「唯信鈔文意」を読むと、親鸞が差別されていた人たちのなかにまず入って、その布教をすすめたことが明らかになる。次にそこを引きます。

「自力のこころをすつといふは、やうやうさまざまの大小聖人善悪凡夫の、みづからがみをよしとおもふこころをすて、みをたのまずあさましきこころをかへりみず、ひとすじに具縛の凡愚屠沽《ほんぐとこ》の下類、無礙光仏の不可思議の本願、広大智慧の名号を信楽《しんぎょう》すれば、煩悩を具足しながら無上大涅槃にいたるなり。具縛はよろづの煩悩にしばられたるわれらなり。煩はみをわずらはす、悩はこころをなやますといふ。屠はよろづのいきたるものをころしほふるものなり。これはれうしといふものなり。沽はよろづのものをうりかうものなり。これはあき人なり。これらを下類といふなり。『能令瓦礫変成金《のうりょうがりゃくへんじょうこん》』といふは、能はよくといふ。令はせしむといふ。瓦はかわらといふ。礫はつぶてといふ。変成はかへなすといふ。金はこがねといふ。かわら、つぶてをこがねにかえなさしむがごとしとたとへたまへるなり。れうし、あき人、さまざまのものは、みな、いし、かわらつぶてのごとくなるわれらなり」

ここに具縛の凡愚、屠沽の下類といふ言葉が書かれているが、さまざまな煩悩に縛られたる凡愚の者、屠沽の下類は、山で猟をする猟師、海に漁をする漁師、あきないをする行商人などの身分卑しい下類である。が、これらの凡愚の者、猟師、漁師、行商人などの下類など、さまざまなものは、瓦、つぶてをこがねにかえさせるがように、無礙光仏の不可思議の本願、広大な智慧の名号を信楽すれば、煩悩を具足しながら、無上大涅槃にいたるのである。

ここで「れうし、あき人、さまざまなものは、みな、いし、かわら、つぶてのごとくなるわれらなり」といっているところに親鸞が屠沽の下類をわれらと考えていることは、明らかである。卑しい下類、われらといい、そのものこそ煩悩を具足したまま無上大涅槃にいたるというのである。親鸞が賤民、差別されている犬神人《いぬじにん》、清目などのなかでともに生きるのは、その信を明示しているといえるのである。

——野間　宏

野間　次のようにシナリオ（決定稿）には書いてありますす。三尊のわきに正面を向いている法然。顔を、顔だけで法然を出している。善信は沈黙。法然は気がすすまないのに花押を印す。地獄へ行ってもいいいと。

［決定稿］　回想　（吉水草庵）

織絹の椎鈍《しいにぶ》の色衣で端座する安居《あぐ》院の聖覚が自ら起草した七ケ条の起請文を読みあげる。

三尊のわきに正面を向いている法然。二、三十人の門弟が庭まで溢れている。

黒衣、柿衣、聖、さまざまに居流れる。

参列者の顔。

聖　覚「以上七ヶ条、比叡に謝罪する起請文としてこの聖覚が信空とともに起草した。……

この上、この制法に背く輩は、予の門人にあらず、魔の眷《けん》属なり。かような者は、こ
の草庵に来たるべからず。元久元年、十一月七日、沙門源空」

法　然「沙門源空!?」

聖　覚「法然殿、よう御覧あれ、こうして、沙門源空と御坊の名を印しておいた。手間が略け
るであろう。さァ、あとはここに御坊の花押を印すのみ」

筆が法然のもとへと運ばれる。

法然、じっと起請文を見る。やがて筆をとり、ゆっくり花押を印す。

起請文、次々と回り、安楽の前に来る。

安楽、なんの躊躇もなく印す。

＊　　＊　　＊

山を歩く善信の顔。

「あれは法然殿の宗旨変えと思ってはならない。

ああする以外叡山のお咎めをかわす道はなかったのだ……。

おそらくは上人ご自身も思いもよらぬ影響の大きさにとまどわれていたにちがいないのだ」

＊　＊　＊

起請文、善信の前に来る。

善信は素直に筆を執ることができない。

聖　覚「何をいたしておる、早ういたさぬと次が待っておる」

善　信「はい」

安楽が見守る視線の中で善信の指先が小刻みに震える。

善信、やっと筆をとるが、筆は動かない。

善　信「……」

安楽達の顔が幾重にも覆い被る。

法　然「よい、よい。書けぬと思うたらば書かずとも別に障りない」

善信、震える手を押しとどめるようにして、僧綽空と記す。大きな嘆息をしてつぶやく、
善　信「たとえ地獄におちても、さらさら悔いることはございません」

三國　映画では、その部分をオミットしてしまっているのです。
野間　いや、そのあたりは、あさと善信がね、激突して己己《ここ》の死骸を、死んだわが子を火葬にするという善信、あさはこの子といつまでもいっしょに住まっている。善信は「事実を事実として見

るのが念仏だ」といいますが、あのあたりは言葉が変わってないですか。

［決定稿］　河原の小屋・外

井型に組まれた流木。

まわりの枯草に火がつけられる。

傾いた西陽が河原の色を変え、人々の影が重く引きずるように尾を引く。

己己の亡骸を抱いた恵《あ》信《さ》は土堤の下にしゃがみこむと、素手で地面を掘りはじめる。

善信が恵信の腕から己己を奪いとろうとする。

恵《あ》信《さ》「何をなさる!?」

善　信「儂に渡すのだ!」

恵　信「……己己を……私の腹に戻すのです……」

善　信「……」

小黒が弦草を運んで来て母親に差出す。

恵　信「(独り言のように)幼い命を弦草で巻いて土に埋めてやれば、また私の身体に戻ってくれます」

善　信「お前らしくもないみだりごこちな」

恵　信「(叫ぶ)幼い子供の生命は死んでも住み慣れた私たちのもとにもどり、一緒に生きてくれるのです。たとえみだりごとでも、私はそれを信じたいのです。だからお前さまも、せめてあの子のために一言念仏を手向《たむ》けてやってください」

善　信「まだ、念仏をそのようなものだと思うているのか」

己己を奪いとる。

恵　信「それがお前さまの言わっしゃるみ仏のお慈悲というもの」

善信は燃える熾炎の側にそっと己己を横にする。

善　信「（独り言のように）念仏は事実を事実として我が身に引き受けよというみ仏の仰せなのだ……とかねがね申しおるではないか」

一本の丸太に己己を乗せて躊躇しがちな心を見せまいとして、炎の中に放り込んだ。

長く尾を引く恵信の悲鳴。

燃え熾る炎。

炎に映える恵信の念《いかり》と憎悪にみちた物凄い眼差し。

善信はうずくまるように思わず合掌して目を閉じる。

恵　信「……わたしはお前さまのいるところしか居場所のない身です」

そっと立ちあがると、小黒を連れて小屋に戻る。

（注）この時代はすでに、藤原不比等の手で女性差別が法制化され、見事にピラミッド型階級社会（大宝律令）に女性の意識と地位が堕ちていた。

三國　ここも本編では少し変わっています。慈悲の問題について「事実を事実として」ということが、少しロジカルすぎて伝わりにくいと思いまして、「慈悲」という善信のセリフを「生きる者、一人一人が己れの生きざまをはっきりと受けとめることが慈悲の心なのだ」とし、入れ替えていますけれども。

それとこれも僕はカンヌの国際映画祭でまた聞きしたのですけれど、ある審査員の方は、この映画の最後の一〇分にテーマのすべてが集約されている、と。映像を羅列しているのだけれども、それを実証的に最後の一〇分でそれを語ろうとする手法にこの映画の創造性を見た、といういい方をしている審査員がいたということでした。たしか最後の一〇分というのは脚本にも書いてありますけれども、ここから手法を変える、というふうにカッコしておいたんです。

宝来の眼

野間　そうですね。一〇分というのか、もうちょっと長いのではないかと思ったりしますけれども、宝来の初めの出は、大切なのですが、とらえにくいですが、宝来がこの映画を受け取る一つの岩のように置かれますね。しかしその宝来の岩も一工夫あって、流されて行く。善信はその流れのなかを歩いて行くばかりである。

三國　宝来のいちばん最初の出は、山から人買いの阿藤太たちが来て、垣内と垣外に差別されて生活している。そこはいつも氾濫原でそこの門番が説明的にそのことをいいます。「あそこは去年、全部、利根川の水害で人が死んでしまったから、勝手に使ってかまわないんだ」といわせています。もともとあそこは河原なんだから、誰にも文句を言われる筋はないよ、遠慮しないであそこに住みなさい、と。この二つに二分されたパターンの真ん中に狂女を置き、状況として清目に阿藤太の子供の死骸を埋めさせ、まだどんどん死骸が出るよ、といった墓場のシーンで「善悪の二つ総じてもて存知せざる」親鸞の意識の異端を宝来に見せているわけです。シナリオは次のようになっています。

〔決定稿〕　河原に散在する集落（阿藤太の一団、来る）

津々久「おーい、村さ入ったぞ」

阿藤太「数当たっとけ」

津々久「ヘイ」

（善信の一行、来る）

津々久「あの宿無し連中、どこまでついて来るつもりよ」

門　番「ほほっ」

門　番「越後から、みんなが帰ったぞ」

桂図《けいと》「帰ったか……」

津々久「さっさと入れ、ホラ」

阿藤太「ああ、くたびれた、オイ、オイ、畜生どもをねぐらに振り分けろ」
津々久「ヘイ」
阿藤多「津々久、ワラシを」
阿藤太「河原のガキと遊ばすな」
桂　図「殿人！　鼓が」
津々久「おーい、お前ら、河原者と遊ぶな」
桂　図「鼓が……」
阿藤太「鼓……」

［決定稿］　阿藤太の家

棒のように立ちつくした阿藤太の呼吸が荒い。板葺切妻の家は、外から内部のすべてが一目で見渡せる。部屋の中央で激しい痙攣に襲われた阿藤太の息子、鼓《つつみ》（五、六歳）となす術もなく鼓の手を握っている女房の桂図《けいと》。

脇で男巫子が絶叫し、異様なしぐさで、訖　底伽戸　唯　蔑　伽羅　額達羅補《アールドラー》　と叫び、三宝に供えた盛砂に祈禱を捧《あ》げている。

その横では山伏の陀羅尼助《だらにすけ》が鋭い形相で盛砂を睨み、さかんに九字を切っている。呻る鼓。

阿藤太がやっと鼓の枕元に座る。

男巫子「さわるな！　死ぬるぞ！」
阿藤太「死ぬ？」
桂　図「どうすべえ」
男巫子「死ぬ、これほどお頼みしても、この家《や》の守り神は、この上に憑坐《よりまし》給わぬ」
阿藤太「祈って下され、この子は跡取りの一粒種だに、拝んで下され」
陀羅尼助「けがれ」
阿羅尼助「けがれ、けがれ！　神の恵みを邪魔する汚れの正体は」
陀羅尼助「キャッ等じゃ」
杵ノ東「あ？　オレたちのことか？」
阿藤太「しつこく付きまとって、オラの子を狐にしてしまったのは、うぬ、奴等だな」
桂　図「殿人！」
男巫子「この家の守り神は血を吐いたぞ！」

垣の外に居並ぶ人買いに買われた一団が呆然とする。
突如、画面が適正露出を失って真ッ白になる。——白と黒のサバチエ。
筧から流れ出る水だけが真ッ赤だ。
その流れる水音。
抜き身を捨ててひれ伏す阿藤太。

男巫子が阿修羅のように踊る。阿藤太の抜き身を以て陀羅尼助が四方を伐り祓い、悪霊退散の祈禱を始める。

＊　＊　＊

柿色の衣、顔を白布で覆い、眼だけが異様に光る。
それは弓弦などを商なう犬神《いぬじ》人《にん》の宝来である。
手に八角の長い樫棒を持って、この場の様子を、窺いつづけている。

＊　＊　＊

慄然としてそのなりゆきを見つめる善信。
阿藤太「すすり泣き」
阿藤太「鼓……とうとう狐にされてしもうたか！（泣き）」
陀羅尼助「リン　ピョウ　トゥ　シャ　カイ　チン　レツ　ザイ　ゼン　サーク！　怨敵退散
カン　マン　ボロン！」
陀羅尼助「サーク！　サーク！　サーク！」
門　番「なれ合いだよ、ありゃ」
善　念「少々、ものをおたずねいたすが……」
門　番「えっ？」
善　念「あそこは……」

門　番「ああ、あれかい、あそこは、去年の増水でみんな死んじまってな、よかったら使ってもいいんだよ、勝手に。それに、河原は文句の出る筋じゃねえ」

――（木立ちの中、宝来、垣内をうかがう）

野間　ああ、わかります。そうですね。

三國　だからあそこの場面の実証者として僕は絵づくりをしているわけです。

映像の断念

野間　このあたりの画面がちょっと思い出せなくて。これは出てくるんでしょうか。「筧から流れる水だけが真っ赤だ」

三國　そこは切ってしまいました。

野間　その前は白と黒のサバチエというの、これも切りましたね。

三國　はい、切ってしまいました。

野間　惜しいな。こういうじつに念入りな対立。そのすぐ前が白黒で、次は赤。その白黒の画面が適正露出をたてて真っ白になってね。

三國　日本のスタッフというのは、そういう映像の端末現象とでもいったらいいのかな……そういうことにすごく抵抗を感じるのですね。そのどこにリアリティがあるのかとか質問ぜめにあいましてね。どうしても理解してもらえません。何日も何日も話し合ったのですが、どうしても理解がつかないと首をタテに振らないんです。どうしても理解がつかないということだと現場がめちゃめちゃになりますから、それでは普通にやってもいいだろうということで、そういう端末現象の部分を全部、切ってしまったわけですよ。つまりプロフェッショナルとして露出が狂ったと見られては生活問題なんです。彼らは意識的に狂わせるわけですけれど、それはプロキャメラマンの失敗だと観客に取られるのが怖いということです。

野間　非常にそう取られやすいですね。

三國　だからそういう体質をつくってしまったという、なにかこう、悲しむべき状況とでもいうのかな。いまの日本の映画は、観客を含めてそういった実情に堕ちてしまっているのではないですか。

野間　ほんとにまだカメラが生かしきれないのですね。

三國　単純に批判ばかりはいえないと思いますね。

野間　そういう点ではこれからそれを払いのけて、もっと違う質の高いものが出てくるわけですね。

三國　と思います。そういう本を書きますとね、現場のスタッフは助監さんを含めてすぐ鈴木清順の世界だというのです。決して鈴木さんの真似をしているわけではないんですよ、と説明しても、なかなか自分の経験にばかり固執して、受け入れようとしない体質が日本の映画界にはあるんじゃないですか。

なぜ作家として最後まで自分の意志を押しつけないかというと、先ほどもいったように、監督は全員を数ヵ月間も引っ張っていかなきゃならんということがある。そこでもし初体験のアマチュア監督の僕が強引にこれをやろうと思ったらスタッフ全員も替えてしまうということ、そして膨大な時間を浪費することになってくるということですね。そういうことは政治にもあるじゃないですか。そこでいろいろと考えて、これはもう切り捨てようという、ある意味の妥協もやむを得まいという気持ちになったわけですね。

野間　カメラのことでも、カメラマンを踏みとどまらせてるっていう、偉いものですね。

三國　僕はそういうのは日本人のつまらないプロ意識がそうさせるんだと思いますね。自分はプロなんだ、プロなんだから素人の考えていることは駄目だという……。

——何なんでしょう、そういうプロ意識というのは。

三國　あまり大した問題じゃないと思いますが、気にかかることですね。

野間　宮島カメラマンはプロ意識の最たるものですよ。よい意味で。

——日本という枠組みの中では、そういうプロ意識を持っていない人じゃまた困るでしょうね。そういう人を使うかっていうと、使えない人が続出して……。

野間　映画のショットを決定するということは難しいことなんでしょうか。大変だったんでしょうね、ロングショットは。

三國　ショットは、どうせ素人監督ですから気にするほどのことはありませんでしたが。つまりカメラ・ポジションというのは演出家にとって非常に決意のいることだということは判りました。

野間　そうですか、どこで決意されるんですか。

三國　やっぱり映画常識との闘いみたいなものがあったと思うんです。つまり一般のプロ監督でしたら、この芝居はもっと寄って大きく写すべきだろうということがまずあると思います。しかしこれは、むしろ逆にロングに引いたほうが性質として説得力を勝ちとる効果になるだろうという、そういうような自分の中での葛藤の部分でカメラ・ポジションを決めていったわけです。

タイトルバック

野間　また初めに戻りますと、最初は平氏といいますか、平氏の一族の生き残っている人たちでしょうね、それが、残党狩りに切られる。それと重なった形で安楽の打ち首の場面が出てきますね。だから最初はこの京都の鴨川の六条河原ですね、墓地というか葬るところですね、そこまでずーっと辿っていくわけですけれど。その中で権力もまた、いつなんどき葬り去られることになるか解ったものでないと思わせる。つまり二つがどうなるだろうという思いがしてくる。しかしそこだけ見ていた限りではどうなるのか、いっこうに解らないのだが、タイトルバックの形で出てきます絵は非常に柔らかなんだけれども、この中で非常に険しいものを予感させるし、そういうすべてを包み込んだような柔らかさですね。それが空のほうから包み込んでいるし、そっちのほうからそういう思いをさせようと誘い出されますね。あの絵は誰が描かれたのでしょうね。

三國　あれは小笠原宣さんという、真宗のお坊さん画家ですけれど。
野間　ああいうのはタイトルバックとしては非常に成功しているというか、新しいものですね。
三國　新しいというか、あれは一つの演出プランから生まれた苦肉の策なんです。
野間　苦肉ですか。そうですか。しかしどうでしょうか。もう少しなんとかならんかという感じもしたのですが。
三國　僕はこの映画のイントロの部分をリアルに撮りたい、と脚本の段階では思ったのですけどね。時間も予算も許さないということで、小笠原さんに無理矢理お願いしたんです。一応はロケハンは全部して、せめて六条河原だけでもと美術と相談したのですけれど、どうしても予算の中に入れるためには、それはできない相談だったのです。どうしたらいいか、しかしこの部分がないと困るんだということで、いろいろ考えていたときに丸山照雄先生のところで、小笠原さんのインドの絵を偶然に見たのです。それで「この方、誰ですか」と聞いたら、岐阜に住んでいらっしゃる僧侶だと聞きましてね。こういう絵をお描きになれる方だったらきっとオミットさせられた六つのシーンですか、その部分をきっと如実に再現していただけるだろう、と考えまして、それではお願いするのに橋渡しをしてくれないかと思い立ちまして、丸山先生に頼んでもらったわけですけれどね。
野間　あれは一番終わりにいって、またあれを思い出すようになるのですね。するとあの絵の柔らかさといいますかね。しかしその中身はそうではなくて、いろんなものを含んでいる。観客を包み込んでいる。それで何度かよく見ていると、新しい感じがありますよ。ああいうところは割合にヨーロッパ、アメリカなどのミュージカルとか、そういう映画の場合にはタイトルバックが非常に工夫してありますね。この映画のタイトルバックは、そういうものに対抗できるようなものになっていましたですね。日本映画としての独特のものを出そうとしていますね。

それがあそこに出てくる田楽の場面を生みだす感じがあるんですね。田楽踊りの場面には時代全体の暗さを切るような新しいものが出てきますね。あそこがまた非常に美しいんですけれどね、華やかな。ああいうものも最初のタイトルバックはよくその中に、内蔵しているんですね。包み込んでいますね。

二　日本文化観をからかう——田楽の場合

時流におもねること

［決定稿］　世良真言院（田楽衆、踊る）

前庭。

ピンザラサ六人！　腰太鼓五人、笛一人、小鼓一人、の法師姿の田楽衆（行仙の散所民）が楽器を奏でつつ互いに近づいたり離れたり、交錯して場所を替えたり、あるいは輪をつくったりして奏でるリズムにのって軽快な田楽踊りがすすむ。（笛役は踊らない）

開け放たれた本堂を巡る廊下に席をしつらえて、それを見るともなく明寅《みょういん》と行仙が何か語りあっている。

いっときシンメトリックなリズムにのって田楽踊りが終わろうとする。
と、明寅は手摺りにのせた手のひらを億劫そうに上下して田楽衆を庭の隅に追いやった。

明　寅「行仙、田楽などには、もう、世の中は見向きもしなくなっておるぞ。くそ面白くもない田楽にくらべればやっぱり猿楽は美しいの」

〃　「誠に美麗じゃ、時の流れをちゃんと心得ておる」

〃　「何といっても相手のいることじゃ、多少世間におもねらねば、生きられぬぞ」

行　仙「恐れ入りました」

三國　この田楽のくだりは若干、日本の文化観をなぞってやろうという気持ちもありまして、強いて丹波哲郎さん（明寅）にお願いしたんです。あの方の感性でしゃべっていただければ、きっと一種の比喩として大事な主題を短いシークエンスで伝えてくれると思って、丹波さんに是非にとお願いしたのです。

野間　能、猿楽能をはじめて確立した観阿弥、世阿弥は、賤民出身です。武智鉄二さんだと、日本の踊り、能とかが出てきて、田楽が出てきて、踊りそのもの、その踊りの足が農民が田に入っているときの足でもって、いつまでもそれを保って、という理論ですからね。もちろんそのままでは決して踊りにならないのでしょうけれど。農民の祭りの踊りから出た田楽から猿楽へと移って、世阿弥の能の成立があるわけでしょう。

三國　しかし最近、めでたく国立の能楽堂をおつくりになられたわけですけれど、能の実態とでもいうのかな、設立に手を貸した国会議員やその他の人たちはちゃんと理解した上で能楽堂をおつくりになられたのでしょうね。

野間　全然ちがっている（笑）。武智さんの場合は若手歌舞伎に自分の全財産をかけられた。学生時代、非常に親しかったのですが、大邸宅に住んでいましてね、門構えというか、塀構えというか、その塀が板塀ではなくて、土塀でしかも厚みが他には見られないほどのものでした。畳の大広間でね、御舟の掛け軸絵が五十三幅、ずーっと掛けてありましてね。それを戦後、全部、売り払って、持っていた土地も全部を注ぎ込んだ。一文なしなんです。あの人はじつに偉い人ですね。

それで歌舞伎役者は河原者だという、そこから出発するのです、扇雀は。もちろん河原者を徹底して否定して、その上での河原者ですが。いまでも、それは腹の底に据えてる。それが他の歌舞伎の方々と違うところで、説教節から汲みつづける、もっぱら大阪で出た人形浄瑠璃を踏まえた歌舞伎ですね。

三國　それは扇雀さんが、やるものによって、世話者なんかやってますと、強烈に匂ってきますですね。

野間　ところが、たとえば歌舞伎の鶴屋南北の紺屋の型職人の子供ですが、紺屋というものは賤民であって、弾左衛門の支配下にあります。四谷怪談を書いた南北ですが、これは余談のような形になってしまいましたが。

三國　そういう文化に対する大事な意識というのが、日本の映画には欠けているように思えてならないのですがね。時流におもねる、というのでしょうか、丹波さんの演じる明寅という天台僧もあそこでいっておりますけれどね。

野間　それは芸だけに、芸の根源の本流というのか、浮き出てくるものを押さえ押さえて、芸でもって押さえている、そういう問題を猿楽のところで、出されてますね。猿楽能の人たちを連れてきている人たちは、宇都宮蓮生のところへ。

三國　蓮生におもねって生きる行仙という散所の坊主があそこにいます。

野間　だからそういうのを全然、知らないわけですわね。この背景になっている清目とか、宝来とか、そういうのがずっといるわけですね。

三國　あそこで丹波さんが演じる明寅は行仙に、「お前、いつまでも、田楽なんて古めかしいものばっかり連れて歩いたらゼニ儲けにならん」。もうちょっと猿楽は創造的で美しい、つまり田楽から猿楽に移行するキビ、時流へのおもねりみたいなものは、基本として大事にしなければ金儲けにならない、迎合性は必要だ、と文化論を逆撫でするような言葉をしゃべってもらってるんです。ただ、三分か四分の短いショットでやるわけですから、なかなか伝わりにくかったかも知れません。

野間　しかし、あれはよく効いてますね。ああいうのが真ん中に入りますとね、その両側の生臭いというか、飛ぶ首とか、そういうふうなものが、くるっと停止するのですね。それでももっと見たいなあ、と思っていたら、またパーッと冷酷に(笑)、残酷なところに連れ込まれる。

安楽の首

三國　田楽は十分くらい撮影したのですけどね。だから結局三分の二ぐらい切り捨ててしまいました。安楽の首が度々、出てくるわけですけれど、おそらく親鸞の意識の中には安楽の首を超えていくという至上の問題意識が働きつづけていたと思うんです。つくる側の僕にとっては、僕たちの仲間先輩を含めて、何百万人の血の犠牲が四〇年前にあるわけですね。四〇何年前ですか。それが僕にとっての安楽の首なのです。

野間　いやあ、そうでしょう。僕も首というか、死んだ人たちを原稿用紙のなかに埋めて書いているわけで、やっぱり同じですね。戦地で戦争で死んでいった多くの人がいるわけですからね。

［決定稿］　六条河原

安楽、首斬り役の放免に軽く会釈する。

放免が安楽の法衣を剝ぎ取り、素っ裸にする。

放免の声「安楽房遵西《じゅんさい》」

放免の声「その方、かねてより党類を結び」

放免の声「聚落に交わり、みだりがわしき哀音を発して」

放免の声「軽経唱礼を行い、多くの愚民を惑わす。よって、その偏執は許しがたく」

放　免「違勅の者として、六条河原にて、梟首に処するものなり。検非違使庁藤原忠家」

西方に向かい、居ずまいを正し、合掌瞑目する裸体の安楽。
白刃一閃。
飛ぶ安楽の首。

三國　だからあそこで若山富三郎さん（放免）が読む罪状がございますね。あれが僕にとっては、たいへん大きな意味を持っているわけなんです。あそこに新しい驚きを発見する姿勢が秘められていると思います。映画を見ていると、観客は丹波さんの演じる明寅の役に、大衆の心を惑わせるという権力の視点を感じとっているはずです。しかし、調べてみると、あの若山さんが演じる「放免」という首斬りは非人なんですからね。同じ仲間に首を斬らせているわけなんです。そして権力者は、とんでもない所に座ってしらばっくれて天気を見てるんです。

野間　そうですね。とにかく最近は、単身赴任の社員などだけでなく、五〇歳代、六〇歳ごろで死んでいくという統計が出てましてね。もっと上の、もっと背後にいる人たちは長生きしているんですけれどね。

三國　だからお金で生命を買っているのだという認識が根づよくあるんでしょうね。お金で絞るだけ、絞られるから短命であるのがあたり前かもしれません。

芭蕉

野間　そういうのを次から次に補給さえしておけば、いくらでも生き伸びられるということですかね。しかし日本経済の構造の変換をやり遂げるのは、困難きわまることでしょう。でも怨念という形は引き出さないというか、籠もったままになっているのですね。でも善信は全身に怨念を浴びていまにも、倒れそうになりながら、また力を取り戻して真直に向きなおり、大きいからだで歩き出す。それを何回も何回も、用意周到に非常にこまかいところまできちんと出している。

越後から関東に行く途中で、崖の上の場面なんかは、カットされたのでしょうか。人買いの阿藤太が勝手なことをいってるんですね。「上野《こうずけ》は崖の上、雪も吹き溜って崖下にポッカリ口を開けている。崖下の枯れ木に烏がひっそりと止まっていた……」こんなのが芭蕉の俳句を皮肉っているという感じもありますね（笑）。「忽然と別の男が二人出てくると、若い男にへばりつくように死んでいる老人をむしり取ると崖下に放り投げる。とびたつ烏」清目ですね。このあたりはじつにうまくできている。非常に精密に出しておられる。

〔決定稿〕　山路を登る一団（俯瞰）

樹々の間を点々と綴る。

落後者らしい一点と、それをかこむ輪。

雪中に老人を寝かして

泣きぬれる若い男。

再び老人を背負う若い男。

足が滑る。

担いだ老人ごと雪中に転ぶ。

（阿藤太の口上続く）

「上野《こうずけ》は広い、暖かい、身裡《みうち》に染み入る日の光。

甘く香ばしい稲田のそよぎ。

おもうてもみよお前さん方。

利根川は南の岸辺。流れとよもす川をのぞんで、はるか空閑《こかん》の大地が俟《ま》つというのだ。

誰を!? おいおい、お前さんだよ、お前さん。

どうだ、この広い水辺を耕して、おもうさま作り稜り勝手のところがある。ヨシ、そこへ行ってやろう、俺の土地を持って、やろう、そういう威勢のいい者は、どうだおらぬか?」

〔決定稿〕 崖の上
雪が吹き溜って崖下にポッカリ口を開けている。
崖下の枯れ木に烏がひっそりと止まっていた。
崖下から見た稜線に老人を背負った若い男が現れる。忽然と別の男二人が出てくると、若い男にへばりつくようにして死んでいる老人をむしり取ると、崖下に放り投げる。とびたつ烏。

「噓ではない。

これがそこで穫れた米だ。

姫飯《ひめい》に炊くもよし、糧《かて》めしも結構。

薄うのばして啜るもよいぞ、稗や粟だけ食うておっては、とうていこの甘さは判るまいぞ」

三國　芭蕉をからかったりして、ずいぶん僭越だっていわれるかもしれないけれど。
野間　いやいや、そんなことないですよ。
三國　僕は芭蕉という方に体制的な臭いがしてしようがないんです。体制的というのはおかしな表現ですけれど、なにか真実を自分というからだの中に埋め込んでしまった隠者のような臭いがするのです。親鸞という人はアンビバレンスを中心に提起した方でしたから、まったく芭蕉とは対照的なのですね。そういう対象を探そうとして偶然、芭蕉の句を思い出したものですから、入れてしまったのですね。
野間　このあたりは、語られた言葉は一行にしないと危ないですからね。もっとゆっくり芭蕉批判は最初からやられないと（笑）。
折口信夫さんにも迫られる感がありますが。
三國　だから正直にいって、ずいぶんきがねした部分がありました。僕は折口信夫さんの言葉を引用して、天才的な折口さんの感性みたいなものを親鸞の対象として考えてみたいと思ったこともありましたが、折口ファンというのは、いま多いですからね。

野間　ええ、多いですよ。

三國　ですから卑怯ですが、「智者遠離」をきめまして、脚本から引っ込めました。

野間　あの人は偉い人ですからね、こうだと自説を言っても全然、それが問題になっているのが何年の何月とか、その日時をいれないのです。絶対いれません。あんな便利なやり方はないですね。歴史考察ですからね。読む方で適宜入れろ、というんだから（笑）。

三國　「俳優X君」のときには折口さん的歴史学者を登場させまして、X君という俳優の軸にしておりますが。

野間　しかしこういう阿藤太というのは、ほんとにこれまたカンヌ映画祭の招待作品になった東映の「女衒《ぜげん》」と好対照となるものですけれどね。

三國　阿藤太があそこでプツンと切れているという批評家もおりましたがね。ほんとは映画の中ではちゃんと出て来ているんです。人買いでしこたまお金を溜めて土地を開墾して、武力を蓄え、地頭か御家人になって、ラストに近い高田の阿弥陀寺で居並び、顔をちょっと出しております。

――いろんなところに仕掛けがしてあるんですね。

野間　ほんとですね。さらさらっと見すごせば目に止まることなく終わりですから。この映画の仕掛けの見事さ、面白さが捉えきれず、「解らない」などといったりする。

三國 こういうのはほんとに勉強してないから大胆にできるのですね、僕らは（笑い）。そう思いました。

三 親鸞と太子信仰——射鹿

［決定稿］ 小屋の中

（射鹿《いじか》、善信たちに干肉を手渡して回る）

恵 信「わたしはあまり、いだるくねえだに……」

射 鹿「後から来る者のためにな、俺たちの仲間がいつも用意することになってるんだ」

善 信「かねがね、恐れておりましたが、今度程、儂が恥知らずだと思い知ったことはありません」

射 鹿「なにも恥じることはねえだ、己れの意志で仲間を裏切ったわけじゃあるめえが」

射 鹿「十を三つに割り切れるかね。割り切れめえ」

善 信「あるがままに従えというのですか」

善 信「儂にも己れの計らいを捨てて真理に従うという言葉はわかります。だが、どうやって、その真理を確かめたらいいのか……」

善 信「仏は己れの心の中に居るといっても、わしの心の中からはいろいろな声が聞こえてくるのです。どれが己れの声で、どれがみ仏の声なのか、どうやって確かめたらいいのか」
韓鍛《からかぬち》「（あくびして）そうだそうだ、そういやお前さん常陸の生まれだってな」
善　念「……」
韓　鍛「（あくびして）ええな、国があるってのは。帰るなあ何年ぶりだ？」
善　念「もう忘れた、早く寝なされ、明日は山越えじゃ」
シイナ（いびき）
一　同（笑い）

野間　それなんですね、射鹿までも生かそうという深さが顔をのぞかせている。太子のご命日だから干肉をね。こういうない時にこれだけのことをやれる。後から来る者のために干肉を用意しておいてやるという、仲間の一人ということで、やはりたいしたものを備えている人なんですね。
三國　と思います。
野間　射鹿は途中から、東国に入れないから帰って行っちゃうわけですがね。太子をみなの頭の中に刻み込もうという一心ですね。太子を直接知らないのだけれども、太子を唯一の自分たちを守ってくれる神秘な力を持っているということ。そういう人たちの集団がいるのですね。その射鹿によって連れられて来て、その人々と結び付いていく善信ですね。だんだん結び付いていくと、善信の大きさがわかってくる。よく描かれていますね。最初はなにか違った、なかなかつながりにくい形になっていますが、それもよく出ている。

［決定稿］　山並（朝）

稜線に光芒を受けて射鹿の一行。

逆光の中に立つ射鹿。

一方を指す。

善信の視線に阿藤太らの一団が遅々と行く。

（彼方に、阿藤太らの一団が進む）

射　鹿「ほれ、見てみい」

射　鹿「あの連中の後に付いて行けば、東国はもう、目と鼻の先じゃ」

善　信「深い御縁に預かり、お礼の言葉もありません」

射　鹿「いや、じつはな、いや、俺はただ蒲原からここまで、わざわざ道案内を買って出たわけじゃねえんだ（笑）。正直な人だ、俺もな。わけがあって東国にゃ、一歩も踏み込むことが許されねえんだ……東国にはオラの仲間が五万といるけど、ただ、太子さんにすがって、どうしたらいいかと生きているんだ。連中のこと、よろしくと言いたいところだが、いや、返事はいらねえ」

射　鹿「お達者でな、気をつけて行け、言うこと良くきけ、気をつけてな」

善　信「どうしました、善念殿」
（善信たち、山路を行く）
（射鹿、見送る）
射鹿は思いを善信に残しながら踵を返し、光の中に吸い込まれる。
善信の顔に光芒が輝く。

三國　僕にはそのへんは、井上鋭夫さんの太子についての論説以外はよく知らないわけですが、それにえらく私はこだわっています。つまり真宗そのものの底辺の中に太子衆という存在は、大きなグランドとしてあったんだということですね。

実際にも会津から新潟に資料をたよりに何回か足を運びました。しかし実態としてつかまえられる足跡はひとつもありませんでしたので、口はばったいことは申し上げられませんが、印象的なのは、親鸞が残している七五首の太子和讃と一一四首の太子讃なのです。ご承知のように、それには仏教受容にからむ氏族間の争いが歴史的事実として重要視されています。僕はそのあたりに「大化の改新」をはさむ政治権力のカラクリが、ステインして作られた常民規制の社会であると親鸞は激しく批判しているのだと読むのです。親鸞は国家権力に独特な姿勢をもっておられました。

同時代に日蓮は「娑婆即寂光土」と法華思想から原則論として権力を批判しておられますが、親鸞の場合は「世間虚仮唯仏是真」という基本に立っております。前後してしまいますが、その親鸞から見れば、現代社会で虚仮の集団が連帯を叫びつつ分裂を繰り返すありさまに、集団に対する個の喪失を声なき声で、いま呼びかけて下さっていると思います。勝手なことばかりしゃべって申しわけありません。

野間 太子という方は絶対に天皇になる意志がないのですよね。推古天皇の時に摂政になりますけれどね。『日本書紀』に出ている太子像には大きな誤りがありますが、『日本書紀』である故に、多くの人がつまずくのですよ。

三國 僕は教団そのものが、親鸞の太子に対するイメージを崩してしまった部分があるのではないか、と考えさせられるのです。太子讃を中心として関東に宗教的コミューンをつくりたかった。つまり社会革命の核の構造を「信」に置きたかったのかもしれませんね。

野間 それがありますね。やはりここで出ているように、つまり太子の一族は全部殺されて一人も残っていない。それほどみんなに信望が厚くて、もし太子に一族が残っていれば、その誰かが必ず天皇にまつり上げられるという、その恐ろしさ故に殺されてしまうのですね。それを善信はよく知っている。一方ではよく知っていても、ここではむしろそれをできるだけ、出さない形にしようと迷っているのですね。しかし太子の非常に神秘的な力に強くひかれている人たちはそういうことを知らないでいる。そして善信は、その上神秘を排するという考えを深めようとしているのですし、この太子を慕う人たちが頼みに来ますと、あえてつれなくする。それは非常に意識していて、そこに結びついてしまうと、必ず権力者によってまた弾圧を受けるに違いない、とつねに考えているわけでしょう。

三國　私たちの読める太子伝とはまったく別な聖徳太子伝というのが親鸞時代にあったのかもしれませんですね。それを親鸞は読んでいらっしゃったのではないでしょうか。

――そういう史料はありませんですか。その当時の太子信仰を背景にしたものは。

三國　聖徳太子については『日本書紀』から近世にいたるまで、太子讃仰の本はたくさんあります。ただし時代とともに偶像化がエスカレートして、どこまで虚像でどこまで実像か、僕などにはさっぱり判断がつきません。たとえば十七条の憲法に天皇の権威を強要したり、冠位十二階を定めて官僚政治を定める等々は、逆立ちしても親鸞の讃から想像できるしろものではないと思うのです。僕らが見られる範囲の聖徳太子伝とは違ったもので、もっと詳細なものがあったのではないかという気がしてならないのです。

野間　「和讃」にね、詠まれていますね。それについて僕も東本願寺の教学の代表者の方と話し合ったことがあります。この意味をあなた方は捉えておられないのではないかと。もしそうでなければ、絶対に親鸞は聖徳太子を「和讃」で詠んだりされないと。長い時間いろいろと話し合いましたが、それはわかって下さったのです。その方はもう亡くなられてしまいましたけれど。

――真宗の土台に太子信仰があるのだということは、どなたかがいっていますか。

三國　はい、井上さんが抜粋して、これは大変すばらしい歴史学者のロマンがあるんではないかと思うのですが、「真宗における阿弥陀信仰と太子信仰が、どのような人々によって担われたか」

という項目から始まっているのですが。「太子信仰は後に聖徳太子信仰に結びつけられるが、本来は皇子信仰であったのではないだろうか」という考え方をしていらっしゃいますね。

聖徳太子信仰について治承四年の平家追討の以仁王令旨にも、「上宮太子の古跡を弔いて仏法破滅の類を打ち滅ぼさんとする云々」という、つまり征討のための令旨を持って歩くわけですが、これなんかもやっぱり、太子に対する信仰の形を如実に語っているのではないかと思うのです。建久六年の一一九五年、頼朝上洛のときに天王寺に向かって、まず念仏所に行って太子の霊に剣を奉納しておりますですね。ですから頼朝の中にも聖徳太子信仰が根強くあったものと理解するのは早計でしょうか。「恵信尼文書」にも「あの光は仮にてわたらせたまえ。聖子菩薩にてわたらせたまいぞかし」とか、「さていまいったいはと申せばあれは観音にてわたらせたもうぞかし、あれこそ善信の御坊よ」という形で太子に信仰を対象にした手紙もあるわけで、聖徳太子についてはいろいろたくさん出ておりますね。

「つまり太子と親鸞との相対的な関係は真宗教団の発展とともに親鸞阿弥陀仏の上昇と太子イコール観音の下落が見られる」というふうに井上さんはいっておられるわけですが。井上さんのまとめられたことは、先程いったように覚如の御伝書を通して太子信仰というものが、真宗の中でやや薄められていったという感もありますが。でも関東地域の伝説として残る親鸞の足跡を追い駆けてみますと、必ずそこには太子堂があるわけですね。同時に聖徳太子と被差別部落との関係も結びついているように思うのです。もちろん白山信仰もあるわけですけれども、やっぱり大きく聖徳太子というのは、深く親鸞に係わりを持っているということが私には否めないのです。

野間 そうですね。職人の守り神ですよね。非常にたくさんの太子の小さな像が出てきます。最初は祭っていたのでしょうけどね。職人が太子像を刻んでまつる、といっても、もっぱら渡来の技術で、その子孫と考えてよいでしょうが。

聖徳太子はその職人に領地を持つようにしたいという考えを持っていたとされるのですが、実現出来ないで亡くなられる、といわれています。

三國 当時大きく力を持っていた人たちが、拝む対象が違って一段下というふうな印象を権力者にあたえ、太子像であれば、許されたのでしょうね。そのへんで仏教を信仰するものも自然に制限されていたという考え方ができるのではないかと思うのです。制限というか、差別されていたというか。

野間 だから射鹿が太子像に対し正座合掌し、唱える南無帰命頂礼大慈大悲救世観世音菩薩、それが聖徳太子。こういう中で、雑草とかそういう言葉がありましてね。雑草というのは、ふりがが付いている。「あおくさ」と。あれは結局「群萌」(萌え出る雑草のような人々、生きとし生けるもの、衆生)ですね。それをなにげなくさっと使っていましたね。先程の場面は、決定稿では次のようになっていたんですね。

［決定稿］　スノの内部

奥のダンバシラの棚に安置された、荒彫りの太子像。
横の灯明に揺らぎながら浮かんで見える。
射鹿、太子像に対し正座合掌。

射　鹿「南無帰命頂礼大慈大悲救世観世音菩薩（三遍唱える）」

そこへ善信たちが入って来る。
天井から吊るされた幾つかの干肉。

韓　鍛「（太子像をのぞき）なかなかの信心深さですの」

射　鹿「よろずの仏に疎まれたわしら山の者たちの心の拠り所です……」

杵《き》ノ束《つか》「越後の奥山でも太子を祭る者が」

射　鹿「いや奥山だけでは（強く顔を振り）、東国一円にも太子をお守りする者は大勢おります。
……ただ悲しいことですが、いまは導く者もなく、一人一人がひそかに己れを癒す糧に
してるにすぎませんがの……」

と、杵ノ束が干肉を指し、

杵ノ束「これは食うてもええのか？」

射　鹿「ささ、どうぞ、今日は太子のご命日、仲間の者が後に来る者たちのために用意してくれたものです……」

韓　鍛「（善念に）お前さま里《くに》は東国と聞いておるが、久しぶりの里帰りでやしょう？」
善　念「……」
杵ノ束「何年ぶりだ？」
善　念「さァ……もう忘れた……（と善信を見る）」
生返事をして干肉をかむ。
突風が激しく樹々を揺する。
善念が鋭く外に気を配る。

――ところで、六角堂の仏さまはなんといったのですか。

三國　観音さまということになっております。ただし真仏書写文書によりますと、「顔容端正之僧形」として示現したとあります。現実は秘仏で見ることができないんで、あれは当てずっぽうに美術監督にいってつくったものです。たぶんあんなものではないだろうか、というので。しかし史料を見ますと、六角堂は何回も焼けていますのでね、つまりもともとあるといわれる秘仏は、溶けてなくなっているのではないかなどと失礼な想像をしているんです。

野間　そうですね。あれはやはり聖徳太子の夢殿を思いながらつくられている、ともいわれていますけれどね。

三國　もちろん、場所はいまの位置と違うのです。もっと別な所にあったものらしいのですけれど。しかし物の本なんかをいろいろ参考に読みますと、あそこは非常に下層というか、常民たちの溜り場だったようですね。

野間　あのあたりはそうなんです。でもそれにしても、あまりに小さいですねえ。

三國　いろんな古い名所絵を見ますと、もっと広かったようですね。それとあんなに豪華ではなかったんじゃないかと思いますけれど。

野間　豪華ではないけれど、かなりの人が周りを取り囲んでいた。

三國　そうでしょうね。聖覚なんかもあそこでよく法話をしていたようですから。

野間　別部屋というのですかね。退いて自分が考えたり書いたりする、そういう部屋が別にあったんじゃないかなと思ったりするのですけれどね。

三國　親鸞の場合は岡崎から通ったようですね。

野間　そういうことでしょう。

三國　岡崎というのは、当時やっぱり、陰に陽に人外と呼ばれて差別を受ける人たちがたくさん住んでいた場所じゃないでしょうかね。

野間　と思いますね。そう遠くありませんね。歩いて二時間ぐらいかかりますね。

三國　岡崎から橋を渡って……三〇分くらいじゃないでしょうかね。

野間　三〇分でしょうか。とにかく一筋道ですからね。

三國　どこかに六角堂の位置を正確に史料から取ったやつがあったはずなんだけれど。

野間　僕も何回も六角堂に行きましたが、人がいつも訪れていますね。志ある人が、辺りを掃いて塵などの取り散らされていないようにしているのですね。しかし狭いという感じはいつもしました。

四　百姓と行者――大自然

差別の仕組みと生産者

［決定稿］　阿藤太の家

五穀豊穣祈願の供物を乗せる祭壇。

祭壇前に、舞台、祓懸かりが設けられてある。

祭壇を挟んで右に陰陽師《おんみようじ》の葛洪《かつこう》。

神殿の下人や所従の頭。

左に山伏、男巫子、それに土着の農民二十人程。

樹々の暗がりを取り囲むように控える越後からの移民たち。さらにそれの背後には点々と散るように見張りがいる。

善信、善念、しいな、らも見える。神殿の裏から阿藤太、津々久らに導かれ、男たちが種籾五俵と鯉、芋、酒、餅などを運んで来て祭壇の前に置く。

一斉にかがり火がともる。祭壇、神殿が夕闇の中に浮かぶ。

――静寂。
突如としてその静寂を裂く、法螺貝の音。
白装束の白丁二人が登場。
一間程の孟宗竹の一方を細く切ったもので辺りの地面を叩いて清める。
――鳴物。
祭壇の闇から狂い出る陵王。赤面、緋の狩衣に緋緞子の差貫《さしぬき》。
かがり火の中に真紅の塊りが躍動する。
言いしれぬ鬼気と呪力をみせる陵王の舞である。
――鳴物高潮。
と、陵王の体が虚空の闇に浮上する。
辺りから畏怖の歎声。
次の瞬間、陵王が一瞬にその闇に消える。
土下座する祭壇の群衆。

善信の小屋
　干肉をむさぼりながら団欒する善信の一家。
善　念「大仕掛けのこけおどかし、見世物を作るのも楽じゃないの。(と、つぶやく)」
善　信「……」

阿藤太の家

祭壇に立った陰陽師の葛洪、祭文を唱える。

葛　洪「みそぎ　はらいし　たまいし　時に　なりませる　はらいどのおおかみたち　もろもろのまがごと　つみけがれ　あらむをば　はらいたまえ　きよめたまえ　もうすことをきこしめせと　かしこみ　かしこみ　まおす」

控えていた代表された農民が手に手に鉢や曲物を持って祭壇に寄ると、阿藤太が大声で種籾の分配を命じる。

阿藤太「片上《かたがみ》の弥市」

弥　市「へい」

阿藤太「二斗まき」

阿藤太「矢田の出《いでし》」

出　「へい」

阿藤太「一斗半」

手下が阿藤太の声に従って曲物の円枡で厳格に籾の分配を始める。

葛洪、祭文を終えると神前に向い幣を振り、おごそかに唱える。

桂　図（咳ばらい）

葛　洪「むつき　あめ……あめ……下旬はる　わせ八歩」
阿藤太「ふなわたりの二郎」
二　郎「へい」
阿藤太「三斗」

水田（初夏）

中天の太陽。

水を張った田植後の水田。

葛洪の声のみ流れる。

声　「やよい、はる下旬少々あめ、ちゅうとう八歩じょう。さつき、あめ甚大、ばんとう二歩の下」

一匹の白蛇が水田を優美に泳いでいく。

野間　人買いの阿藤太が、人々を連れて河原の集落近くに帰って来ます。津々久に「畜生共をねぐら（河原）に振り分けろ」と命じる。それから自分の子供の鼓を「河原のガキと遊ばすな」というが、鼓はすでに病気にかかっているんですね。そして男巫子が阿藤太に「鼓にさわるな、死ぬるぞ」といったまま祈りつづけて、「死ぬ、これほどお頼みしても、この家の守り神はよりまし給わ

ぬ」といいます。でも鼓は死んでしまうのだが、阿藤太は、それを子供が狐にされてしまったとばかり思い込んでいて、泣き入るようすは、当時の人たちの土俗信仰の在り様を見せることにもなっているのでしょうね。

善信は、阿藤太に買われて来た者たちと一緒に河原に住んでいるが、そこは去年の増水で住んでいる人たちがみな死んでしまった所です。宝来が垣内をうかがっているのが見えるんですね。場面が変わって阿藤太は買い取ってきた者たちに籾を分けてやるのだが、すでに河原の者たちは、辺りを開拓し、水田にしている。しかしここにも疫病が蔓延する。そして善信の子の已己がその疫病にかかって死ぬんですね。

三國　いろいろ資料を総合しますと、当時、籾というのは、たとえば阿藤太みたいな人が全部管理していて、たとえば一升の籾を渡したときには、いくらというふうに全部稜り入れのノルマが決められて、一つの縦の線で筋が決められていたみたいですね。

映画はたわわに稔った田んぼを写しておりますが、すべてそれは筋の下に集められた季節労働者というのですかね、奴婢という制度がカゲで生きていて、人買いによって買われてきたその人々の手によって稔っているものですけれど、しかし私営田に強制労働する人権を与えられた奴婢とその搾取、そういう特殊な日本農民の過程を若干ですが、見せながら、つねに疫病に戦慄する自然の営み。どうにも誰にも対抗できないものだという、なにか一種の摂理のありようみたいなものを土台として理解していただきたかった部分なんですがね。

野間　灌漑用の溝とか橋とか、壊れた用水とかがすでに途絶えて。そういうのが出ていた後へ、阿藤太の子供の鼓が死んで、そういう荒廃の時が過ぎて田植えがなされている。

三國　僕ははじめ、農民社会に生きる人々は門徒の中にはいなかったのか、という解釈をしていたのですけれど、朝廷に差し出した文書に答えた朝廷側の文書の中に「お前たちの仲間はほとんどが田夫野草」といういい方をしているので、やっぱり百姓も浄土真宗の中には多くいたのかな、と思ってとまどったことがありました。

野間　そう思います。農民もいるのです。

三國　で、その関係付けをしていったのですけれど、史料によりますと、日本の奴婢は終身売買制ではないんですね。人権もちゃんとあって、立場は一般と変わらなかったそうです。ただ、奴婢が子供を生んだ場合の子供の所有権については、買主側にあるという非人道的な思想が通用していたそうです。同時に奴婢は自分の自由意志で自分を売買したものだそうです。いまも申し上げましたが、朝廷側の見識としては、完全な差別観というのはもう培われていたものだと思います。

野間　培われていますね。律令が階層によっては着るものも定めるような差別をしていますね。これは鎌倉にどこまできていたかということになりますけれど、習慣性としてそんなに急に乱世になっても、なくなるものではない。なくなっていくのは戦国期でしょうね。戦国期もまたそれがほんとうなら、なくなってしまう時期だったのだけれども、やはりまた太閤検地というようなもので残されて。

今度はつまり善信が自分の小屋をようやくつくり上げるという、あれはどういいますか、鍬でもない、棒の先がとがっているようなもので、一生懸命やって小屋をつくる。ここで一家族が。

［決定稿］　山中（晩秋）

山鳥が舞い上がる。

善念、韓鍛、杵ノ束、しいな、まつりらが旅姿で走る。

しいな、不安気に杵ノ束の袖を引く。

しいな「あてがあるのかねえ」

杵ノ束「鬼が出るか蛇が出るか、行ってみれば判ることよ」

善念はひたすら先を急ぐ。

まつり、小脇の曲物の桶、片手に土鍋を抱えながら、道にへたりこむ。

韓　鍛「しっかりせんか筑波を越せば目と鼻の先じゃ!!」

まつり、驚いたように韓鍛の行く手を遮り。

まつり「目と鼻の先や何処じゃ!?」

韓　鍛「そんなことが判ってりゃ苦労はしねえよ!」

見当もない旅をひたすら急ぐ五人。

沼（明信八〜九歳）

葦群れの中を行く善信一家の刳舟。

舟端を叩く死魚の群れが妙に目を引く。

棹を操る善信。

葦群れを抜けると薄暮に浮かぶ小島が現れる。

刳舟、次第に近寄る。

小高い茂みに太子堂が見えた。

と、善信急に棹を立てて刳舟を止めると、前方に目を注ぐ。

恵信、小黒も目を凝らす。

明信が不思議そうにみんなの顔を見較べる。

岸辺に沿って幾つかの窪みがあって、水鳥が飛び立つ。

窪みに点々と残される白い骨。

——それは人骨!!

小　黒「ここには、人っ子一人もおらんぞ！　あっ！」

明　信（泣き）

恵　信「なにか、あったんでしょうか」

善　信「む……」

小　黒「明信……」

善　信「先へ行くぞ」

島

茂みに囲まれ雑草に覆われた僅かな空地。

鍬鋤で痩せ地を耕す善信と恵信。

小袖を脱いで腰に垂らし、上半身裸の善信は踏鋤で土を掘り、ボロを脚絆にして、素足の恵信は鍬を振う。散る汗。

丸柱を渡した仮小屋（早暁）

恵　信「これでは子等が余りにも」

善　信「うむ……」

三國　これも一つ、表現として借りた部分なんですけれど、韓鍛《からかぬち》とか杵《き》ノ束《つか》とか渡来技術者のうちの日本の奴婢制度の流れからいいますと、親鸞と共に関東に来た渡来者ふうの鍛冶屋ですか、やはり家族構成の一員でいいわけですね。しかし阿藤太の部落にいる時には、家族の一員である技術者が鍬も鋤もつくれたのですけれども、行仙の策略でそこを分散させられまして、親鸞は小島におもむくと、もう開墾する能力、つまり物をつくるという作業には、全く手段がないために。

野間　そこでは韓鍛がいなくなってしまうのを明確にしていく。

三國　結局、湖面を泳ぐ淡水魚とか貝、もしくは鰻を獲って親子が露命をつなぐしかありませんね。

野間　それが非常によくわかるのですけれどね。農民と同じになるというところに来て、そして家族といいますか、それをつくろうとする。そしてさっき言いました己己《こと》の死、その死体を焼くことを前にして、善信とあさが激突して、善信が念仏とはどういうものか、というのをもう一度説き明かす。「念仏は事実を事実として我が身に引き受けよという、み仏の仰せなのだ」と。しかしあさはそれを聞きながらも、火の中に放り込まれる己己を見て、悲鳴に近い泣き声を上げる。しかし、善信に「お前さまのいるところしか、居場所がない身です」というところですね。ここがまた改めて、あさを善信に固く結びつけるところですね。そしてまた、善信の説くところの中軸があさの中心を貫いたことをよく表現していましたね。

餓鬼病み

野間　それから善信が小屋をつくっているのだけれども、自分の家にずっと留まっていることはできない。そういう使命を持っていて、そして例の餓鬼病みのところへ出掛けていかざるを得なくて、そして余りにも奇怪な集団に竹筒をやろうとするのだけれど、一方では水断ちの行をしていて、餓鬼病みの人たちも水を受けない、そこは？

［決定稿］　餓鬼病みの棲窟《すみか》

善信が岩肌を登る。また攀る。

と、突然眼前に聳える巨大な岩塊。

善信、瞠目する。

岩塊にポッカリあいた孔。

吐息のような群唱はそこからこぼれていたのだ。

（――群唱、急に止。）

下の方で唱える宝輪の声のみがかすれて聞こえてくる。

善信は宝輪の声を気にしながらまた攀る。

岩窟の中に何かうごめく気配に注意を払う善信。

少しずつ辺りが揺らぎながら、かすかに明るくなったように思う。

二十人ほどの人気が奥の岩肌に尻ごむ雰囲気。

一歩、一歩その群に善信近寄る。

逃げ場がない群の中から一人が何か言いながら善信に寄ってくるが言葉の意味がわからない。

つられるように何かつぶやきながら善信に手を差しのべて蝟集する仲間たち。

善信、立ち尽くしたままそれを透かし見る。

群の手が、善信の腰にさがった竹筒に集まっていると思った。

善　信「……水か！」

中の何人かが頷いたように善信は錯覚した。

善信竹筒をはずして栓を抜くと無言で差し出した。

そのとたん群は悲鳴に似た声を発して奥へ逃げ込む。

善　信「水ではないのか！」

群が揺れながら口々に何やらわめいているが、善信には全く聞きとれない。

突然、わめきが止まる。

——静寂——

善　信「……？」

宝輪の声のみが風に乗って聞こえてくる。

宝　輪「（声のみ）薬師瑠璃光……えいほう月光……（大声）いちに礼拝」

と、吐息のように群唱が起こる。

群　唱「憑いた、憑いたは、憑き山、葉山。羽黒の権現、ならびに筑波の大権現」

善　信「水が飲みたいのではないのか？」

どうやら群唱は、宝輪の唱える呪文に導かれているようだ。

善信は独りの男を捉える。

男は怯えて、善信の耳もとに訴える。

善　信「死ぬ!?……焼け死ぬと信じておられるのか!?　心配することはない眼を覚まされるのだ……さ……」

と、竹筒を片手に構え、男の被っている布を剝ぐ。

獣のような呻きを発し、群は総立ちになる。

善信、男の顔を見て慄然とした。

——無残に腐食した男の顔。

善信、男の顔に竹筒の水を浴びせかける。

善信は、その男を抱きしめ一緒に泣きながら恐ろしいことだと感じた。

善　信「（やさしく）そなたたちも焼け死ぬかどうか、自分でよく確かめて見なされ!!」

宝輪の声が洞内に流れる。

群　唱「憑いた、憑いたは、憑き山、葉山。羽黒の権現、ならびに筑波の大権現」

と、一際大きい宝輪の呪文が聞こえてくる。

三國　そこは次のように変えてしまったのです。

［決定稿］　行者の窟
（岩山の情景——善信、岩肌を登り、孔の中へ入る）
善　信（息）
餓鬼道（群唱）憑き山、葉山。羽黒の大権現　並びに湯殿の大権現

声　「真理は、あるがままの姿なのだ」

声　「自然の道理とは、あるがままということだ。一切のものは、生まれては亡び、生滅をくり返す。道は仏が造ったものではない、あるがままの道を悟ったのだ。人は、自分のはからいを捨てることだ。己れの才覚に捉われては己れの本当の声を聞けまい」

善信「南無阿弥陀仏　南無阿弥陀仏　南無阿弥陀仏」

声　「煩悩悪障の身をごまかすな、良く己れを見据えて生きることだ」

宝輪「ざんげざんげ　六根だいしょう　おしめにはちだい　こんごうどう」

餓鬼道（群唱）

宝輪「みなみはとんぼう浄瑠璃せいかい　薬師瑠璃光　にょうらいじん　らいはいじん」

餓鬼道「憑き山　葉山　羽黒の大権現　並びに湯殿の大権現」

宝輪「えいほう　がっこう　えいほう　がんにしほう　ああかいたいしょう　かあしきすいしょう　いちじ礼拝」

餓鬼道（群唱）

非人（笑い）

ミイラ「よくわしの姿を見るがよい、人は結果に向かって己れを運び去るものだ」

宝輪「ざんげざんげ　六根だいしょう　おしめにはちだい　こんごうどう」

三國　洞窟というのは胎内というイメージです。親鸞がそこに入って行って自分の声を聞くという表現に現場を変えてしまったわけです。

野間　自分の声を聞く、といいますと?

三國　生意気ないい方ですが、たとえば浄土教で二種の真信を強調することで連帯を固めるということがありますね。自分が凡夫であるという事実を認識することですが。その平等観ではじめて、人が人と連帯するものだといった、気がかりなことを内省しつつ現実の平生行成を自覚する、つまり餓鬼病みの群像は恐らく親鸞自身の精神的触媒になったものだと思います。

野間　それです。変えたほうがよかった。餓鬼病みとか、そういうふうなことだけであれば、同じ水面上の、それまでの清目《きよめ》だとか、阿藤太とか、それと同じ水面上のことになりますが、ここでさらに次の深い所で自分自身を超えるというところへ来たということになるでしょうからね。

五　太子堂から土炉《かま》の爆発へ――綾衣と一斗

綾衣《あやい》との出会い

太子堂

（堂の前、善信と綾衣）

堂の前に佇む、綾衣と善信二人。

善信、なにか憑かれたように喋る。

喋りながら次々に芋を口に運ぶがあまり意識していない。

善　信「池には魚が泳いでいるし、木々には鳥が飛んでいる、くさむらには虫が一杯いるでしょう、生きているものはみな親・兄弟だと、み仏は教えておられる。でも、そんな筈はないと思うでしょう、実はな、儂も永いことわからんかったのです、でもこの頃になりまして儂が、儂自身を中心にしてしかものを見られないせいだなと、淡い光がもれるように見えてきたのです。」

善信は自分の喋っている言葉に酔って思わず綾衣の凋びた手を強く握りしめてゆさぶっていた。

綾衣の膜のかかった眼から涙がほとばしる。

綾　衣「ああ、いい話だなや。五臓六腑に浸み渡る響きがする」

〃　「目明きのお前さまには斟酌つくめえが、ああ、オラ久しぶりで人の声を聞いたような気がするよ。何処の誰か知んねえが、有難てえ、有難てえこった……何かこう、生き返らせてもらったみてえな気がする、オラ、見えねえ眼が明るくなったような気がすっと……」

善信はかつて学んだ「一事として阿弥陀如来の清浄願心の回向でないものはない」という言葉について思い当たった。

恵信が驚いて太子堂の脇にしつらった小屋から顔をのぞかせる。

綾衣は爪を立てて太子堂の前の土を掻きたてた。
そこに冷たい石畳がのぞく。
まるで忘れ形見とでも出逢ったように皺くちゃな顔をすりつける。
綾衣がおもむろに躰を起こす。

綾　衣「この西の端が関戸津泊で、この太子堂までずっと石畳を敷いた道がありやんした。その両側にいっぱい和市《いち》が立ち並んで……そりゃ大した賑わいだった。漁師衆《すなどり》が魚を運んで、米や麦を山の連中と取引すっだが、吝《けち》のつけっこして駆け引きすっだによォ」(笑)。

恵　信「明信……」

綾　衣「オラ、その文句までちゃんと覚えちまっただよ」(笑)。

〃　「でもよ、いつだったか忘れちまったが、地頭の下妻様が塩の取引で相手に不義理をしたとかで、鎌倉からお仕置きを受けちまっただ。そんで、この市もこんなふうになって」

錆腐った甲を被って頬杖をし、老婆の話を聞いていた明信の背後から一斗が現れる。

一斗《いっと》「お婆ば、食いもん届けに来たぞ。何処へ行ったかと思って、島中探したぞ。ほれ、行くぞ」

老婆を強引に引きたてようとして、一斗が見馴れぬ善信たちに気づく。
善信と恵信は一斗を迎えるように目礼した。

まだ夢から醒めきれず呆然としている綾衣。

一　斗「お前、誰だや」

善　信「あ、はい、善信と名乗る旅の者です」

一　斗「へえ……わけわからん連中に、心を許すなって言ってっぺ、ほれ」

綾　衣「おめえ、この年寄りをこの島におっぽって、山内《やま》さ行く気か」

一　斗「食うためだっぺや。仕方あんめえに」

綾　衣「山内《やま》には面一尺鼻三寸口は耳まで裂け、その耳が一尺ばかりたれ下がった一ッ目のタタラ親方がいて、人の肉を肴に酒くらってるというでねえか」

一　斗「ほんなことは嘘っぱなしだっぺ。現によ、土盛も万留《まる》も立派に山内《やま》で稼いでっぺよ！」

沼

（善信、一斗の刳舟の舫《もや》いを解く）

一　斗「ほしたら、お前さまが、あの……」

野間　これはいちばん問題のところです。綾衣と善信という、綾衣は盲目ですが、耳は聞こえますから、善信がいっていることが心の底まで落ち込んできて、善信の考えがいかに深いかというのを一瞬にして見えてしまうわけですね。

しかし子供の一斗ですか、こちらは山伏の集団、ふいごの足踏み、ああいうすさまじい、四昼夜も命をすり減らして、それだけじゃなくて炉が爆発して死んでいく。それを綾衣は感づいています。

小島（綾衣の陋屋《ろうおく》）春

（善信、井戸水を汲み上げ、器に注ぐ）

綾　衣（泣き）

善　信「どうした?……ああ。お婆ば……食べるかお婆ば、お婆ば……」

綾　衣「腹一杯」

〃　「食ったがや……」

善　信「誰が? ああ、儂ならもう済ました」

綾　衣「一斗……一斗……一ッ目の、鬼みてえなタタラ親方ん所へ、済まねえな一斗」

善　信「心配することはない、あんなに元気に山内に出掛けて行ったではないか」

綾　衣「ありゃ、何も知らねえだ、山内はおっかねえ所だ、あん時行かしたのが……オラが悪かった」

〃　「勘弁しろや」

善　信「何か食わねば、お婆ばの身が持たんぞ」

綾　衣「いねえ」

〃　「一斗はもう、おっ死んじまったよ」

善　信「お婆ば！」

綾　衣「土炉《かま》は五代も六代も持だねえ」

善　信「それは昔の話だよ」

綾　衣「タタラ親方は鬼だに、鬼にゃ今も昔もねえ……」

善　信「ともかく、食うものはちゃんと食わんとお婆ばのほうが一斗に会えなくなってしまうぞ」

綾　衣「一斗はもういねえ……おっ死んじまってるだ」（泣き）

善　信「よし」

野間　善信は綾衣の一斗を探すと、土炉の爆発で吹き上げた鉄屑の下に埋まってる。そういう非常に激しいものと、深いところで通じあっている綾衣に対する共感、それが一斗の死体を探し出して抱え込んでいく、そのところに非常によく出ていましたね。

稲田吹雪谷

赤い渓流。その渓流に沿って谷を登る善信。

谷を削り、木橋を渡した細い路がのびる。
鉄餅を何俵もの叺《かます》に入れて、白い息を吐きながら十数人の歩荷《ぼっか》と出会う。
男たちは素知らぬ顔で通り過ぎる。
善信立ち止まって歩荷たちを見送った。
突然、山から大勢の唄声が聞こえてくる。
善信は唄に誘われるように歩を速め、歩荷が下りてきた道を遡行する。

踏鞴《たたら》場

両脇から山が挟むように迫る平場。
その谷間に築いた炉。
それはちょうど女体の女陰《ほと》を思わせる。
吹き上げる灼熱の炎。
火勢が闇を突き抜けるように吠える。
番子たちが蛮声をあげて叫ぶように唄っている。

〽けさの仕掛の用意さ見れば
　小鉄千駄に炭万駄
けさのこもりの湯釜のうちを
塩と御幣で清めておいて

種をつけます、お火種を

踏鞴小屋

踏鞴の炉の部分に被った小屋掛け、中に備えられた、水、飯、塩、桂の木にたまぐしが在る。

踏鞴を交替で踏む番子八人。

四人が踏むと、四人が休み、交替した番子が踏んでいる番子に、桶の水をかけてやる。

その中に一斗がいる。

――猛烈な熱気。

番子たちはこの熱気から身を防ぐために、蓑をつけて働いている。

〽金を植えたる両職人が
　すきをあずける元山に
　お手をあわせて拝みたならば
　そこで金屋子お休みなさる
　明日は据えます若釜を

炉を覗き込んだ村下が、孔から眼をはなすと番子を威嚇する。

片目が熱で灼けた村下。

番子B「おーい、吹子が」

番子B「きかねえぞ！」
一　斗「火床がおかしいぞ！」
村　下「もっと踏め、もっと、風が足りねえぞ、風が！　どんどん踏め、どんどん！」
一　斗「駄目だ、これ以上踏んだら土炉が持たねえ！」
村　下「この土百姓が！」
村　下「いいか、いいつけ通りにしねえと、みんな、ぶっ殺すぞ！」
村　下「戻って来い、逃げるとどうなるか、わかってるか！」

崖の道
　じっと土炉を見ている善信。

＊　＊　＊

大音響と共に踏鞴場、吹ッ飛ぶ。
　火の海。
善　信「あーッ！」
番子たち（絶叫）
番子たち（絶叫）
番子たち（絶叫）

下の窪地

善信、吹きとばされて気を失っていた。

善信（息）

善信「……一斗……」

善信「一斗……一斗!……一斗……」（泣き）

山道

（善信、一斗の死体を背負って登って来て立ち上る）

三國　綾衣を盲目の老婆にしたのは、一つ意図がありまして、僕なんかも目が見えるために人の言葉が理解できない、真実が見えなくなっているという部分があるのではないかという気がいつもしているのです。つまり綾衣は、時という歴史を背負わされて生きてきた人間ですが、絶えて久しく人の声に接する機会がなかったわけです。そこはもう廃墟になっておりましたし、鎌倉という権力によって無住の地になってしまっていました。市も全然違う所に移転させられてしまう。姥捨てみたいな孤島に生きながらに、しかし盲目ですから、自由にそこから出ることもできずに島中をさまよい続けるわけです。で、親鸞の声をそこで聞くわけですが、あれは目が見えていたら、親鸞の、「すべて生きものにはことごとく仏性がある」という言葉がそのまま伝わって行きにくいんじゃないかと思ったわけです。そういうことを含めて彼女が目が見えないという設定にしたわけです。それと山に行く過程、一斗というのは山で働くしか暮らしのできない奴隷です。

当時、鎌倉幕府は農業生産者であることを御家人の第一条件に決めました。必要な時があれば武装し、日常は百姓を義務づけたものです。ですから武士は行政官であるとともに農民自身でもありました。税金の対象というようなことで検地がスムーズに、また正確にできるということも含めて大変に都合がよかったはずです。しかし奴婢が逃散した後は至る所、荒廃地になっていたのです。ほとんどの奴婢は苛酷な労役に耐えかねたのでしょう。それで地方の御家人は北陸の湿田に慣れた農民たちを買ってきて農作業をさせることにしたのです。一斗の場合、これは新田氏と佐野氏が新田開発よりも歩留りのよい工業生産の方に重点を置いていたために、働く場所、糧を得る場所がなくなって、あえて出稼ぎということで安い賃金でタタラ場の番子に雇われていくのです。もちろん技術がありませんから、臨時雇用として肉体的な集団作業にあまんじるしかないのです。番子というのは、いちばん苛酷な労働でありまして、その地方の若者の中からとくに身体のいいのを低賃金で雇う習慣がありました。

綾衣が善信に語るところによると、窯は一代しか耐えられないものなんだということです。それを三代、四代、五代と何回も同じ窯で鉄を生産することは、当然災害の発生ということにつながるのですが、儲けるためにそうしたルールをまったく無視している。生産体制に恐怖して、綾衣は善信に訴えかけるわけです。

野間　かなりのカラクリを知っているようですね。

三國　これはリアルにいえば、そこまで知るというのは、おかしいと思うかもしれませんね……。

野間　母親の直感、あまりにも長く止められたりね。しかし必ず食べ物を届けに来て、来た時の着ているものの臭いとかから嗅ぎ取ったんじゃないでしょうかね。

三國　と思いますね。綾衣のセリフで抜いた部分があるのです。「いくら食ったところで糞になるだけなんだ」と。だから人間は慎ましく暮らしていけば、生きるだけのことはできるから山に行かないでほしいというんですけれど。一斗の意識としては、いっぺん、うまい物を食ったらまずい物に切り替えるだけの、そういう決断は人間なかなかつきにくいですね。だからとはいいませんが、家のためにどうしても働きに行くんだというような正当化をしてるんですね。

野間　そこはよく出来ていると思いますね。

三國　爆発の災害で瀕死の一斗を背負って帰って来るときに、善信は渓谷のところで振り返りまして、これは決して自然のものではない、あるがままの姿ではないんだ、人間がつくり出した地獄絵なんだ、というふうな親鸞の時代批判をはっきりいわせて山を下ってきているわけです。

僕は親鸞という人は非常にパラドックスな一面を性格として持っていたように見るんです。ですから一般的な徳目だけで、頭梁として関東の同行から信望を得たものではなく、信仰を貫き通す、何があっても真実のためには身じろぎもしないという徳目、彼自身の生きざまそのものを見て、いつの間にか頭梁という形で仰がれた。それが関東一円に勢力を張る武家の頭梁蓮生にとっては、たいへん危険視される要素だったわけですね。

野間　少しずつ取り巻いている人たちが増えていくというのが、非常によく画面に出ていましたね。これはこのままおいておけば、何者もいうことを聞かない集団ができあがって、それを治める力のない自分がもっと力の強い奴にやられてしまう、という危険性を感じますね。

三國　飼い犬に咬まれるという疑心暗鬼が、当時の宇都宮蓮生の中に根づよくあったのではないかと思うんです。しかし、念仏集団という数の背景は、鎌倉もしくは京都という体制から自分たちを守る部厚い盾になりうるはずだという打算もあったのではないかと思うんです。

野間　一つの新生、訳はわからないながら善信に対する人々の信頼は大変なものだ。それを手なづけなきゃならん、ということでしょうけれどね。手遅れになってはおしまいだ、ということでしょう。

三國　それは次の場面で行仙と稲田頼重が話し合っております。もし火がついてしまったら、消しようがないんだ。そうなったらば、もう鎌倉とか朝廷なんていうことよりも、まず自分の足元から燃え上がってしまって収拾がつかなくなるということですね。そういう意味で善信をまつり上げることも必要なんだが、あの手合は金で動く輩ではあるまいと……。

野間　そうそう、非常によく見てます。それこそが、みなが尊敬し慕うところであるということを知ってますね。

頼重宅

（行仙、縁側に腰掛けていて、立上がる）

頼　重「だから、だから弁円等という山伏は、早く佐竹のところへお返しすべきだと、申し上げておったのだ」

行　仙「それにしても、これをシオに一騒動起きねば良いがと」

頼　重「おどかさんでくれ」

行　仙「あの善信奴が今……いや、もしもですよ、河原の者たちをそそのかして徒党を組むようなことにならねば、ここら辺りは、朝飯前に……」

頼　重「む……」

行　仙「そうだ、横曽根の性信に、善信を口説かせてみる手もあるな」

頼　重「そりゃ、金ですめば、この際安いものだが」

行　仙「いやいや、物ではとても動く男ではござらぬ。しかし、人間にはからめ手というせめ手もあるでな。あの離れは空いていますか？」

三國　だからまず棚の上に持ち上げてしまって、手のとどかない所に置くことなんだと。そこに一つの透き間ができれば、火をつけようとしても、遠い所にいるわけですから、火がつきにくくなる。そういう念仏衆の行政的な指導によって、自分たちは自分たちのポストを守りきれるのではないかという考え方、それが勅願寺という蓮生の発想になってくるのではないかと思うのです。

野間 そう、自分たちのポストを守りきって、しかも自分の下にそれがいるということが、また自分の威信を大きく輝かせるという考えでしょうね。

三國 巧みにそういう政治的な判断をしたけれども、その判断の中に親鸞は入らなかったというのが、この映画の主題だったわけです。

六 性と暴力——恵信とちよ

善信の家（中）

囲炉裏にくべた松根が時折パッパッと音をたてて燃え上がる。

部屋に立ちこめる煙。

男女の営みが果てた姿。

汗ばんだ恵信の顔が火に映えている。

小黒が突然立ち上がる。善信不安気に小黒を見て瞑目した。

明信が寝呆けて、

明　信「姉！　何処へ行く！」

小　黒「小便だ！」

善信と恵信の寝床を跳び越えるようにして蔀戸を明ける。
囲炉裏の火が烈しくゆらぐ。

六角堂（中）（以下、六角堂に関してはすべて善信の主観）
周囲の白い漆喰壁に気味の悪い地獄草紙が描かれている。

野間　少し戻りますと、善信と性の営みがあって、子供ができます。ところで先ほど、性について暴力という言葉を出していわれたんですけど、暴力というのは、どういうことになるのでしょう。

三國　これはほとんど僕個人の主観的な考えですが……。

野間　いや、そんな簡単なことではないだろうと思いますけども、いちおう察しはつきますけれども、性を暴力と考える。それは一体どういう考えで出されているのか、さらにはっきりさせたいと思うのですよ。親鸞には「われ愛欲の広海に沈み」という言葉があるが、それとどう係わるか。

三國　僕たちは無意識の間に女性と性行為をしておりますけれども、性行為の対象として女性に接する時に、必ず性の提供者として相手を「物」として見る悪癖があるんです。愛なんて理屈をつけますが、結局「好み」にすぎません。エクスタシーにしても、自分以外の男、誰とは限りませんが、ひたすら「誇り」を満足させる幻想といいますかね、願望みたいなものが男にはあるのではないかと思うんです。その願望を果たす手段としてありとあらゆるテクニックを駆使するのだと思いますが、つまりその意識は暴力以外のなにものでもないような気がするんです。だからセックスは生殖という本来のものを忘れて女の媚を強要してるんだと、僕自身も深く反省するところがあるんです。

野間　人工的な快楽、生殖と遠く離れた快楽でしょうか。

三國　これは政治が巧妙に仕掛けた女性差別の罠じゃないですかね。ですから非常に卑俗な話で恐縮ですが、街の本屋に行きますと、雑誌なんかペラペラめくりますと、まあ恥知らずに男女和合の極地に一時間持たせる秘薬を、とかなんとか広告が目立つんです。

野間　最近の時代物には必ずといってもいいほど強姦のシーンがあるんですが、その場面がまたつまらなくて。しかしあれがないと雑誌が持たないのか、もっといろんな考えがあるだろうと思いますけれど。こうしたことは人間にのみある現象でもありますね。

三國　もういまは、生殖なぞという神秘はどこかに置き忘れてしまっているんじゃないでしょうか。それは時代と共にどんどんエスカレートして、民主主義もへったくれもありません。セックスそのものが絶対の世の中になりつつあるようです。

野間　そうそう、そしてつまり印象づけといいますか、お互いに刻み込むということになってしまいますからね。そういうことをどう越えようかという、しかしどう越えようかといっても、まことに越えがたい。とても越え得ない。それをどう越えるか。

三國　モノの本によりますと、飛鳥時代……少なくとも聖徳太子の頃までは、仏教には女性差別がなかったそうでして、藤原不比等が人民管理のためにタテ・ヨコ、網の目のような法律を施行し、中央集権を確立したのだ、というのを読みましたが、家父長制度の犠牲に女性がなってしまったのが、そうした風潮の原因になったのかも知れませんね。

野間　釈尊には仕える女性が何千人という後宮があったわけですからね。それで女性に対しては、どんなことでもできたでしょう。

三國　アーリヤ人がインドに侵入した頃、全インドにはドラヴィダ人とかいうのが定住していたそうですが、「リグ・ヴェーダ」によりますと、彼らは黒色の皮膚で鼻がないのではないかと思うぐらい低く、また性器崇拝だったそうです。このドラヴィダ人は母系制で母方の系統に従って相続が認められ、男には父という意義も血縁関係も無視されて単なる種付け同様に扱われていたんですね。末路はお定まり通りで、侵入者でありますアーリヤ人のために政治的な自律をなくして奴隷になってしまうんですが、中には太平洋を渡って日本列島なんかに流れ着いた連中もたくさんいたんじゃないですか。性器崇拝だとか、母系制のなごりなどからもありうることじゃないかと……。すみません、要点がとんでしまって。その釈尊の時代ですが、ちょうどアレクサンドロスがアジア席捲をくわだて、インド遠征を果たした頃だと思いますが。このアレクサンドロスという人は、次々に征服した地域では、そこの王侯に支配を任せるという統治論の持ち主のようで、インダス河東部に若干の軍事的勢力を残して、またどこかに行くんですね。いつの間にかそれもインド人と同化して、消滅してしまったそうです。詳しいことは知りませんが、インドの王侯国家は市民財閥権力と激しく対立して実質的には あまり王としての権威がなかったのではないですか。
野間 そうですね。
三國 インドには「性」、セックスについて古典がありましたね。
野間 性典が編まれている。性について、さらにその快楽をいかに強い精妙なものになるか、という名の下に出されている著書が数多くあったし、またその彫像なども残されていますね。そしてただ性の刺激というのではなくて、研究書も出されている。
三國 ですから、個人的な課題の探究を目的として出家された釈尊の目からすれば、女を犯すという視点を見逃すことはできなかったのではないかと思うんですね。そんな感じがしませんか。
野間 後宮を備えていた王の位に着くことになっていた釈尊ですね。
三國 あれを現代流に「にょはん」と読ませてくれれば、私たち現代人にも素直に意味をとることが可能だと思うんですが、妙に固執しますね、寺院は。そのために混乱している部分があるんですね。たとえば『歎異抄』でも、どうして善悪を「ぜんまく」と読まなくてはならないのか。「ぜんあく」でいいんじゃないかと思うのです。お経も千年来、大事に唐読みをしているわけですが、ますますちんぷんかんぷんで……。
野間 ええ、当然「ぜんあく」ですね。
三國 読み方に固執して、建前だけで仏教を理解しようたって無理ですね。中身に手を差し出そうとする努力をこっち側に置いといて、どうしろというんですか、日本の仏教者は。

野間　仏教者に限りませんでしょうけど、まあ、ここのところは仏教者を強調する必要がある。現代というここで、もう一度見直す、読みをつけるという、そうでないと広がりもしないし、形骸化されてしまいますね。

三國　親鸞さんは強靱な肉体に恵まれて九〇年生きたわけです。ですから、ほとばしるようなエネルギーをもって真心を追究なされたと思うんです。五〇代であろうと、六〇代になろうと、お構いなしに。だからそういう肉体的状況に見合った性的衝動に苦しむことは当然でしょう。当然すぎるから、犯すという現実認識にさいなまれても仕方がないことだという気がするんです。

野間　あまりにも相手が息も絶え絶えになった、傷ついたという感もあるかもしれない。

三國　恵信尼が絶え絶えになればなるほど、親鸞はそういう人間の歪みを、男と女の現実を歪みと感じとったと考えるほうが、むしろリアルではないでしょうか。

野間　あとからはね。最初は絶え絶えでまことによかったかもしれないけれども（笑）。

三國　叡山を下りて岡崎に庵を結んだあたりというのは、犯しつづけていても、おかしくはありませんね。なにしろ二〇代ですから。でも、行為に対する内省みたいなものが肉体を超えるまでには追いついていかなかったと思うんです。年を経て関東で鎌倉という武装農民の支配権力の道具として苛酷な労働を強いられながら、性を模索したとき、六角堂のちよとのくだりというのは、当然深く大きな体験として、はね返って自分を透かし見ることができたはずです……。

六角堂（中）

ちよ（遊女）が如意輪観音の正面に坐して静かに合掌して深々と頭を下げる。か細いちよの首筋が、善信には胸うつほど清楚に感じられた。ちよのうつむいた額に涙がしみる。

ちよ「憐れというべき性《さが》でしょうか……見知らぬ男に肌を許すたびに、私はこの世に何をしに生まれて来たのだろうと思うのです」

ちよは、ふと息をついた。

善信の家（中）

善信には、瞑目する恵信の顔がまぶしかった。

六角堂（中）

ちよ「私は、この世を憎み怨んで今日まで生きてまいりました。実を申しますと、この恐ろしい怨み心をしずめ、後世《ごせ》の救いにあやかりたく毎日こうしてお参りしておりますが、私のような罪深い女子に心の安らぎなぞあろうはずがございません……」

＊　＊　＊

如意輪観音が人の願いを掬いとるように燦然と輝く。

＊　＊　＊

堂脇の隙間からのぞく竜安の眼に嫉妬とも怒りともつかぬ蒼白の火花が散る。

ちよ「……それにつけても、あなたさまの己れをさいなむそのお姿を見るにつけ、私は胸を衝かれました。同じように苦しみ悩むお人がいると改めてしらされたのです。恥ずかしゅうございます。私を好きなようにしても良いのです、抱いて下され、善信殿、なぜ抱いて下さらぬ」

*　*　*

善信の家

善信「恐ろしいのは、世の慣いに押し流されて、恥じる心を忘れたわが身……」

善信の家

（小黒、戻って来る）

恵信「どうしました、眠れませんか」

善信「……」

善信「渇愛に囚われて、ただ生きているこの俺の姿は、お前にとって俺は一体何なのだ」

恵信「……どうしてそのように、身勝手なことばかり……申されるのです」

善信「俺はなんという、愚かな男だ」

朱雀河原
（竜安、善信、橋の上に立っている）
竜　安「おぬしにとって、あのちよという女子は何だ」
善　信「俺とちよとは何の関係もないのだ」
竜　安「（笑い）奇麗ごとを言うな、俺には良くわかっている」
善　信「いや！」
竜　安「おい、どうしておぬし、そうまでして己れを偽りたいのだ」
（善信、起き上がり、火のそばへ行き、吹く）

善信の部屋
囲炉裏の煙が一段と部屋を不透明にしている。
善信、眼をあけて恵信をうかがう。
善信、躰を半転して恵信の髪の中に顔をうめる。

六角堂（中）（回想・一人称）
註　鎌倉時代の上京の『町堂』が、一条革堂《こう》で早くから衆庶の信仰を集めていた。『町堂』というのは事あるごとに町衆が集まるところで、つまり村の鎮守に相当する町共同体の中核でもあった（現在は寺町、丸太町に移転）。この上京に対応した下京の『町堂』が六角堂なのだ。

ゆらぐ灯明。

丈一寸八分の閻浮檀金《えんぶだごん》の本尊。

如意輪観世音菩薩。

如意輪観世音の前にうづくまるちよ。

竜　安「む……」

善　信「竜安！」

竜　安「あーッ！　善信、良く見ておけ、これが男と女の本当の姿なのだ！」

善　信「止めろ！　止めろ！」

善　信「竜安！」

ち　よ「私を見殺しにするのですか！」

竜　安「あーッ！」（殴る）

ち　よ「あーッ！」

善　信「……」

その一瞬の隙に竜安の手にした燭台がちよをめがけて打ち下ろされた。

声もなく、炎の真只中に倒れるちよ。

カメラ体当たりして堂の戸を破って表に出る。

――炎上する六角堂――風――

野間　六角堂の回想が出てくる。これが非常に大きい作用をしてますね。

三國　作った観音像、金仏がですよ、声を出すはずがありませんね。「恵信尼文書」第三通にあります「六角堂示現の偈文」ですが、偈文が散逸しているので研究者を悩ましている問題ですが、私はやはり「真仏書写文書」にあります「顔容端正之僧形」として示現したという親鸞の告白が一番たしかなように思うんです。

野間　そこのところは僕もよく考えてきたところで、観世音が、もし女と交わりたいというのならば、自分がその女になってやる、などといって下さるのでは、こんな楽なことはないんで……。それではあまりにも早く助かりすぎますからね。まあ、一番最後のところでここの境地に到達した、ということだと思いますけどね。

三國　最後に、善信とちよの抱擁を、カメラが無情に超えて観音にズームインしてカットしたのです。

野間　一番最初と最後でしょうね。

七　実朝暗殺と弁円——親鸞の対峙

実朝暗殺

鎌倉鶴岡八幡宮（夜）

宝来と、宇都宮蓮生の声のみが流れる。

〔以下画—編集部註〕

二尺の積雪の上にさらに降りしきる雪。

雪を分けた参道に松明をかざした火長が現れる。

衣冠束帯の将軍実朝の列。

義時、楼門のところで急に心神に違例があると、奉持していた御剣を文章博士、源仲章に傾け交替する。

＊　＊　＊

実朝の前後が急に乱れる。

孤立化した将軍と仲章。

大刀を抜き放ち実朝へ迫る、八幡宮別当、公暁。

一刀のもとに斬り捨てられる将軍。

返す刀で刺し貫かれる仲章。

——騒然——

*　　*　　*

薄明。雪中。

実朝の首級を小脇に片手の大刀で奮戦する公暁。

三浦の郎等、長尾新太の討手七人。

公暁、雪を血に染めて、倒れる。

〔以下声、画にかぶさる―編集部註〕

蓮生の声「さすがの三浦義村も北条義時の知恵には追いつかぬかにみえる」

宝来の声「今ごろは、京の河原にコロコロ首が転がっていることでありましょう」

（――タイトル――源実朝・源仲章・北条義時入る）

蓮生の声「うむ、近頃の鎌倉、どうもおかしな雲行きだと思っておった」

宝来の声「はい、正月二十七日の夜、所は鶴岡八幡宮です。将軍実朝公拝賀の列を包む」

〃　「雪また雪……」

〃　「と突然、将軍に覆いかかる一人の壮士、見れば」

〃　「八幡宮別当、公暁阿闍梨《くぎょうあじゃり》でありました」

〃　「頭上を高々と大刀抜き放ち、おらび叫んで、実朝を斬り捨てると」

〃　「返す刀のとばっちり、あわれ文章博士まで柄をも通れと刺し殺しました」

蓮生の声「いかに無常迅速は世の常とはいえ、奸智にたけた北条義時のやりそうなことよのう」
宝来の声「(笑い)何といってもはたちの浅知恵、惨めといえば、惨めでございました。我こそ将軍と」
〃「夢見たものも束の間、北条と三浦の汚い手にかかって首を刎ねられました」

野間 鎌倉の実朝が公暁に殺されるこの場面ですが、権力の、平氏、源氏、北条という移り代わりを見尽くしているという気がします。ただ実朝が明でないというのが、気がかりですね。
三國 聖徳太子崇拝が実朝の中にあったという事実を、押さえておけばよかったんですけれど、その部分を省略してしまいました。で、北条家に政権が移ると別な宗教を持ち込んできて、念仏を弾圧しました。実朝の生きている間は幕府も念仏弾圧ができなかったわけですね。ということは、実朝自身が念仏に対する関心が強いわけで、源氏の係累を全部、つまり平孫狩りみたいにして断っ宗教のてしまって、関東の北条家は権力を掌握するまでじっと耐えしのんでおります。そのへんの政治と仕組をもうちょっと詳しく出しておけばよかったんでしょうね。
野間 惜しかったな。実朝と太子。その深い係わりが出せずにしまったのは。
三國 そうなんです。どうしてその部分を切ってしまったのか、いまさら後悔してもはじまりませんが。
野間 それから、そういう政権の移り代わりの中で宇都宮蓮生の策謀といいますか、ここのところへずっと行くわけですね。

弁円との対峙

野間 そして親鸞の身におこる重要な体験の一つといいますか、善信が弁円を訪ねていって、人を殺した山伏の頭領として被っている被り物を脱がせる……。

行場（大木の根方から見下ろせる場所）

二本のかがり火が燃えている。

弁円が滝にうたれ印を結んで「聖不動経」を誦している。

弁円が鋭く闇を睨むと、

弁　円（聖不動経）

〃　「誰か！」

〃　「誰だときいているのだ」

善　信「可哀相に、おぬしに殺された哀れなこの亡骸を見てもらいに来たのです」

弁　円「（笑い）たかの知れた河原の石ころどもには、当然の報いだ」

善　信「どのように蔑まれましょうと、人は同じ命を平等に生きているのです」

弁　円「たわけが、この世に平等などと、神明を無視し、あまつさえ、神明をたのめば、必ず魔界に墜ちるなどと、われは麁言《そげん》しておるそうだが、そのうぬの魂胆は！」

善　信「魂胆などありません。私はただ、念仏を極楽行きの道具にしてはならぬと申しているのです。たとえ、どのようにもがいてみても、それこそ、たかの知れた凡夫なのです」

善　信「地獄の他にどこにその身を置かれますか」

弁　円（面をはずし）「むッ！」

三國　個の利害に溺れている宗教者のありさまみたいなものに、修験者弁円に代表して彼らがその克服すべき無明煩悩に自身が超えられぬと気がついていく過程を追ってみたのです……。

野間　山伏というのが山できびしい修行をするのでしょうけれど、しかし山に何度も登っているうちに、そこの山の肌の中にある金とか銀とか鉄を見つけてその鉱脈、そういうものの値打ちに負けていくというところですね。

三國　つまり山伏の「山」の字は、タテの三画がヨコの一画で結ばれております。三身即一とか、三諦一念の阿字の即身を示しているんだそうです。「伏」は人へんに犬という字を旁《つくり》にしていますが、これは法性即無明と真俗不二の意味だそうでして、「法性真如の宝山に入りて無明煩悩の怨敵を降伏する」のが修験道なんだそうです。ですからわざわざ修験道と呼んで宗ではないそうです。お恥かしいしだいですが、修験道の主要な霊山の開基伝説を見ますと、ほとんど外来の宗教者が関係していますね。僕は彼らの体験に自然科学といいますか、とくに地下資源に対する知識があったんじゃないかと思うんです。昔、秩父に行ったとき、法印さんという家がありまして、古老の話では法印が鉱山権をもって地域の人に採鉱を任せ、何％かの鉱業権を徴収していたと聞きました。いまでも関東と奥州を区切っている八溝山には、そういった修験者の家がありまして、家格を誇るような立派な家があります。徳川時代に水戸家ともカタを並べる勢力があったんじゃないでしょうか。とにかく利権に明け暮れた生活をしていたはずです。

いつごろの発掘の跡か知りませんが、廃鉱に入ってみましたけれど、いまでも金鉱石に小さな金が一粒ぐらい付着しているものも見つけることができました。そういう採掘跡の、ちょうど中心の台地にその家があるんです。そこから二〇キロぐらいそういう山を下って行きますと、金沢という地名の部落がありまして、そこに如信さんの墓があるんです。親鸞の孫、善鸞の息子の。その部落は最近まで、八溝山系から流れて来た砂金を採掘する集団をよく子供の頃に見たと墓守のお婆さんがいってました。親鸞の足跡をたどりますと、そこには必ず太子堂がありますが、同時にそれはそういった集団の拠点だった所ではないかという可能性を想像するんです。いろいろの交渉権を代理し、恐らく字が読めないでしょうから、聖と称する当時の念仏の善知識が好んで入っていったんだと思います。時に親鸞のような人は、その集団と地頭と呼ぶ行政官との間に立って、三百代言みたいなこともしていたんじゃないでしょうか。そういう歴史的な史料は播磨のほうに行きますと、二、三残っていますけれど、やがてその三百代言が聖の本来の姿を忘れて、いつの間にか自分が地頭みたいに膨れ上がった例もあるそうです。

野間　映画のこのあたりで、善信の山とか樹木とか、自然をどう見るかが明らかにされてきますね。弁円の鉄窯から出てくる廃棄物には鉱毒があるなどということを善信はよくみとどけています。映画はこのことをそれとなく知らせますね。現代でいったら公害問題、環境問題のシンボルだった人たちがいたわけで、親鸞の自然に対する、大自然といいますか宇宙といいますか、それと相交流しあう人間、生きもの、そういう仏教本来のうちにある自然、おのずから然らしむる自然の生き生きとした相がありありと出てきますね。弁円の最も初めのほう、釣り舟で湖を渡っていく時も、ずっと向こう、後ろに広がっている大空、そういうもののうちにずっと現れてきているんですけれど、その積みかさねがここに集中して、現れてきますね。死んで腹を見せている流れの中の数多くの魚のところも、もちろん最初から計画されたと思いますけれど。

三國　ただ、念仏というものの正しい理解とでもいうんでしょうか、親鸞が考えていた念仏の本旨を一言で伝えられないかと考えたのです。だから見た人によっては、面を取った後、弁円が尻切れトンボじゃないかとおっしゃる方もいますが、僕は彼がその後、親鸞の弟子になったとか、そういうストーリーの説明はもう必要ないと思ったんです。

面を取るという行為だけで無明煩悩の怨敵が自分自身だったといいつくせるのではないかと考えました。ただ、弁円が面を取る原動力になったのは、親鸞が、私はべつに徒党を組んでいるわけではない、徒党を組もうとしているのではなくて、ひたすら念仏そのものを極楽行きの手形にしたくない、という親鸞の信の認識とでもいうものなんでしょうか。それが弁円が面を取るという行動を起こす原点になってくれればよかったのです。

野間　山伏が親鸞に斬りかかろうとして、逆に説得されたといわれるその寺を僕は訪ねたことがあります。その寺にある掛軸だったと思いますが、その掛軸に描かれた親鸞の顔は、これまで見たことのない非常にやさしい顔でびっくりするのですけれどね。

三國　あるブラジルの人で、日本で真宗の僧侶になろうとしておられる若い方にお会いしたのですが、彼は『白い道』を見て親鸞という人物は当時の革命家であったはずなんだ、だからもっと厳しく強くなくちゃいかん、というようなことをいってましたけれど、僕は本当に強い方というのは、本当は優しい顔をしておられるんだという強い先入観があるものですから。いつもいかつい顔している奴に限って、芯はきっと弱いんだ、そのために怖い顔で隠してふるまわんと見透かされると思って。だから親鸞という人を演じてもらうには、素材が大事だと考えまして、森山さんを選んでお願いしたんです。永遠に老けない仏づらというんでしょうかね。それで彼に踏ん切ったわけです。

野間　それはよかったですね。森山さんは本当に最後まで崩れないで、つらい、いつ、倒れるかわからない苦しい役をやり通しましたね。あさになった方も、あれを、その時、その時でよく受けとめていた。

三國　森山君もずいぶんやりにくかった時もあったと思います。あまり映画に出演した経験がないですからね。でも最後まで耐えたのではないかと私は感動しています。

八　宝来の死——差別と公害

『教行信証』の校了

野間　北条氏の中でも内紛が起こって、兄弟で争っているということも出されて、しかも蓮生が善信のために用意した直安寺にとどまらず去って行く。その前に『教行信証』が校了になる場面がありますね。「真宗興隆の太祖、源空法師、ならびに門徒数輩、罪科を考へず、みだりがわしく死罪につみす。あるひは僧儀をあらため、姓名をたまふて、遠流に処す。予はそのひとつなり」と聞かせますね。これはよくできていましたね。まさに時が生きていました。

稲田・善信居室（昼）

中央に火の気のない囲炉裏。

二方に灯り障子が閉めてある。

左側は屋の部屋に通じ、右側が庭に接している。

敷菰の上に形ばかりの文机。

善信、筆を持ったまま、瞑目していたが、

「主上、臣下、法にそむき義に違し、念《いかり》を成し怨《うらみ》を結《むす》ぶ。これによりて、真宗興隆の太祖源空法師、ならびに門徒数輩、罪科を考えず、みだりがわしく死罪につみす。あるいは僧の儀をあらため、姓名をたもうて遠流に処す。予はひとつなり」

と、一気呵成に書き終える。筆を自ら折る。

三國　歴史的には順序を無視して付け加えたものです。親鸞が真理を真理のままに、真理を指し示す道としてパズルを解くと、そこにごまかしのない生き方、つまり菩薩の知恵があったわけですね。もちろん並みの覚悟でそれは貫けない状況を「化身土巻《けしんどかん》」の末尾の部分を入れることで、あの場面が欲しかったのです。

野間　それがよかったと思いますね。「化身土巻」の末尾、『教行信証』の後序のところ、あまりにも重大で、どこに入れても外へはみ出る恐れがある。それが重重しいとも、さらっとという感じもなく、そのままするっと出てくるんですね。これはまったく出しにくいところだが、ちゃんと出されているので、よかったと思いますね。

宝　来

野間　いよいよ最後のところに入ることになりますが、宝来の問題です。宝来は善信を殺せと蓮生に言われて、やりますといって請け負ったけれども、善信の抱いている子供を受けとめて抱いてしまうと、もうできないと。

林の中（吹雪）

林の中を吹き抜ける吹雪。
善信が童女を抱いて行く。
小さな堂が見えてくる。
善信、堂の側に近づいて窺う。
吹雪をさけていた宝来が中から現れる。
善信、無言で童女に書状を添えて渡す。
宝来、童女のあどけない顔を暫く覗くようにして、善信に、

林の中

（堂の中に、宝来、待っている）
（善信、童女を抱いて、現れる）

善信「……宝来！……宝来！」
童女（声）
〃（声）
宝来「む？」
童女（声）

宝　来（笑い）

〃　「やめた……やめたよ、……俺には人殺しはできねえや……約束通りな、この子は俺が、確かに京の照阿弥殿に、お届けするよ」

善　信「御好意に」

〃　「甘えるが、この子をよろしく」

野間　宝来の心の一番底まで子供の重みがすうっと入って、子供と同じ呼吸をしていると。それで京都までお届けします、ということで宝来が、決定稿ではこう言います。「ちょっとわしを見てくれ。おぬしとどこが違ってる。赤い血が体じゅうをちゃんと流れているんだ。だのにどうして俺たちだけ代々にわたって悪人呼ばわりされなくちゃならないんだ。そこんとこが聞かしてもらいたいんだ。わしらは仏のお慈悲の手の届かない『国』の大賊だっていわれるのは、こりゃどういうわけか」と。

宝　来「この子は確かに京の照阿弥殿にお届けしよう……ただ、ちょっとだけ聞きたいことがあるんだが……いいかい」

と宝来は善信と堂脇に吹雪をさける。

善　信「（不信そうな面持ちで）何事です」

宝　来「……聞えないかもしれぬのおぬしには……えェわしらの喘ぎが」
頭巾で覆った顔からのぞかせた宝来の眼が、善信には気になった。
宝　来「いや聞えんだろう。人間の皮を剝ぎ取られてもこうして生きるしかない人間の痛みなんてものは……」
善　信「……」
宝　来「ちょっと、わしを見てくれ、おぬしとどこが違ってる？　赤い血が体じゅうをちゃんと流れてるんだ。だのにどうして俺たちだけ代々にわたって悪人呼ばわりされなくちゃならないんだ。そこんとこが聞かして貰いたいんだ、わしらは仏のお慈悲の手の届かない『国』の大賊だって言われるのは、こりゃどういうわけかね」
善　信「いえ！　人間は誰も同じです。弥陀の本願力に不平等はありません！」
宝　来「ふむ……てことはだな、誰かがこんなふうにして世の中を、てめえの都合のいいように引っ掻き回したあげく掠《かす》り上げてるから、こんな道理にならねえことがまかり通ってるってことだな……」
〃　「そうだ、理不尽に敗けちゃ駄目だ！……俺や美濃の故郷《さと》で暮らすことに決めたよ……もう理不尽なことは真っ平だ。こんなおしきせを被って生きてゆけるか」
宝来、言い捨てると莞爾として踵を返す。
童女のあどけない眼が宝来の肩ごしに善信を見るがすぐ吹雪にかき消された。

三國　そこのくだりを映画では次のようにちょっと直してあるんですね、台詞の内容を。

宝来「ただ、ちょっとだけ、あんたに聞いておきたいことがあるんだ」

善信「なんなりと、儂でお相手がかなうことなら」

宝来「いいかい、人間の皮を剝ぎ取られて、異類の者だなんて、世間から差別を受けてる、俺たちの痛みはどうなるんだ」

善信「それは……浄穢の忌が貴賤の差別を生んでいるとすれば、世間の常識に準じていては、癒されません」

宝来「(笑い)冗談じゃねえよ。身分なんて境界を勝手に作っときやがって、俺たちを異類呼ばわりをするなんてのは、聞いてあきれるよ。お前たちだろ、手前たちじゃねえか、生き馬の目を抜いて、ぶくぶく肥えた化け物は」

善信「確かにその通りです。宇宙万物の真実を捨て、己れの先入観で物を判断する限りは」

宝来「じゃ、俺たちはどうなるんだ、えッ」

善信「俺らは、みんな等しく、如来の子供なのです」

宝来「(笑い)そうかい、じゃ、俺のこの面は一体どうなるんだ」

〃　「えっ、(笑い)ま、いいやな、心配するな、この子は俺が、命にかけて、無事に届けてやるよ……よしよし、よしよし」

一　〃　「俺か？　俺だったら大丈夫だよ、きっと生きてやるさ」

野間　そこで宝来が頭巾を取ると額に犬という字が出てくるんですね。それはないんですか、シナリオには。

三國　ないんです。

野間　そして頭巾を取ると、犬神人の、犬という字が出てきた。ほんとに青白い顔にさっとなってるんですね。入墨をされるんでしょう。そして面の皮を剝がれて異類の者と差別される。わしらの痛みはどうなると思う、ということですけれど、しかし入墨されるということは、ふいごの中から出た廃液が川に流れて魚が数多く死んでいくというのと同じ問題であるわけですね。都留重人さんの『世界の公害』（岩波新書）の中にきちんと差別の問題は公害の問題の中に必ず出てくると書いてありますけれどね。自然というものの捉え方が、深くなればなるほど、公害の問題が全人類を蔽《おお》う規模のものであることが明らかにされてくる。公害が全人類の死滅を招いているといいますか、そういう中であらわにされてくるという形が、ここで滲み出てくるんですね。いろんな人が死んでいく。権力者が次々に去って行った。

そういうものがここへ来て一つの大きな文字になった。それを受けとめた形で、最後は穴を掘って宝来の死骸を埋める。死骸の中から次から次に宝来が出てくる。ここの凄みですね。宝来が次から次に出てくる。ここのところはまことに恐ろしく、見る者に迫ってくる。宝来たちが宝来を囲み、抱えて穴に放り込むのですが、ここでこれまでの一切が生きて来る。

神楽岡三昧場（京・木枯し）

死骸に群がる野犬。

放置された中の一体。それは宝来である。

顔に被っていた白い布が風で剝がれる。眼から鼻から這い出る無数の蛆虫。

穴掘り人が穴を掘り続ける。

（二人で語り合いながら、作業を続ける）

宝来の死骸から幾人もの宝来が抜け出る。

宝来たちが宝来を囲み、抱えて穴に放り込む。

呆然と見上げる穴掘りが、穴から這い出る宝来の死骸に土をかけて、埋めはじめる。

野間　これが最後の納めとしてピッタリと納まった。穴掘り人が掘りつづける無限に深い穴に、宝来の死骸から次々に幾人もの宝来が出てきて、その宝来たちが宝来を囲み、抱えて穴に放り込む。墓掘りがそれを見届けなきゃいかんということになる。凄いところですね。

善信が直安寺から去って行って、荒野を行く。依然として善信は白い道を行くのですね。

白《びゃく》道《どう》

また一切往生人等にまふさく、いまさらに行者のためひとつの譬喩ときて、信心を守護しても外邪《げじゃ》異見の難をふせがん。なにものかこれや。たとへばひとありて、にしにむかひてをかんとするに、百千里《り》ならん。忽然として中路《ちゅうろ》にふたつのかはあり、ひとつにはこれ火のかは、みなみにあり、ふたつにはこれみづ（水）のかは、きたにあり、ふたつのかは、をのをのひろさ百歩、をのをのふかくしてそこ（底）なし。南北ほとりなし。まさしく水火《しいか》の中間《ちゅうげん》にひとつの白道あり、ひろさ四五寸ばかりなるべし。このみち、ひんがし（東）のきしよりにし（西）のきしにいたるに、またながさ百歩、そのみづ（水）の波浪まじはり、すぎてみちをうるほす。その火焔、またきたりてみちをやく。水火あひまじはりて、つねにして休息なけん。このこと、すでに空曠《くこう》のはるかなるところにいたるに、さらに人物《にんもつ》なし。おほく群賊悪獣《あくじゅ》ありて、このひとの単独なるをみて、きほひたりて殺《せつ》せんとす。このひと、死をおそれて直《じき》にはしりてにし（西）にむかふに、忽然としてこの大河をみて、すなはちみづから念言《ねんごん》すらく、「このかは、南北辺畔《へんばん》をみず。中間にひとつの白道をみる。きわめてこれ狭少なり。ふたつのきし、あひさることちかしといへども、なにによりてかゆくべき。今日、さだめて死せんことうたがはず。まさしくいたりかへらんとすれば群賊悪獣、漸漸《ぜんぜん》にきたりせ（逼）む。まさしく南北にさ（避）りはしらんとすれば、悪獣毒虫きほひきたりて、われにむかふ。まさしくにしにむかひて、みちをだづねてゆかんとすれば、またおそらくはこの水火の二河《が》におちんことを。」ときにあたりて惶怖《こうふ》すること、またいふべからず。すなはちみづから思念すらく、「われいまかへらばまた死せん。とどまらばまた死せん。ゆかばまた死せん。一種として死をまぬがれば、われやす（寧）くこのみちをたづねてさきにむかふてゆかん。すでにこのみちあり、かならず度《ど》すべし」と。この念をなすとき、ひんがしのきしに、たちまちにひとのすすむるこゑをきく。「きみ、ただ決定《けつじょう》してこのみちをたづねてゆけ。かならず死の難なけん。もしとどまらばすなはち死せん」と。また、にしのきしのうへにひとありて、よばふていはく、「なんぢ一心に正《しょう》念《ねん》にして、直《じき》にきたれ、われよくなんぢをまもらん。すべて水火の難におつることをおそれざれ」と。このひと、すでにここにつかはし、かしこによばふをききて、すなはちみづからまさしく身心《しんしん》にあたりて決定してみちをたづねて直にすすんで疑怯退心《ぎこうたいしん》を生ぜずして、あるひはゆくこと一分二分するに、ひんがしのきしの群賊等、よばふていはく、「きみ、かへりきたれ。このみち嶮悪なり、すぐることをえじ。かならず死せんことうたがはず。われらすべて、悪心ありてあひむかふことなし」と。このひと、よばふこえをきくといへども、またかへりみず。一心に直にすすみてみちを念じてゆけば、須臾《しゅゆ》にすなはちにしのきしにいたりて、ながくもろもろの難をはなる。善友《ぜんう》あひみて慶楽《きょうらく》することやむことなからんがごとし。（『教行信証』より）

引用――野間　宏

野間　ラストシーンで、その付いていた足跡が消えていくという、これはまた大変なことですね。これはつまり善信は足跡は消えてほしいと思っているでしょうけれど、自分で足跡を消すわけにはいきません。果たして誰が消したのか。これはいろんなことを考えさせます。無限に考えを深めますよ。吹きすさぶ風が消するのではなかろうし、それまでに死んでいった、たくさんの人たちが、お伴をしたいと善信を追いかけて行って、消してしまう。生きてるお前たちは蓮生以下、誰一人として本当に善信をわかっていないじゃないか、ということが画然とここで出されるのですね。

それを受ける受手が宝来ですね。宝来も何人にもなる。だけど次々とその死骸から抜け出てくる。見ている僕らも自分の体が二つになり、三つになり、四つになるのを見なきゃいかんということですね。そう思ったらここで切れないんですよ。無限に自分が自分を追いかけて向こうへ行く。向こうは大変な風が吹いていて、また最初の所まで吹き飛ばされ返され、また一生懸命こっちに戻って来て、もう一度一切を見なきゃいかんということになる。これは大変な映画だということがわかりました。

この映画を作るのに、もう一〇何年、およそ二〇年かかりましたね。しかし幸い、といったほうがいいと思うのですが、カンヌではそれをきちんと受けとめた。そういう点ではカンヌは立派だったといいたいと思うのです。僕もカンヌに感謝したい。おめでとうございます。

三國　ありがとうございます。

九　現代と親鸞——いまなぜ親鸞か

野間　宝来に従って自分自身が分かれていくということ。魚がたくさん死ぬということは現代のシンボルそのものですね。水俣病に象徴されます。それから、この地球のオゾン層がフロンガスによって希薄になっている問題があります。このためこれまで防がれていた紫外線が地球を直射し、人間は皮膚ガン、白内障になり、大地の微生物は死に追いやられる。人間の精神も病み、狂いのなかに入る。この危機をいかに人類は超えるか。地球の砂漠化とか、生物の種の死滅。熱帯雨林がどんどん切り倒されて、生物の種類が大体一日一種類ずつ絶滅していっていると。一九八〇年代の終わりには毎時一種類ということになって、二〇〇〇年の終わり頃には生物の三分の一がなくなってしまう。酸性雨とか熱汚染によって生物の種類が減っていく。そういうことで生態系とはなんだ、という問いになってきます。

生態学はまだ非常に不十分ですから、学者は一生懸命になってますけど、非常に難しい問題はあるんですね。しかし最近では、地域ごとに生態系が変化するという研究がかなり明確になっている。大気汚染がすすみ、その温室効果で、さらに地球の成層圏のオゾン層が希薄化し、そこにフロンガスが広がり、温室効果は一万倍になる。その結果、異常気象が発生したり、熱汚染で北極、南極の氷が溶けていくといった問題もあります。

酸性雨の問題で、微生物が死んでいくことによる地域ごとの生態系の変化という問題が、最近では、アメリカ、カナダ、ドイツ、チェコスロバキア、ポーランド、スェーデン、ノルウェーだけでなく、第三世界、中国、タイ、インドネシア、マレーシアなどまで、出てきています。親鸞の時代も、地震、疫病、相継ぐ戦乱で、まさに現代に重なる末世、正像末の時代だったのです。

三國　以前にもちょっと申し上げましたけれど、偽経だといわれている「法滅尽経」というのも、地球の滅亡は人為的なものだというようなことをいってますね。だいぶ前の記憶であまりあてになりませんが、それを読んで人為的なもの、というのは一体なんだろうかな、と思ったのです。個々に人間的な意識の混濁みたいなものが本当のことを聴く耳を閉じてしまい、ついに破滅をたぐり寄せているということでしょうか。

野間　そうですね。シュレディンガーが『生命とは何か』ということを書いて、今度自伝が翻訳されまして、これは必ずしも全部いいとはいえません。納得できない部分もたくさんありますけれど、しかしシュレディンガーがどうしてこんなインドのウパニシャッドを理解しようと一生懸命格闘したかということですね。『生命とは何か』(岩波新書)で、エントロピーということを考える場合に、負のエントロピーが生きているということで――負のエントロピーが生きているというのを否定する人もいるのですけれども――この負のエントロピーというい方そのものに愛着を感じるのですね。

優れた量子力学者であって、生物学に物理学を導入するという考えを開き、生物物理学、分子生物学の基礎根拠を提出したシュレディンガーが、インドのウパニシャッドを見出し、学んだ。それと同じようにわれわれはそれに倣うというか、逆にヨーロッパ思想に追随するだけではなくて、ヨーロッパ思想の根源にあるものを本当に考えつくしているのか。簡単にとりいれて済ましていますけれど、ヨーロッパの根源に近寄り近寄りして、突きとめたい。

いまはそういう時期だと、この映画でそういうことを感じましたね。親鸞そのものは国境を超えてヨーロッパまで行って「白い道」がカンヌまで敷かれたということになるわけですけれど、最後に「白い道」がどこまでも伸びて行くのを願いますね。非常に怖い道ですけど……。

三國　カンヌで評価を受けなかったら、日本では完全に無視されてしまったと思います。その意味で大変よかったと思っています。

野間　この映画が日本でも広がるのと同じように、もっと多くの世界の人に見てもらいたい。

三國　余談になりますが、近頃になって急に感じることは、人間が生きるということは、「闘う」という一面を持っているような気がします。自我と闘い、外の社会と対峙しつづけます。誰かから、夢を持たない人生は動物的には生きていても人間的には死んだ人生だ、と聞いたことがあります。親鸞のように覚悟さえ決めれば希望さえ捨てなければ、滅亡を恐れることはないのではないでしょうか。原発問題もそうでしょうし、公害食品もそうですけれど、そういう部分にしても生命に対する日本的な幻想みたいなものを復活させてはいけませんね、先生！

それもこれも我見分別にとらわれて、一つのものにしがみつくから死んだはずの亡霊が心に取り憑いてしまうのですね。

野間　そうですね、核戦争という問題はずいぶんいわれて、深まった。そしてアメリカとソ連の間でＩＮＦ全廃条約が結ばれた。次いで戦略核、核兵器、原発という大きい問題もこのところで出てきて、全廃へと世界世論をすすめ広がるところへ行くでしょうね。しかし環境問題も、ただ外的な自然破壊という問題として捉えるだけでは捉えきれていませんね。これは人間の内面にまで届いて、とことんまで歪めることを同時に見ないとその解決もできない、実にきびしい問題ですね。いまや精神の問題を抱え、ここのところで子供たちがもうその問題に侵されてしまっていて、先に簡単に死んでいく子供たちの数が増加している。

三國　今年になって、またえらく自殺が増えたそうですね。子供の自殺も増えたそうですけれど、びっくりするほどの数字ですね。中学生、高校生が増えていますね。

野間　子供の自殺については書かなくなったんですね、新聞などが。しかし最近は親の子殺し、子の両親殺害などは報道せざるを得ませんね。

三國　一時新聞は書かなくなっていたが、また大きく取り上げ、書き出しましたね。そういう操作された世論を疑いもなく受けとめる日本人の素直な体質は何なんでしょう。

野間　ただ教育問題としてだけ騒ぎ立てて、どんなに大人たちの社会が狂っているかということはいわない。

三國　操作した世論を受けとめる愚直な人間に教育しなきゃならんわけですか。それに逆行するような教育には悪の烙印を押す。それをなんの疑問もはさまずに見過ごしてしまう社会は問題ですね。

野間　大衆も、よみがえりが始まっていますね。原子力発電反対に婦人は全力をつくし始めましたね。今度はあまり悲観論でいかないで。物理学者でも、全然悲観論の人がおられますね。しかもその奥さんまで「うちは悲観論ですから」っていってらしてね。

三國　いろいろな本を読むと自然科学を専門にやっている学者の人たちは、現状をやたらと批判的に見ていますが。政治は依然として建前論に終始していますね。ほんとにタフだ。

野間　日本ではそれはむしろ物理学者の中で上質の人です。

三國　でも破滅の端緒みたいなものが目に見えても、自分自身が脅かされ痛まないと、わかろうとしないんですか。

野間　どっちが先か、エコロジーの問題よりも経済のほうが先に出そうな感じですね。エコロジーの方と一緒に歩いていると、経済のほうをあまり見ないから困るんですね。しかし、これをいい立ててもしようがないし。経済のほうは経済のほうで、また景気のいいことばかりいう人もいるし……。

――親鸞の場合は、その時代の農作物の作柄とか、もうちょっと言えば日本全国の交通の問題、また世界の状況といったものはどこまで認識していたのでしょうか。

野間　戦争が絶えず行われて権力者が交替している、その根源は何だということは考えつくしたと思います。というのは全国をあれだけ歩いて、豊作の年はどうだとか、それは凄い危機感だったと思いますけれど、七〇歳ぐらいになって、その頃は日本もかなりそこから抜け出している。それは誰の力かということもわかっていたでしょう、農民でしょうからね。

三國 絶えず情報は入れていたと思います。宝来という人物を出しておりますけれど、実際は親鸞にとって京都の情報を速やかに関東で受けとめるための仲介者みたいな存在があったんじゃないですか。

野間 つまり部落の人たちのいちはやい情報がね。楠正成の情報の捉え方の速さは部下の部落の民によるといわれていますからね。

三國 日蓮さんにとって、富木《とき》家というのは情報収拾の機関ではなかったかという説もありますね。もう単純に親鸞を一宗教者というような捉え方には、問題があると思います。

野間 親鸞のあの時代に宋の本が次から次へ手元に入って来るというのは、特別な人ですよ。七〇歳代のことでしょうが。

三國 法然の知らない本も親鸞は読んでいたようです。

野間 宗教者という意味が、現在考えられているのとは違う。あの時代の宗教者というのは哲学者でもあり、思想家でもあり、科学者でもあり、全体的なものでしょう。

三國 道元にしても、日蓮にしてもそうですが、鎌倉時代の祖師さんたちは内省的にとどまることなく、角度を広く人間社会を見つめて、負け惜しみをいわなかった方たちなんですね。

野間　そうなんですね、そういう意味でみんな権力者が学者を抱えている。そしてそれ以上の、それをはるかに越える方々ですね。そして権力者ではない、全大衆の付添人になりたいというんですからね。宗教者という意味がだんだん薄っぺらになってきた。あの頃の宗教者は自然科学も全部含めてもっていた。しかしいまでは宗教と学問とは分かれてしまいました。科学・学問が細かく分化されてしまいましたからね。

――やっぱりテーマは、思想家親鸞ということになりそうですね。

三國　だと思います。

野間　大思想家ですね。しかし、そこのところが難しいんだな。思想家というと、いろいろの方面から間違えられる。宗教者ということは、除かないほうがいいでしょう。当時宗教者は、それら一切を兼ね合わせていたわけです。

Ⅲ 映画的視点から現代を問う

一　カンヌ映画祭をめぐって

三國連太郎夫妻
野間　宏

フランス人にとってのカンヌ映画祭

野間　「親鸞・白い道」のカンヌ映画祭での審査員特別賞受賞、おめでとうございました。それにしても受賞してよかったですね。

三國　はい。ありがとうございます。でも二本立ての賞があったというのは、カンヌ映画祭の良心みたいなものでしょうね。グランプリが二本あり、審査員特別賞が二本あった。あれは、三五〇億フランとかの国家予算でカンヌの四〇回記念の援助をしたことや、二十何年間もフランスの映画が大賞になっていないという事情もあってのことだと思いますけれど。

野間　しかし、フランスはよく出しますね。カンヌという世界的な映画祭に。

三國　フランス人の意識みたいなものでしょうか、自分のところの映画祭は他の追随を許すものではない、という意気込みがあるんじゃないでしょうかね。

野間　そうですね。芸術においては世界をリードする……。

三國　やはりそうですね。町を歩いてますと、意地悪くみえるんですね、フランス人ていうのは。僕らはフランス語も英語もわからない。英語の単語を並べても、わかっていながらフランス語で返事してくるんです。

野間　発音しても全然通じないんですね。去年ちょっとドイツからの帰りに行った時に、ホテルで部屋の番号をいったら、「もう一回、もう一回」って、やり直しさせられた。失礼しちゃうな、と思うけど（笑）。

三國　アメリカのある映画雑誌の記者からインタビューを受けたんですが、「白い道」の話をいろいろした最後に、「こんな映画を日本でつくる場合に、よくお金を出すところがある」っていうんで、これはフロップですよ、といったら、「いずれにしても、こういうものにお金を出して映画をつくらせるのは、やはり日本人が宗教的な関心が非常に高いからだろう」と。僕はそれをまともの意味に受け取っていいのか、皮肉として聞くべきか、非常に困惑しましたけれど。

野間　両方でしょうねえ。

三國　それで、僕も日本へ帰りまして、あわてて文化庁で出してる『宗教年鑑』をふっと見ましたら、確かにそうなんですね、人口の実数が一億二千数百万なのに、宗教人口は二億四千なんぼある。だから、これはやっぱり信仰はあついんだな、と(笑)。

野間　そうですね。どういいますかね。壇家の数の中に入ってますけどね。二重に入ったり。

三國　そうでしょうね、二重にね。

――二重、三重でしょうね。

野間　インタビューはかなり突っ込んだものだったのですか？

三國　僕は上映日に行かなかったもんですから、女優さんには相当辛辣な質問が来たらしいんですけどね。僕は、カンヌで授賞式が終わった後に、ホテルで三つぐらいのインタビューを受けたんですけど。

――授賞式は十九日で、三國さんは二十五日ぐらいに帰って来られたんですよね。何か受賞があると当然のことながら、受賞の翌日、翌々日には新聞に出ますよね。フランスの新聞ではどういうところに出たんですか。『ル・モンド』を全部調べたんですが、載ってないんです。発表の前には三國の「親鸞」という記事が載ってるんですけれど、発表の後ではないんですよね。

三國　『フィガロ』は試写会のあった五月九日の翌日の新聞に、僕の、「親鸞・白い道」に三つ星があったんです。それが翌日に訂正版を出して、昨日の発表はこちらの誤りでございましたとして、全部一つ星になったんです。

三國夫人　一人が星印を三ポイント持っているんです。「すばらしかった」は一人が三つ出せる。「まあまあだな」が二つ、ということで、三つ星が三人、二つ星が何人とかいってたので、当日現場にいた方は、これはなんとか賞が取れるのではないか、と思ったらしいんですね。ところが翌日みたら、あれは間違いだった、と全部一つになってたんです。あ、これは駄目だ、と思ったらしいです、その時に。

三國　僕はそれを聞いた時にもそんなにショックではなかったんですがね。まあ、こういうもんだろうな、と思っておりましたけれど。

――授賞式があって、もちろんテレビで報道されたんでしょうね。

三國　宇宙中継だったらしいですね。

―― 日本ではやらなかったのですか？

三國 日本では買わなかったんじゃないでしょうか、宇宙中継を。

―― 当然ながら、翌日の新聞にはいろんな新聞に報道されてるんじゃないかと思うんですが。

三國夫人 現地の新聞には○○大賞は何、○○大賞は誰、という囲みはありました。あとフランスの新聞にはフランスのことしか出てなかった。カトリーヌ・ドヌーヴとか、マストロヤンニがどうの、という感じで写真も多く出ていましたね。アジアとかアフリカのマリ共和国とかは名前だけしか出ていませんでした。

三國 「マリ共和国の光」という黒人監督の作品は非常に評価が高かったですね。

―― 「白い道」と同じ、審査員特別賞の。

三國 『タイム』には載っていました、僕のコメントが。

三國夫人 日本のディレクターが「平和のために」この映画をつくったと。三國の名前は出てないんです。

―― つまり、その時のカンヌの様子みたいなものが一頁ぐらいとか半頁ぐらいでも書いてあるというふうな記事はご覧になっておられない？

三國 見てないですね。でもパリなんか歩いていると、ニースでも飛行場で飛行機待ちをしてると、「親鸞、おめでとう」っていってくれるんです、みんなが。

―― テレビですね。

三國 テレビだと思いますね。パリでも、町を歩いてましても、飛び出してきて「親鸞、おめでとう」ってみんないってくれましたから。

野間 フランス人はよく見てるんですね、やっぱり。

三國 カンヌの映画祭に出てきて、それで賞をもらったなんていうと、僕らに接する態度がまるで違っちゃうんですね。

野間 世界中で、何回出しても受賞しないという人のほうが多いですからね。

三國夫人 上映される劇場がまたすごいんです。赤いカーペットが敷いてありまして、階段を昇っていくんですが、エリゼ宮の兵隊さん、両サイドにピッと並んでまして、入場者はみんなタキシードにドレスなんです。ポッと一歩踏み出すと、「二〇〇一年宇宙の旅」の音楽がジャーンと鳴るんですよ。テレビでしか見たことのない世界ですよ、アカデミー賞の授賞式とか、ああいう感じなんです。

三國　会場前の広場には市民がいっぱいいて、なかなか入れないんです。そして、デモもありましたしね。つまり国家予算を割いてこんな映画祭をやって、われわれはどうなるんだという医学生がずいぶん並んでね。開会式が七日だったんですが、僕はその時は参加してなかったんです。監督のいないインタビューというのは白けちゃうらしくて、記者たちが二〇人くらい集まったらしいけど、途中でやめちゃったらしいんですね。インタビューでは、記者の質問が辛辣なんで、怒って台本を叩きつけて席を立った監督もあったとか。

三國夫人　喧嘩ですよ、まるで。激論なんてもんじゃないですよ。ある俳優さんなんかどんどん質問が来て答えられないんですよ。そうしたら「あんたそれでよく芝居ができた。理解もしないでなんで芝居ができるんだ」というようなことをボンボンいわれるんですよ。最後は下向いちゃいましたね。びっくりしちゃって。それをずっとテレビで流してるんです。

――生中継ですか。

三國夫人　全部そうです。それを何回も何回も放送するんです。

三國　一日中放送してますからね。決して日本の記者の人が次元が低いという比較ではなくて、カンヌでは非常に高い質の質問がストレートにスパッとささってくるんですね。テレビを見てても、言葉はわからなくても、それが感じられました。

受賞の瞬間

――受賞が決まったときはどうでしたか？

三國　でも『フィガロ』の例がありますからね。三つ星で並んでいたら「あれは間違いでした」（笑）。それで一つ星になる場合もありますから。

ほんとにあのとき、「ミクニ！」と呼ばれたとき、世の中は広いものだなあ、と。最初「レンタロウ」が聞えなかったんですよ。ところがそばにいた日本の新聞社の方は聞えたらしいんです。「え！　これは意外！」ってことで（笑）。二階にいた大楠道代さんのマネージャーは聞えたような気がする、というんですね。

三國夫人　そばにいたイタリアの人が、「ユー、シンラン？」っていうから「イエス」と言ったら、「わあーっ！」といって握手を求められた。それで「あっ、やっぱり取ったんだ！」と二階では、いっていたらしいんです。ところがなかなか舞台に出てこないので、どうしたのだろうと思っていた、と。こっちはキョトンとして。

三國　でも、上がっていって「ノー、ノー、ノー」なんていわれたら三枚目ですからね、引っ込みがつかない（爆笑）。「レ」という発音ができないみたいですね、なんかヘンな発音してました。

三國夫人　三國が上がって行きましたでしょ。下では、みんなが「大丈夫みたいよ！」とかいってたんですよ。

野間　委員長がいるわけですね。

三國　委員長とそばでフランスの女優さんが一人、賞状を渡す方がいるんです。みんなが「挨拶をやれ、やれ」といってマイクの近くまで引っ張られたんだけれども、いうことないんですよ（笑）。それで後ろのほうで「メルシー・ボク、メルシー・ボク」アリガトウといえ、ということなんでしょうね。それでも僕は、まだ何もいえない。黙っていたら「サンキュー・ベリマッチでいい！」（笑）。あれ、イヴ・モンタンだった？なにかもう、わけわからん（笑）、ずいぶん助太刀が出て。「えー、えー」っていったんですよね、その間《ま》がすごくいい、とみんながいうの（笑）。あの声と間がとてもよかった、と。

「日本人は世界の孤児になっておりますけれど、この映画を見ていただければ、必ず日本人の本質がわかっていただけると思います。私自身も、これから平和を願いながら、映像を通して文化活動を続けていきたいと思います」。それで「サンキュー・ベリマッチ！」と。

野間　そういうのは向こうのテレビにきちんと入っていますか？

三國　テレビには入っていたようです。

野間　それでは大丈夫ですね。

三國　はい。そばのきれいな女優さんが、僕が日本語でしゃべっているものだからボーッとして見ていた。

三國夫人　口開いて、ポケーッとしちゃって（笑）。

三國　受賞者の決定が切迫してしまって、「特別賞」の賞状に名前が入れられず、白紙なんです。「本日の受賞者は白紙です」といってました。白紙の賞状もっていたら、案内人が来まして、舞台の裏に回ってくれ、というのです。「英語できる?」「いや、ダメです」「フランス語は?」「ダメです」、じゃ何もできないのか、みたいな顔をして、でもニコニコ笑っていましたけれども。それでひょっと見たら、僕の目の前にカトリーヌ・ドヌーヴが大あぐらをかいて、コップで何かを飲んでいましたね。

――ほんとに嬉しかったでしょうね。

三國　嬉しいというよりも半信半疑ですね。

三國夫人　一般上映会をやりますでしょ、そのときも一般のお客さんが全部タキシードにドレスを着て来るわけです。娯楽じゃないんですね、観客の姿勢も。「見せていただく」という敬意を表して見に行くのです。

三國　あれはやっぱり作者に対する敬意かもしれませんね。だから作者が劇場の階段を上がる前は、誰もその階段を上がれないんです。

三國夫人　まず原作者、次に監督、それからスタッフの方々が階段をジャンと上がります。そして、終わってからも、監督たちが降りてからじゃないと劇場を出られないわけです。それはすごいですね。敬意を表するのですね。先に帰る人は横の出口から出られるらしいですけど。

野間　フランス人たちも拍手をするんですか、日本語に対して?

三國　はい。僕が日本語でしゃべっている間、二五〇〇人がじっとしゃべるのを聞いてますものね。わかんなくても。

三國夫人　何いってんのかな、と思っていたでしょう。でもやっぱり声が震えてましたよ。あわてたんだと思うんですけれどね。

三國　全世界の有名な俳優さんとか、監督さんとかがずらっといるところで注目ですものね。この人なんか夢中ですよ、「あっ、なんとかいうアメリカの俳優さんよっ!」(笑)なんて大騒ぎをしている。「お前、やめろよ、恥ずかしいじゃないか」なんて。僕が知っているのはコロンボさんだけだったね(笑)。

三國夫人　どこかで見たことのある人ばっかりなんですよ。

——世界最大のフェスティバルですよね。

三國　今年はすごかったらしいですね。こんなことはないそうです。

三國夫人　私たちが行ったのは授賞式の前日ですから、売込みの方なんかはだいぶ帰ってしまっていたのですけれど、私たちが行く二、三日前までは車道まで人でいっぱいで歩けないくらいだったらしいです。

三國　売込みがすごいですね。人口五千人の町なんですって。それが五万になったのですからね。

——ホテルはたくさんあるのですか？

三國夫人　海岸沿いにあるのは超一流ホテルなんです。そこから山のほうに行くと海岸通りのそのホテル一泊分で一〇日いられるというペンションみたいのがあります。別荘地ですね、あそこは。だから避寒地というか、お金持ちの方がずいぶん別荘を持っている所らしいです。

三國　まあ、喜劇でした、カンヌは。まさに喜劇でした。

野間　そうですねえ、あわてますね、やっぱり（笑）。

三國　まあ、あんなことは一生のうちで、もうないでしょうね。

——いや、今度はグランプリですね。

難航した選考

野間　カンヌの賞状はかなりの……。

三國　いま申しましたが、実はイヴ・モンタンさんが最初に、「つい先ほどまで決まらなかった。それで申し訳ないけれども、本日の賞状は全員白紙です」と。全員白紙なんです。

——それだけ難航したということですね。

三國　だから誰にも情報が流れてこないんですよ。

野間　それはよかったですね。醍醐味そのもので。

三國夫人　例年なら、お昼頃には、大体取れそうだという情報が入るらしいんですね。今回は入らなかったので、あっ、これは駄目だ、というんで松竹は帰っちゃったんです。

三國　お昼に、松竹の重役さんが僕のホテルへ来ましてね、「もう駄目ですから。三國さん、次点になりましたので、われわれは経費もかさみますから解散します」って、全員解散しちゃって、通訳なしなんですよね。それまでの通訳さんが、東映さんのほう（もう一本の日本映画「女街」）に行っちゃったんです（笑）。通訳料がかなり高いですからね。だから遊んでいられないですよね。ホテル代も払わなきゃならないし。仕事のあるほうに行くのは当然のことなんです。

野間 困りますね。

三國 ですから、女優の大楠さんの知り合いの方がフランスにいて、ちょうど遊びに来てたので、それで彼女がいろいろ面倒をみてくれたので助かったんですが。

―― それだけ難しい作品が多かった。

三國 僕はわからなかったんですが、川喜多さんが帰りがけにいったのは、ノーマン・メイラーさん（審査委員の一人）が非常にあなたを推しておりました、ということなんですね。ただ、ほかの新聞をみますと、ノーマン・メイラーではなくて、イタリアかどこかの作家だというふうないい方してましたけど。つぶさなことはよくわかりません。

野間 しかし、川喜多さんがおっしゃるのならかなり……。

三國 だと思いますがね。そっと僕にいってくれたんです、受賞パーティの時に。誰もいなくなって、川喜多さんだけが面倒をみてくださって。助かりました。

野間 いい方ですね。

三國 ええ、いい方です。私はよく知らなかったんですけど。でも、みんな華やかで、パーティはドンチャンやりましてね。

―― 何人ぐらいのパーティですか？

三國夫人 毎晩いろんなところへお呼ばれです。今日はフランスのどこそこ主催だから、あっちもこっちもと回るんですけど、それはそれは、すごいのね。

―― それは一種の接待ですか？

三國 接待ですね。

野間 それは評判作は何だと新聞に書かそうと思ってでしょうね。

三國 だから大変でしたね。実に華やかでした。ですからおそらく億に近いお金を皆さん、お使いになるんじゃないですかね。

―― それだけカンヌの賞を取るということは大変だということなんでしょうね。

野間 それだけ使っても取り返せるということでしょう。

三國夫人 海岸通りにホテルがずらっと並んでるんですけど、アメリカの映画会社はホテルを借り切っちゃってるんです。ジェームス・ボンドの一〇メートルもありそうな看板を立てたりして。すごいです。

三國 なにしろ派手です。賞は賞、商売は商売と分けて考えているんです。

―― 売込みでもある。

三國 そうです。それで記者を集めてパーティをやって新聞なんかに載せるということで、損にはならないんでしょうね。

昔、サンパウロであった国際映画祭で賞をもらったときも、僕は行かないからって、外務省に送ってもらったんで、そういうところは全く知らなかったんですけれども。でも僕は生まれて初めてああいう席に出て、ほんとにすごいとこだなと思いましたね。日本の国会で、売上税の問題があったとき、僕らの仲間が参考意見を言いに行った時に、「あなたたちの映像なんて文化のうちに入らない。日本の文化はお能だけだ」ということをいわれてすごすご帰ってきたっていうんです。それを僕も伝え聞いたものですから、フランス人にいったらば、大笑いしてましたね。大笑いというか、びっくりしてましたよ。「なぜ映像が文化ではないんだ」と。

野間 テレビで一日中、繰り返し繰り返し放送されて、みな見るんですね。

三國 授賞式が終わって、車がないんですね。ホテルまで歩かなきゃいかんもんで、五、六人でみんなして歩いていたら、散歩してる人たちが、みんな「おめでとう」って。ほんとに小さい子供がわざわざ花吹雪をつくってきて、僕にバァーってかけるんですよ。あれにはやっぱり感動しましたね。最初は、ホテルの中が日本人に対しては嫌な顔をしてましたね。

野間 いまはちょっと……。

三國 日本人はここに来て、これまで札ビラ切ってるというようなことじゃないかなと思うんですがね。でも、賞をもらったら全然態度が違いました。ホテルで残念会の席をつくってたんですよ、その晩に（笑）。何ももらえないだろうから、せめて残念会の席だけでもホテルにつくろうというわけで。それまでまったく知らん顔をしてたホテルのボーイさんたちが、「おめでとう」っていってシャンペンを抜いてくれたりして、まるで超えてしまうんですね、そういう意味では。

——国民的行事、国民あげてという感じですね。

野間　受賞者を尊敬しなきゃいかん気持があるんですね。うれしいこともあるでしょう、自分のところに泊ってくれているのが。

三國　僕の場合は十八日の晩に着いて、十九日の日にもらって帰ったもんだから、嫌な思いをした人もいるんじゃないですかね（笑）。皆さん、二週間待ってるわけですからね。

——前評判はイタリアの作品が粒揃いでいい、とか出てましたけれども。

三國夫人　マストロヤンニさんのが……。

野間　新聞に少し出てましたね。

三國　いろいろありましたね、ソビエトの「サンゲイ」がグランプリだろうとか。

三國夫人　ＮＨＫではソビエトの映画っていってたんですね。

——ソビエトもそうだけど、特にイタリアがいいと。イタリアは何か取りましたか。

三國夫人　マストロヤンニが主演男優賞。それからフェリーニ監督が四〇周年特別賞。

三國　いろいろありました。僕は二十四日に突然正式招待されましたが、それは日本の記者の説によりますと、フェリーニの写真が間に合わないので、上映の穴が空いたからキミの写真が入ったんだ、みたいなことをいってましたけど、ちゃんと間に合って、上映してましたから、そうじゃないみたいですね（笑）。

審査の過程

——日本から二本、カンヌへ出ましたよね。それはどういういきさつなんですか？

三國　それがわからないのですよ。最初、カンヌ映画祭アジア地区担当の審査員のティッシェ氏は、僕を監督週間に出すと言ってたのです。グランプリの対象外で、三つの部門がある。そのうちの監督週間に推薦してくれたわけです。推薦したけれども、彼には決定権がないわけです。フィルムも持っていったけれども、フィルムは未完成だったものですから、ビデオテープにして、そのままカンヌへ送ったのです。なんの音沙汰もなかったわけです。それで、ああ、これはあかんなあ、という気でした。それが二十四日に突然、事務局から「コンペとして参加してほしい」というテレックスが入ったのです。

――それは日本人が推薦するのではなくて、アジア地域の担当者の目に叶わなければ駄目なんですか。

三國　駄目なんですね。目には叶うけれども、彼には決定権はないわけです。それで第二次審査があるわけですね。

――それは本部で決める、と。

三國　その結果が、日本に二本出させようということになったんですね。

三國夫人　大楠道代さんがカンヌでちょっと間があったものですから、パリに行ってお買い物ついでにシャネルの店に入って、お店に顔見知りの方がいらっしゃったらしいのですね。「今回は何で来たの」というので、彼女が「ちょっとカンヌへ用があって、いまやってるでしょう、映画祭のコンペに出ているのよ」といったら、「ええッ!」と向こうの店員さんの目の色が変わっちゃったんですって。その人が何か叫んだら、みんなで「おめでとう、オー!」といって「すごい、コンペに出ている女優だぞ」というので、とたんに扱いが変わったそうです。いかにコンペに出ることが大変なことなのか、彼女は肌で感じ取ったらしくて、びっくりしたといってました。カンヌに来ただけですごいのに、コンペに出ているというので、とたんに変わったらしいですよ。その認識は日本には全然ないでしょう。

三國　だから、コンペに招待しました、という賞状もあるんです。

三國夫人　それだけでも大変なことらしいですね。それに出られるということだけですごいことなんですね。つまり二〇本に選ばれたわけですから。

三國　二〇本といいますけれど、そのうちの四本はフランスの自由参加です。だから一七本の中に選ばれたわけです、結果的には。

野間　審査員はどれだけ見るのですか？
三國　審査員は一週間の間に二十一本見るわけです。
野間　下の審査員はどのくらい見るのですか。百本ぐらいですか。
三國　どのくらい見るでしょうかね。相当の数ではないですかね。
三國夫人　審査員が出したいと思う作品は全部合わせて五〇〇本ぐらいあるのだそうです。ただそれも一年以内の作品で、未公開であることが原則です。だから日本で公開した後に出したいといっても駄目らしいのです。
三國　何本出ているのか、わけわからんのですよ。僕がティッシェさんと会って話しているときに、メモをたくさん持っていまして、作品の名前がいっぱい書いてありましたからね。少なくとも日本だけで二〇本ちかい作品を見ているのではないでしょうか。毎日何本も見て一週間ぐらい彼はいましたからね。先に香港映画を見て、それから日本に来たのでしょう。そういう意味でスペインとかアメリカとか、あちこちの担当が見ている分も、ずいぶん数が多かったのではないかと思いますがね。
ある程度厳選しませんと、飛行機代からホテル代から全部、向こう側が負担しなければならないから、やたら呼ぶわけにいかんのでしょう。予算があるから。
野間　今回の審査は特別に厳しかったでしょうね。
三國　そうかもしれません。そういう意味では選択には注意したでしょうね。
野間　権威にかけても、絶対いいものをという意識はあったでしょうね。
三國　「白い道」のことですが、フランス語のスーパーものを見て、よく意味がわからないから、英語のコピーをくれ、ということで参考に持って行きました。ということは二回、審査員も見てしまったということではないかと思います。
野間　それはもう権威と全世界に対する責任を感じたでしょうね。
三國　それは審査員の人の重責ですからね。いたずらにスポンサーがこっちにしてくれ、といっても、「はい、そうですか」とはいえないかもしれませんね。
野間　そんなことをすれば権威は一挙に落ちますか

らね。すぐわかっちゃいますもの。

三國　僕が賞を取ったとか、取らないを別にして、個人的にはすごくフェアだという感じがしましたですね。誰も情報はわからないわけですからね。審査員一〇人が一〇人とも、全部黙っていたわけでしょ、二週間の間。

野間　よく守ったですよね。

三國　さすがに、という気がしましたですね。日本の場合は始まる前に決まっちゃってますよ。

――　日本人はレコード大賞ぐらいのつもりかもしれませんからね（笑）。カンヌって、一体なんなのか、正確な情報を伝えておく必要がありますね。

フランス人の反応

――　親鸞という名前はフランスのほうでは知っていたんでしょうか？

三國　ほとんど知りません。ですから、「ある宗教者の生涯」という言い方をしておりました。

――　原タイトルは？

三國　原タイトルは日本の通りです。

――　ほとんど知られてないんですか。インテリでも知らない？

三國　いえ、ソルボンヌには『歎異抄』の研究会があるそうです。

野間　仏訳はされてますね、『歎異抄』は。

三國　どなたの訳したものか知りませんが、それをテキストにして四、五〇人の研究会はあるといってました。

野間　道元のほうが知られてますね。

三國　道元のほうがよく知られています。

野間　禅のほうがね。

三國　はい、紹介されております。だから僕も、しまったと思ったことが一つあったんですが、善信と呼ばしてましたね。あれをスペルにすると、「ZENSIN」ゼンシュウ、禅というふうに理解した人がいるらしいんですね、一般の観客の方に。

――　親鸞という名前は全然出てこないわけですからね。日本の観客でもそういう人がいるわけです。「親鸞はどこに出てきたんだ」って（笑）。

三國　大阪に用事があって行きましたら、出口で、

「三國さん、あなた親鸞の映画をつくったというので、見にきたんだけど、親鸞全然出てないじゃないの」。僕は「いやいや、あの善信と呼んでるのが親鸞なんですよ」といったら、「藤原家出身の貴族があんなボロを着てるはずがない」って。

それに、こういうことはどう解釈したらいいんですかね。たとえば東西本願寺の若手、中くらいまでの方は、映画を見て、自分自身の中で宗教者として反省した、感銘が深かったという人も何人かいるわけですが、何人かは「わからない」というい方をしている人がいるんです。でも、僕はわからないんじゃなくて、わかることのほうが恐ろしい、困るということではないかなというふうに感じたんですが。皆さん勉強していらっしゃるから、きっとわかっていらっしゃると思うんです。僕のような素人のつくったことですからね。

野間 ああいうふうに姿として前に現れてくると、えらいことになっちゃったという感じですね。

三國 徳山に行きまして、徳山の西院の「若僧会」の方が一八〇〇人くらい、公民館に集めてくださって、見ていただいたんです。その後に町の文化人と称する人たちが集まって話をしたわけですけど、あの映画をみてると、何かいまのお寺さんと違うじゃないか、と。

―― どういうところが違うんですか？

三國 ちゃんと戒名代を取るじゃないか。お金を取る。どうもそのへんが違うような気がする、みたいないい方をされましたけど。僕は、そういう会のたびに、東西本願寺さんの弁解をして歩いたんですね。そういう現実だけに目を向けないで、教団がそこにいるという現実は、三百年という封建時代にさかのぼった歴史の中でみつめていかないと、そういう深さをもって教団そのものの姿をみないと、ちょっと枝葉末節にこだわってしまうことになるのではないか。以前、僕は「未完の対局」という映画を撮りに中国へいって、廖承志さんという方といろいろ話をしていた時に、「映画っていうのは重箱の隅の米粒をほじくるような真似をしてはできませんね」といわれたんですけど、それと同じじゃないだろうか、というような話をしたんですがね。

―― 今度の上映運動ということで……。

三國 上映運動をやっていていちばん感じさせられた

ことは、三國が親鸞を映画にするということについては何も抵抗感はない、そこに松竹という興行者が入ることに抵抗感があるから協力できない、といういい方をしてる方がいたんですね。だけど、僕はそれはちょっと違うんじゃないかと思うんです。それは東西本願寺からお金を出してもらって、いうなりに撮るんでしたら、そういうことをいっても構わないと思う。けれども、少なくとも僕は全く無関心だった映画会社がお金を出して映画をつくった場合には、元金だけでも返してやるという、そういう責任は持つべきではないだろうか。借りっ放しというのはちょっと具合が悪いのではないか、というような話をしたのです。まあ納得しなかったと思いますが、そういうところへいくとすごく合理的なお考えをされるんですね。

——思い上がりですね、それは一種の。

三國 そうですか(笑)。

野間 しかし、そういうのは受賞ということになれば一切消えますでしょうね。心で思っていても。みんなやっぱりカンヌっていうのは大きいんで、受賞作は見ておかなきゃならんと考え出してるんですね、いま。

三國 「白い道」をカンヌで、二回上映したんですね。一回目は朝一番に、二五〇〇人の劇場で八割ぐらい入ったそうなんです、一般の人たちが。夜の正式の上映には二五〇〇人がいっぱいだったらしいんです。情報を聞きますと、わからないと思われた映画は、大体、半分以上の観客が帰っちゃうらしいんです。ところがこの映画は帰ったのは一五、六人だったというふうに聞いたもんですから。そうだとすれば、よかったのではないかなと思っていますけど。

野間 二五〇〇人も通常は来ませんよね。

——それから二回見る人が多かったという……。

三國 それはあったんじゃないかと思います。それはフランス語の訳が悪いというふうにいわれまして、英語訳のものを急きょ取り寄せてくれという要求を受けたといいますから、とすれば二回見たということになると思いますね。

——日本でも「白い道」は二回見る人が多いですね。

三國 自分のつくった作品でこんなことをいうのも何ですが、二回、三回見ると、一回一回全部受け止め方が違ってくる映画だと思うんです。

―― 何回見ても発見があるんですね。そういう映画は僕はいままで経験したことがないんですがね。

野間 そうですね。作者もまた二回、三回見て、こんなとこあったのかな（笑）、と思って。それがほんとうの映画でしょうね。

三國 でも今度は、ほんとに松竹さんががまんをしていたんじゃないかと思います。三〇本プリントして東京で試写会をやりましたね。あれを見て、もう一度直したいって、六カ所ほど直したんです。いままで三〇本プリントしてるわけですから、少なくとも一本について何十万という金がいるわけです。その三〇本をロスにしてしまったという経済的な負担のことを、あえて僕にはいわずにやってくれたことはうれしく思っています。

野間 また次の監督映画をお考えですか？

三國 僕はやりたいものが一本あるんですけど、それをいうとみんなが笑うんで、なるべくいわないようにしているんですが、「隠れ念仏」をやりたいんです。

―― それは特に原作とか、そういうものがあるわけじゃないんでしょう？

三國 ないんです。百年ぐらい前の話ですから、資料はまだたくさん残っていますし、古老から伝え聞いたものがあるわけですから、ハンティングに行って、資料を集めれば、下敷になるものは結構あると思うんですが。今度は書くなんて無謀なことはしないで、誰かに書いていただいたものをやっていきたいと思って……。

野間 そうですね。書くことに疲れてしまって。

三國 現場の演出をするのに前の晩に本を直すので、ひっくり返ってますからね。どうにもならない部分もあったので、今度は気持の上で演出という余裕をもって映画をつくってみたいと思っているんです。

―― こういう例はちょっとないんじゃないですか、原作からおやりになるというのは。世界中にもちょっと例がないんじゃないでしょうか。

野間 それで一作目でカンヌで受賞っていうのはね。

三國 それだけは、僕自身も意外だと思ってました。大体五、六本つくって初めて審査の対象になってるというものらしいですけれど。初めてつくらせていただいて、初めて出して、何もかも初めてづくしということで……。

野間 やっぱり相当強く打つものがあったに違いないですね。

―― 原作からやられたというのは、普通のとちょっと違うと思いますね。

三國 原作からやっていったための弊害もあると思うんです。ただ、カンヌで聞いたのは、普通はだいたい観客におもねった映画をつくるというんですね。でもまったくその片鱗もないというのは初めてだと(笑)。

野間 びっくりしたでしょうね。

三國 自分だけわかってればいいと(笑)。

―― しかし二五〇〇人入って、一六人だけ帰ったというのはすごいですね。フランスと日本の違いなんですかねえ。

三國夫人 椅子が立つとパタン、パタンて、すごい音がするんです。

三國 立ちますとはね返るんです。その音で数が数えられるんです。大楠さんが見にいきましてね、映画をみないで数えて、「三國さん、一六人だったわよ」って。

三國 広い椅子で、たっぷりしてるんです。

―― じゃあ、相当大きい音がしますね。

三國 いやぁ、あの人たちの自己主張っていうのはすごいなと思いました。日本人は、まあ、しかたがない、てなことで長いものには巻かれよみたいに、義理で拍手もするでしょう。絶対にやりませんね、彼らは。僕の後ろにいたイタリアの女優さんなんか、文句はいうし、涙は流して、なんで自分たちのつくった映画は取れないんだ、ということでしょうね。一旦席を立って出ていっちゃったので、もう帰ってこないのかなと思ったら、また帰ってきてね。そしてまたピーピーいってるんですよ。

―― そのへんやっぱり違いますね。全然違うんですね、それは。

三國 大体、日本のなんとか賞なんていうと、不満に思っていてもみんな納得したような顔をして拍手しますからね。

―― 激しいですね。

三國 僕はカンヌの会場前のデモをみて感心しまし

た。いってみれば、こちらは迷惑になるわけですけれど、車で入口まで行っても降りられないんですよ。一緒に行った方なんて、デモ隊にひっくり返されるんじゃないかと思って、ドアのロックを全部おさえたりしていたんです。ああいう時の混沌とした美しさみたいなものを、僕は感じましたね。日本にはできないことだと思って。また警官も広場に入れるんですね。ただ、ちょっとでも乱暴するともっていきますけどね。発煙筒を焚いたりなんかすると連れていきますけど。何年か前はゴダールさんが発表の席でそれをやったそうですね、発煙筒を。

―― ほんとに国民性の違いといいますか、日本は長いものに巻かれろで、自分の意見を持ってない人が多いですけれど。進歩的というのか、文化人というのか、そういう人たちがわからん、わからんていうんですから。わからなかったら、何回でも見ればいいんですがね。

三國 皆さん、映画は筋だと思ってますからね。困っちゃうんですね。

―― 娯楽ということで、映画というのは楽しくなきゃいかんみたいな。

三國 僕は頭が弱いからよくわからないんですけど、女へんに呉と書いて娯楽の娯ですが、あの語源は人間とかかわりのある意味でしょうか。僕は誤りのほうに近いんじゃないかと思って……(笑)。

僕は戦争から帰ってきまして、山陰の劇場で、女へんを間違えて、言《ごん》べんにして「映画は誤楽、明るくたのしく」と書いてあったんですね(笑)。それをふっと思い出しましてね。いまの人は言《ごん》べんの誤楽と考えていらっしゃるんじゃないかなと思って。

野間 たしかにみんなよい映画をつくろうということで、フィルムの中に収めよう、収めよう、どうして収めるかという、そればっかりを考えてるでしょう。

三國 そうらしいですね。僕が、他人がつくった映画を見てすばらしいなと思うのは、フレームからはみ出してるんですよ、みんな。収拾はつかなくても、とにかく押して押して自己主張をその中につっこんでるんですよ。あのへんがすごい。

野間 「白い道」はそうでしたね。収まりきれないで、それがまたほんとの意味の新しさになっていたんですけどね。
三國　あちこち回って歩きながらしゃべることは、「きっとこの映画はおわかりにならないという部分があるでしょう。なぜわからないかは、あなた方がテレビばかり見てるからです。お便所に行って帰ってきても、もう一遍繰り返しやっているようなもので、テレビというのは、映画でしたら普通二、三分のものを大体一時間に延ばしてるものなんです。それはわかりやすいでしょうけれども、映画はそういうものじゃないから、ぜひ二回、二回見てもわからなかったら三回見てください」というお願いなんです。

——三國さん、映画はそういうものじゃないなんていうことはないんですよ。まさにいまの映画はそういうものなんですよ。テレビと同じようなものになっているんです。だから多くの日本人はほんとにわかりやすい、口あたりのいい、そういう映画ばっかり望んでるんです。

三國　向こうの、審査員ではないんですが、「理論としてはわからない部分、難しい部分もずいぶんある」と。「でも映像でそれがみんなはね返ってくるから、それでいいのではないか」といういい方をした記者の方もいました。つまり往生とか浄土観というのはわからないというんですね。

フランス文明の中の映像化

三國　僕は初めてフランスへ行ったんですが、びっくりしたのは、文明というものは自分たちがあくまで個を主体にして自分たちが利用するものであって、文明に引きずられるのではないんだ、というしっかりした主張をもっているような気がしたことです。パリの町並なんかを見ても。ボーヴォワールとサルトルが密会したというサンジェルマンのマーゴというカフェを見物に行こうと思いまして、二人で行ったんですよ。車道ギリギリまでテーブルを出して、そこで皆コーヒーを飲んだりしてしゃべってまして、どこか座るとこないかと思って中に入っていったら誰もいないんですね。全員、表にいるんです。そんなところは埃でどうにもならんだろうと思ってたんですけど、フランス人は朝起きると車道まで全部石鹸で洗うんですね。だからクルマが通っても埃を巻きあげない。

野間　水でバーと流してね。
三國　カンヌもきれいでしたね。
三國夫人　京都の石庭みたいにきれいにしるしを描くんですね。そこは歩いちゃいけないんじゃないかなっていうぐらいきれいなんです。
三國　もちろん表通りのところは石鹼できれいに洗って……。
——クルマのタイヤもきれいなんですか。
三國夫人　それがクルマはドロドロ。
——どこで汚れるんでしょう。
三國　いや、買ってから洗ったことないんじゃないでしょうか。
三國夫人　ぶつけてもぶつけっ放しとか、そういうのはあまり気にしないみたいね。
三國　日本人がクルマをぶつけられたりなんかしたら大変でしょう。あんまり気にしないんですね。あんまりって、ほとんど気にしないね。
——ああ、そんなにいいクルマに乗ってないということだ。
三國　いや、いいクルマには乗ってるんですけども、下駄みたいなものです。それでガレージがないんです。全部道端にほっぽらかし。
——タクシーの中もあまりきれいじゃない？
三國　汚くて乗れないぐらい。ベコンベコンなんです。
——動けばいいという……。
三國　動けばいい、そういうもんだっていうですね、文明というのは。
三國夫人　犬をつながないで皆さん歩いて、かわいがりますよ。つないでる犬っていないんです。
三國　ホテルの食堂なんかでも犬がみんな入ってて。
三國夫人　ちゃんとおりこうで待ってるんです。
三國　とがめようものなら大変です。なんか生活の意識が違いますね。
野間　そうですね、非常によくやってる人と、そうでありながら政府は武器をつくって売ってる……。
三國　そういうところもあるんですね。
野間　それをしなければ、費用が入ってこない。
三國　そういうことで農業国である国の体質を支えてるんでしょうか。

野間　支えようとするんですね。
三國　完全自給できるそうですね、フランスは。
野間　そう、農業は。だけど、原子力発電の廃棄物をノルマンジーのところに埋めたり、そういうこともあるんですね。だけど、最近アンドレ・マルローの「現代文明と死」という考え方がだいぶ表立って出てきて……。
三國　そういう点ではフランス人のほうが目ざめがはやいんじゃないでしょうか。
野間　最近、不思議にヨーロッパでマルクスが非常に読まれ出してきた、と。特に第一巻の第一回講座というところがあるんですけどね。
三國　ベルギーなんかでは、完成した原子力発電所を全部解体してしまったなんていってましたけど。
野間　ベルギーとオーストリアですか。イタリーなんかもやめようという。
三國　日本では絶対そうならないでしょうね。
野間　やめませんね（笑）。あれをもってればミサイルをつくれますからね。どこまでいくのか。
――　核実験だけはやりますね、フランスは。ミッテランが指示してる、やれって。対ソだけじゃない、対アメリカのバランスだろうと思いますね。独立自尊の。
野間　つまりアメリカと日本だけが手を組んで、なんともうまいことをやってるみたいな考えがあるんですね。
――　フランスではいま日本論がかなりさかんで、日本語もブームにあると、向こうの雑誌とかで見る限りはそうなんですが、日本人に対してはどういう感じなんでしょう。さっきちょっといわれたのでは、カンヌで受賞する前と後では違ったといわれましたけど。率直にいって、かなり冷やかなものですか？
三國　そんなふうによくいわれてますね。フランスで日本語を聞いたことは一度もないですね。通訳は別ですよ。普通、中国なんかにいってもホテルには一人ぐらい日本語のわかる人がいますね。それが全然いないですね。
野間　フランスはフランスの文化がいちばん高いというずっと昔からの誇りがありますから。そのフランス文化を尊重してくれる人に対してはきちんとした対応をする国じゃないですかね。日本人が最もたくさんフランス文学を翻訳するということはよく知ってるんじゃないですか、昔から。

日本人の反応

三國 ところでカンヌ映画祭に、日本の作品も出てるのに、日本大使館からは、一人も来ないのですね。でもその後すぐ日本のフランス大使館からは招待いただきまして、僕なんか関係ないのに、わざわざ向こうの芸術大臣が入口でおめでとうっていってくれましたものね。映画拝見しましたっていってましたよ。

―― よくないですね、しかし。日本側は何を考えてるのかな。

野間 いや、見てもわからないでしょう（笑）。

―― 最低のルールですよ。

野間 ルールだけど、見たっていって質問されたりしたらえらいこっちゃと（笑）。

三國 半分お世辞にしましても、入口で芸術大臣が、「あなたの映画見ました。大変感動しました」なんていってくれるとうれしいですね。

野間 あるいは一晩招んで、いっしょに食事ぐらいすればいいけどね。

―― それもなかった。

野間 賞をとったんですから、日本の名前を上げたんだから。

三國 そうですね、お祝いくらいはしても。

野間 慰労のね。

―― 礼儀ですよ、それは。

野間 代議士が行ったら一挙にとんでくる（笑）。

三國 大使館の連中とはよく道で会うんですけど、知らん顔ですものね。パリの町を歩いていても。

―― フランス人にバカにされませんかね、見ず知らずのフランス人でも声をかけるというのに。しかしほんとに日本人は駄目なんですね。情けなくなりますね、そういう話には。

三國 国会で偉い先生が「映像は文化ではない」といわれた通りの感性でいるんじゃないでしょうかね、大使館の人たちも。僕はラストの宝来のつもりでいますからね。ウジが湧いてる。

野間 ノーマン・メイラーがずいぶん早く公害、環境問題を小説ではなく、エッセイで書いてるんですね。

三國　たとえば川喜多さんがおっしゃったようにノーマン・メイラーが推したとしたらどの部分かなという気がして、メイラーのそういう作品には接したことがなかったので、とても不思議に思ってたんですけれども。

野間　日本についての関心は非常に深いものがあったと思いますけれどね。日本の宗教についても。

三國　今日は持ってこなかったんですが、僕も偉そうなことをいいましてね。なんか挨拶しろなんていわれたもんだから、最初は訳してもらおうと思ったけど、通訳がうまくいかないので、もういいや、勝手にやろうと思ってしゃべっちゃったんですが。「いま日本人は地球の孤児のようになっていますけど、決してそれほど皆さんが考えるほど無知ではございません（笑）。本日こうやって集まった世界中の映画人を通して、映像を通して平和への戦列の中にわれわれも入れていただきたい」というようなことをいったんですが、それが『タイム』にちゃんと書いてありましたね。日本の監督はこういうことをいった、と。

野間　それでも、『タイム』がきちんと出すんですね。

——たいしたもんですね。

野間　日本の新聞はあんまり出さなかったね。

三國　内容なんて一つも出さなかったですね。

——日本のカンヌ映画祭の評には二次情報というのがかなり多かったのではないでしょうか。つまり直接取材じゃなくて、フランスやその他の雑誌を読んで。たとえば、カンヌ映画祭の評で三國さんのものがあまり書かれなかったのは、先ほど『ル・モンド』の話が出ましたが、『ヌーベル・オプセルヴァトゥール』とか、やはり出なかったんですね。おそらくいつも、そういうものをあさって書くわけですから……。

日本のマスコミというか、ジャーナリストの姿勢っていうのはそうですね。要するに直接取材はしないんです。

三國　そういえば、世界中の記者が、役者や演出家に質問してるテレビを見ても日本の記者は一人も見受けませんでしたが。

三國夫人　質問しなかったんじゃないですか。質問すると必ずテレビで映すんです。記者の顔と答える方の顔を。でも私が見てる間、顔は映りませんでした。
三國　日本の批評家もたくさん来てましたけど、絶対、僕らのところへは来ませんでしたね。
三國夫人　賞をとってから皆さん、いらっしゃいましたけど。
三國　僕がいちばんわからなかったのは、向こうでフランス語に訳したものが上映されたわけですね。そのフランス語の訳が下手だっていったんですね。その批評家はフランス語がわからないのに、どうしてと思って。
――それはどこかで聞いてきたんでしょう。いい加減なんですよ。そういういい加減な新聞に振り回されているんですね、僕らも。
野間　それはそうですね。
――誰も知らんからね。向こうから帰ってきたら向こうのことは全部知ってるように吹聴するわけでしょう。
三國夫人　今村昌平さんがお取りになれなかったでしょう。その時に、取れなくて残念だったと書くのはいいんですけど、いかに二〇本に選ばれることが大変なことかということを一言も書かずに、ただ賞のことを、これは取ったからいい、これは取らなかったからどうの、という書き方をなさるんです。実際に自分の目で取材なされば、これはいかに大変なことかということがすごくよくわかると思うんですね。賞はたまたまお取りにならなかったけれども、でも世界中から出た中で二〇本に選ばれたことは、やっぱり大変なことなんですね。本当に。
私たち関係者も、話には聞いていたけれど、こんなに大変なことだとは実際にわからなかったんです。というのは日本のマスコミの方がちゃんとした伝え方をしてなかったんじゃないかと思うのね。行ってみてはじめて、これはえらいことになったんだっていうことがわかったんですね。評論家の方も行ってらっしゃるんだったら、そういうところをちゃんと見てお書きになってほしいと思いますね。あそこはほんとに夢を与えてくれるところです。また行きたいっていうのもあるし、また、劇場のちょっと手前のほうに、正式に出品できなかった作品、選にもれた作品を上映するところがあるわけです。皆さん、そこにかけて上映するんですけど、こっちの劇場とこっちの劇場でやるということにはえらい差があるわけです。それで、来年こそあの階段を昇ってあそこで上映しようと心に決める監督さんが何人もいらっしゃるっていうのね。きっと、それぐらい夢を与えてくれるところなんでしょう。

野間　そういう事情はもう全然伝わってこない……。カンヌ映画祭っていうのはどういう構造になっているのですか。

三國夫人　ただお祭りみたいな、そんな感じで、商売の場所みたいな感じでとられてるけれど、とんでもないんだということがわかったので、帰国してからの記者会見でも三國とか大楠さんがずいぶんそのことをいったのですが、そこはみんなカットされちゃって、やっぱり伝わらないんですよね。そういうところがさびしいですね。

――どういうことなんでしょう、それは。なぜ事実を伝えないんだろう。

野間　映画の中に入ろうとしないで、外側から……。

――だけど、そういうことを現地に行った人がいったのを、なんでカットするんですか。やっぱり娯楽としか見てないからですかね。文化ではなくて娯楽と。

野間　そういうことは必要ないと思うんですね。それはおかしいんだけれどね。結果だけを報道すればいいという考えですね。

三國　正直いいまして、僕らカツドウ屋といいますか、映画をつくってきた人間ですから、審査段階が三段階に分けられるということは、ちょっと気にはなりますけれど。でも何百本というのを一〇人では見きれないということもあって、そういう分け方をしてしまったのかなあ、という気もしないでもないんです。ただ、『タイム』にも書いてあったと思いますけれども、半分ビジネスなんですね。見本市みたいなところもあるんです。そのへんがよくわからないんですけれども。だから別に日本の政治家みたいに、国威宣揚みたいなことで三五〇億フラン出してるわけじゃないと思うんですね。政治家自身も文化的な関心をもって、映画というものを考えているのではないかと思うんです。その証拠には、それから二、三日たって、今度はオペラ座で舞台の俳優さんの選考をやっておりましたからね。

それはフランスだけですけれど。関心という意味では違うんじゃないかという気がしました。

四〇周年を迎えたカンヌ映画祭

―― 話はちょっと戻るんですが、今回のカンヌというのは特別だったんじゃないですか。四〇回ということがありますね。それでフランス政府の意気込みも格別だったのではないかと。雑誌でも前もってかなりキャンペーンがありました。ですからそこでの受賞ということは、特別な意味があるように思えるんですね。フランス革命二〇〇年のキャンペーンがあって、これをどういうふうに受け止めるかっていうのはかなり大きな問題があると思うんですが、その一環としてさまざまなところにフランス政府は金を注ぎ込んでますね。カンヌなんかにもやはりそういった意味合いがあるのでは。毎年三五〇億ということはないと思うんですね。

三國 はい、今回は特別だったんです。それで僕はイヴ・モンタンさんという政治力のある俳優さんを審査委員長に据えたんではないかと思うんですがね。

―― 審査委員長も毎年変わるんですか?

三國 毎年変わるんです。

―― 審査委員の選考は?

三國 それがわからないんですね。少なくとも審査委員長が決まってから審査員を決めていくんじゃないか、というような感じもしないでもなかったですが。

―― 賞には副賞みたいなものはないわけですか?

三國 ありません。ただ、今回は招待という形で各国から呼びまして、その人たちの飛行機代からホテル代まで全部フランス政府、というかカンヌ映画祭の事務局が負担してるはずです。いまの芸術大臣という方は大使館で初めてお会いしたんですけども、まだ若い方なんですが、俳優さんじゃないでしょうか。実にきれいな話し方をしてましたから、たぶんそういう職業が土台にあるのかなと思ったんですが。弟さんは俳優さんなんですよ。

野間 いずれにしても、政治家や大臣がみんな小説を読んでるし、詩を読んでますよね、映画も見てる。そこが日本と違いますね。

三國 俳優さんでも違うんです。この前フランスの俳優さんといっしょに仕事をしたことがあるんです。

芝居をする前にちょっとリハーサルしようかと言ったら、その俳優さんがちょっと待ってくれって。五分ぐらいしたら、突然ボードレールかなにかの詩をバァーッと朗唱しはじめた。そして一〇分ぐらいやって、しばらく瞑目して、じゃあ本番いきましょうって。いやあ、われわれとは違うなと。僕なんか啄木の詩も知らないですからね。

―― 演劇というものの伝統でしょうかねえ。そもそも国立の演劇学校がありますね、あちらは。

三國 その人は最も進歩的な俳優さんだということでした、七〇ぐらいの俳優さんでしたけど。すごかったな、あの人は。

―― しかし、三國連太郎をしてそういわしめるんだから、やっぱり大変なものですね。

三國 それで、その五分ぐらいの芝居を、一シーン一カットで撮るというから、フランス語の台詞を丸暗記したわけですよ。記憶力の悪い僕が一カ月ぐらいかかって一生懸命覚えて。ヘリコプターで降りてきまして二人で話しながら城の中に入っていく芝居だったんです。あとで通訳に、この俳優さんに僕のフランス語わかったかどうか聞いてくれって頼んだら、「ひと言もわからなかった」といってる、と(笑)。参りましたよ。

野間 わからないもんですね、ああいうのは。何年かたってフランスに行ったら、全然わからない。二年に一回ぐらい、一年間ぐらい行ってないとだめだといわれてる。

―― 野間先生、いまフランスの俳優さんの話があったんですけど、ソビエトの俳優さんもそういう同質のものをもってるんじゃないでしょうか。

野間 そうですね。小学校の下からバレーをやって、それを通過しない限りは俳優になれないからね。

三國 大変なんだそうですね、中国で聞いたんですけど、中国に今度国立の演劇学校ができたので、全国からどのくらい集まるかと聞いたら、十万人に一人ですって。厳選されるんですね。

―― みんななりたいんですか、そんなに。

三國 なりたいらしいです。

―― やっぱりエリートでしょう。

野間 能の世阿弥の案出した、五歳の時何するかという、あれですね。結局、世阿弥の場合は、はじめは時宗ですけど、最後に禅宗に入る。禅宗の作法、からだをきちんとして、歩くのにも音を立てないで歩く。それを全部身につけているようにする。歌舞伎の俳優作法にも全部入ってるんです。歌舞伎も、何歳ぐらいからですか。

三國　三歳ぐらいからみんなやってますね。でも十万人に一人ということはないですよね。歌舞伎の場合は息子、孫で、道は決まってますけれどね。そして驚いたことは、向こうの俳優さんは、たいていはフランス語と英語で、日常会話ができるんですね。僕は実は「未完の対局」という映画をやった時に、台詞を北京官話でしゃべってくれっていうんですね、映画の中の時代の日本人は北京官話なんかできるわけはないし、僕は日本兵のしゃべっていた中国語でやりたいといって、いろいろもめました。いっしょにやってた俳優さんがきて、「三國さんは中国語、北京官話はだめなんですか」っていうから、僕は全然だめなんだっていったら、「フランス語はいかがですか」、いや、全然だめです。「英語はいかがですか」、英語もだめです。「何語がお出来になりますか」って。日本語だけですって（笑）。しかしみんな鍛錬してますね。それで、本人は社会人としての認識をもって生活しているんですね。

野間　絶対そうですね。最近は国際会議っていうのは母語でやろうというふうに変わってきた。だから非常に熟練してる通訳を育て上げて、そういうやり方をしていますから、ずいぶん変わってきましたね。

三國　やっぱり慣れない言葉だと、細かいニュアンスはなかなか出にくいでしょうね。

野間　出にくいのとね、英語でやると即興的なものが抜けますしね。

三國　即興っていえば、僕は昔、あまり公表できないことなんですけど、オーストラリア人のきれいな女性が好きになりまして、なんとか日本男児としてプロポーズしようと。しかし下品な言葉ではまずいと思って、少なくともきれいな英語でと思って、日常会話のポケット版字引を持っていって、食事しながら、下で見ながら一生懸命しゃべったんです。そのうちに好きだという感性がとんじゃいましてね（笑）。何しに行ったかと思って……。

野間　でも身振りや手話とかで、昔はみんなやってたんですよ。見てたらみんなやってるから僕もやってたんですけど、やっぱり結果はよくないんですね。母語でやろうということで、ずいぶん変わってきましたね。そのほうがやはり中身が濃いんですね。

いま、無性に芝居がしたい

三國　でも不思議なものですね。一本慣れない演出をやったんですけれど、時間的には約一年近くやっていたわけですが、いま、無性に芝居をしたいですね。

――役者さんを使って動かして、自分がやれば違うんだけど、という思いはないですか？　欲求不満のようになりませんか、演出者は。

三國　自分の思う通りにはならない、ということを頭から覚悟はしておりましたけれど。演出っていうのは一種の政治力が必要なんですね。七〇人なら七〇人の人間を引っ張るということ。いつもこっち向けてなきゃならない。それが苦痛なんですね。

野間　それはそうでしょうね。アンサンブル、響き合いをどうつくり出すかということで、難しいでしょうね。

三國　二階から照明をあててる人、これを、〝お二階さん〟といいますが、その人まで、全部こっちを向いてもらわなきゃ困るんですね。

――しかも、兵隊さんのように号令をかけて同じ行動をしてくれるっていうんじゃなくて、一人一人が個性的に自分の能力を十二分に出すような状態で、しかもまとめていかなきゃならないっていうのは、普通の組織みたいなものと違うんじゃないでしょうかね。

三國　ほとんどの監督さんたち、これは山本薩夫さん、吉田喜重さんも、――黒沢明さんとはやったことなくて、端で見てたことはありますけれども、――皆さん、狂気の如くなっていくんですね、現場で。僕はそれを批判的に見てましたけど、自分でやってみて、そうならざるを得ないだろうと思いましたね。みんな思う通りのところにいかないんですよ、カメラでもなんでも。それを思うところにもってくるために、ちょっとお茶飲みにいこうとか、ちょっとメシ食いにいこうとかいって、ある種のちょっとした空間をつくってあげるんですね。で、向こうが感情的にならない時に、

「やっぱりカメラここじゃないのかなあ」てなことで説得していかなきゃならない。それに時間がすごくかかるんです。

役者の場合は身体一つですから、できないのは自分ができないわけで、自分をいためればいいわけでしょう。演出してる時は人をいためることはできないんですよ。そんなこんなで、芝居がしたくて出演のスケジュールを一気呵成に、もう来年の夏まで全部決めちゃったんです。

―― やっぱり監督の気持がわかる俳優なんていうのは、滅多にいないものですか。パッと目を見たら、監督が何を要求してるかわかるという。

三國 とても不幸な状況が日本にはあるわけですよ。つまりそういうアンサンブルというようなことで、演出家の意図に沿っていくと芝居が下手にみられる場合があるんですね。「あいつ何もしないじゃないか」みたいな。何もしないで、ほかの人に芝居をさせる必要があるシークエンスというのがあるんです。ところがそれをやったら自分が下手にみられる。そうなると、今度は自分の出演料が減るのではないかとか（笑）、そういう恐れをもって生きてるんですね、日本のわれわれの世界っていうのは。だからどうしても自分を見せる芝居をしちゃう。そうすると演出家は気分が悪いですよね。自分で演出してみて、スタンドプレーをやる役者ぐらいつまらない役者はいないということがわかって、僕も反省しているのです。

―― しかし、僕はほんのわずかしか撮影のセットは見なかったですけれど、芝居をつくり上げていくっていうのはものすごい忍耐力のいる仕事なんだなあと思いましたね。僕にはとても耐えられないんじゃないかなと思って。

三國 その人の素材を壊さなきゃならない時もありますからね。

野間 しかし俳優のほうは、破壊をしなきゃならないという考えもありませんからね。そういうところを一回くぐって、型ができてるのはだめだって、そうはならないですね。特にいま日本はほんとに荒れ果てた国で、つくづくそう思いますね。

三國 俳優さんがこそっと見栄を張りますでしょう。見栄を張ることで自分のポストが守れるという錯覚に陥ってるんですね。ですから、自分はこれぐらいの俳優だという認識を世間に与えるためには無理して大理石の家をつくるんですよね。大殿堂をつくって、そこに生活してると世間の人から、あの人は偉大なる俳優だというふうにみられるという部分もあるんじゃないですかね。

野間 あるんですね。それで出演料も、あのくらいの家だとこれくらいだと、決まるらしいですね。

―― そうですか、それで立派な家をつくる。

三國 今度カンヌに行きまして驚いたことが一つあるんです。賞をもらいまして、翌日、パリまで行って、飛行機の順番待とうかって支度をしてたら、とび込みのコンピュータ・グラフィックのセールスマンが五人、きましてね。どういうわけだといったら、「三國さん、あなたの映画を見てると、まるで自分の生理でしか撮ってない。あれじゃあ映画はできない。このグラフィックはすべてインプットしてありますから、カットを指定すれば、カットがアップになります。アップになったらば、次は少し引きめにして三人フルショットに引きます。これだと予算がいくらオーバーするから、フルショットではなくて、バストぐらいにして、一人を後ろ姿にして、二人をこっち向きにして、詰めていくと予算にはまりますよ」と全部出るわけです。

野間 そういうのを作っているんですか？

三國 そういうのを作って、売込みにきたんです。だからほとんどの方が使ってるんじゃないでしょうか。だから外国の映画をみると大体サイズが決まってますね。ピチッピチッと。

―― 前にNHKでそれをやってるとおっしゃったことがありましたね。

三國 いや、あれはキャスティング。この役には誰がいいかといってインプットすると、誰それさんがいいと（笑）。どのくらいの出演料で、視聴率もややいいとこにいくだろうというところで、名前が出てくるわけですね。

野間 実際、コンピュータってやつは。

―― 信じられないようなことが行なわれてるわけですね。

三國夫人 NHKに好まれる、好感度ナンバーワンとか、よく出てますでしょう。

―― 大体、三國連太郎なんていうのは収まらないんじゃないですか。

三國夫人 駄目です、インプットされてません、はじめから（笑）。

二　「親鸞・白い道」制作現場から

三國連太郎夫妻
野間　宏

映画館の現状

――「親鸞・白い道」を見て、まず最初にうかがっておきたいのは、音の問題なのです。私の友人が何人もこの映画を見たのですが、人によってはよくせりふが聞こえないといってました。私はラッシュで一回、その後一回、見ているのですが、いずれも非常にはっきりした音なので、どういう関係でそういう音が出たのでしょうか?

三國　あれは非常に具体的なことでして、松竹の劇場が音に対して無関心なんです。劇場によってはよく聞き取れる。そもそも劇場の音というものは、いつも定位置にボリュームを決めておくのではなくて、客の頭数によって映写技師さんがボリュームを絶えず操作すべきものなんです。ところがいまはオートになっておりまして、スイッチを入れたら、あとはタバコを吸って知らん顔で客席も見ないというのが実情なんですね。これはたいへん悲劇的な状況ではないかと思うのです、映画にとっては。僕らがダビングルームで音を入れた段階では「千人までは大丈夫だ」ということで、録音・ミキシングしているのに、全く駄目な劇場もあるんですね。ある大きな劇場なんかも、あと二千万円ほどかければ音響効果がきちんとできるのに、採算が合わないということで放置したまま、映画をかけている。商売以前の問題として興行会社が猛反省しなきゃならん部分だと思うのです。

――とくに耳にしましたのは、私の周りではとにかく、まず何よりも音の不満ですね。

三國　善信役の森山潤久さんが口に合わしてしゃべれないということもありますね。何十本も撮りまして、感情移入ができて、「ああ、いいな」と思って、「じゃ、これを使おう」という場合に、口が合っていないということがありました。どちらを取るべきか悩んで、私は感情移入ができているほうを取って、「もう口に合ってなくてもいい」という判断を下しました。それを除けば、音の効果が悪いのは劇場のせいなんですね。

――技術的なことを聞きたいのですが。セピアをかける以前のものと後のラッシュと両方見たのですが、あれはセピアをかけないほうがいいんじゃないか、という人がいたのです。

三國　あれはセピアではないんです。僕は僕自身の自然観で「三原色」というのがどうしても納得できないのです。あんな色は僕らが自分の目で見えるこの自然界にはない。なんとかわれわれが自分の目で見た色が出ないかということで、現像所でいろいろ相談をしました。フィルムの銀を全部洗い落とせば、「総天然色」という形で鮮やかに出てしまうので、銀の部分を洗わない「銀残し」という方法で意識的にああいう色を出したのです。それが光源の弱い劇場に行くと、セピア色になってしまう。「光源をここでは、二キロ半でやってくれ」と指示してその通りやってくれれば、たとえば水面が映ったときには銀が残ってますから、反射しまして波のように鮮やかに光を反射するはずなのに。だからこれもやはり劇場の状況ということになるわけですね。セピアという技術的なことは使わずに、ただ現像所で一つだけ段階を残したということです。

―― そうしますと、もちろんカンヌでは最高の劇場で最高の状態で?

三國　カンヌでは「こんな鮮やかな色を見たことがない」と、色については絶賛してくれていました。まあ、技術的な面というのでしょうか。

撮影現場の人的関わり

―― この映画をつくられる中でいちばん苦労したな、というのはどういう点でしょうか?

三國　いかにして七〇人のスタッフと一九六人の俳優さん、計三百人ぐらいの人たちに六カ月間、いつもこちらを向いていてもらおうか、という現場の人的な関わりでしょうかね。

―― 具体的な場面でいうと?

三國　あさ(恵信尼)が子供を連れた善信と別れる場面がありましたね。三人で小舟に乗ってカメラに正面から向かってくるのですけれど、琵琶湖の流れというのは「棹差《さおさし》三年」とかいいまして、棹で真っすぐ船を近づけるのは至難の業なんですね。あの画でも、後半のところで約三〇センチぐらい外れていましたけれど、あれを真っすぐカメラに向かって来させるのは苦労しました。三日間同じ場面ばかりやったのです。どういうふうにやったかといいますと、助監督さん二人が両サイドにもぐっておりまして、テグスでずーっと引いているわけです。幸い最近のテグスは丈夫になりましたものですから、切れる心配はないのですけれども、ただ毎日、冬の琵琶湖にもぐっている助監督さんの苦労は大変だったと思います。

——それはほんの一例でかなりの苦労がいろんな場面であったのでしょうね。

三國　たとえばフランキー堺さんだとか、小松方正さんだとか、いろんな人がセットで芝居をするときには、それほどきついことはなかったのですが、現場でやっているときは、一日一カットが撮れないときもあったですからね。そういう寒さの中でスタッフに辛抱してもらうためにはスタッフの人たちに燃えてもらう以外にないわけですね。これは単なる政治力では絶対に動かない、みなさんは燃えてくれない。そのへんがぼくは初めてなものですから、ほかの監督さんのようにスムーズにいかなかったかもしれません。

——まさに大自然との葛藤ですね。またそれがこの映画の風景というか、色の鮮やかさとか、そういうところもある程度、映画の基調を決めていますね。

三國　これは結果的には、みなさんが燃えてくださったからできたのではないかと僕はお世辞抜きに思っておりますけれど、やっぱり現場がだらけていたら、とても画は撮れない。思うような画は撮れないと思うのです。

——燃えさせるものが何かあったのですね。親鸞という素材というか、テーマというか。

三國　いや、七〇人のスタッフで親鸞を知ってる人は一人もいなかったですからね。ただ録音技師だけが西本願寺の門徒だから親鸞さんという方は知っていたわけです。あとは誰も知りません。

——私が行ったときにエキストラの人たちが、親鸞を拝むところがあった。それを録音の人が何回も何回も録音している。「南無妙法蓮華経」が入っていた。ダメだって（笑）。あのエキストラの人たちが長い時間、裸足で待っているというのも、なかなかたいへんですね、小さな子供もいますし。

野間　親鸞を知らなくても、やり出してから、どういうものを生み出すかということがわかってきたのではないですかね。

三國　ああ、それに対する興味みたいなものは、日がたつにつれて全スタッフや俳優さんの中から出てきたと僕は感じました。「あれっ、これはいままで撮った映画と違うな」ということでしょうかね。

野間　初めは戸惑って、戸惑って、それが逆によかったのではないかと思います。戸惑ってわけがわからんという中に置かれてしまった。そしてだんだん一生懸命、創り出すということですね。見るほうも逆に僧侶としての親鸞をよく読んでいる人はまた困るのですね。わかってる人はね。

わかる映像で

三國　私が北陸で感じましたが、やはり「御伝書」というものがあって、七百年の間、延々として寺の坊さんから「親鸞というものは、こういうものなんだ」というふうに叩き込まれておりますね。それが全然違った形で出てきたことに戸惑った。と同時に「これはわかってはいけないんだ」という意識構造みたいなものがあったのではないかと思いますね。そんな気がしました。あちこちの試写会を回って歩いて。

野間　それでもあれを見た人はなんとかして、わかろうとする。各地でね。

三國　僕は「あれは違うんだ」とか、「あれなんだ」とかいう議論がいっぱい湧いてくれれば、僕がつくった現場での意味合いが達成できたような気がするんですがね。

野間　そうですね、そして二回見た人は「二回見た」と吹聴しましてね（笑）。ああ、やっとるな、と思って聞いていました。

三國　こういう意見がありましたね。わからないから二回見たら、一回目に見たときと違ったような気がしたというのです。「これはもう一ぺん、見よう」と思ったら、二時間二十分座った、三回目はまたまるで違った印象で映画館に二時間二十分座った、という。そういう意見が多かったのは、とてもぼくは嬉しかったですね。

——ある意味でそれは一般的な声ですね。

三國　一回だけでは、ちょっとつらいような気がするのですけれど。

野間　たいしたものですねえ。

三國　「これは非常に卑俗な表現で、安直な表現をしてしまった」とただもう後悔しているところが、いちばんわからないといわれました。あさと親鸞が性行為をする。そして「あ、やってしまった」ということの空しさ、空虚感みたいなものがあって、おしっこに行く子供にそれを見られます。その後一人になって親鸞は火を焚きながら炎を通して六角堂のちよとのくだりを見ます。仲間の僧・竜安が、男と女とはこういうもんだ、というくだりですね。親鸞の苦悩は、自分が女性に対して暴力的行為という意識をもって快楽を追求しないと満足感を得られない。それを自分自身の問題として、「俺とお前は男と女なのだけれども、一体なんだろうか？　お前にとっておれは何なんだ？」という苦悩の場面では、僕はとても反省した部分があるのです。わかりやすく撮りすぎたと思って。

　ところがあれがわからないという人がいるんですね。竜安とちよとは、できていたのか、できていなかったのか、とか（笑）。まったくそういうこととは無関係にあの場面はつくっているわけです。つまり「あなたはわたしを見殺しにするのですか」というちよの、緑魔子さんの叫びと、性行為をしてしまった後の、自分の妻であるあさの顔が重なってくる、愛欲の広海ということでしょうかね。自分の中の苦悩の表現、そこから女性に対する親鸞の認識が改めて大きくふくらんでいくのではないかと思って、あの場面をつくったのですけれど。男女の関係のことを言われると困っちゃうですねえ。ラストの例の七条袈裟《けさ》がとんで行ったら、ある新聞記者は「あのとき、突然台風が起こったのか？」というい方をされましたが、これではもう話にならなくなっちゃうんですねえ。まあ、そういう撮り方をした僕が悪かったということになれば、それまでのことなんですが。

　文学者は文字を通して自分の思想を伝達するわけですけれど、映像の場合は映像そのものが言語なんですね。せりふが言語ではないんです。そう僕は信じているものですから、ああいうふうな撮り方をしたわけですね。また、非人たちが穴を掘って宝来の死骸を放り込んで中をのぞいたら死骸があるべきなのに、親鸞が砂漠で真っ黒い砂の上を歩いている場面になります。あそこで足跡が消えていくのは、われわれ自身が親鸞の足跡を消している元凶ではないかという一つの僕のイメージを出してやったのですけれど、もっとリアルに考えてしまう人もいるのですね。
ただ宝来を複数（四人）で演じているわけですが、あれはまあ、若干自分よがりなところがあると思いますけれどね。なぜ複数にしたかということだけわかってもらえればいいんだ、という気がしていたのです。わかってもらえるということ自体がすでに、映像としては若干邪道ではないかと思うのです。
野間　あそこは非常にいいですね。
――　あれは外国の人にもわかったのではないでしょうか。
三國　わかりました。カメラが犬を撮って、ずーっとパンしてきますね。それで風が吹いて宝来の死体の顔の頭巾が飛んで、犬という入れ墨が出たとたんにぼくはカットを切ってフールに引いてますけど、「なぜあそこを三〇秒でも四〇秒でも延ばさなかったか」というい方を外国の人にされました。短かすぎる、と。もういいからカット代わってくれ、というまであの犬を映したほうがいい、と。
野間　そうですね。しかしあれはつねに隠していたものですね。それがぱっと出てくる。

日本の支配構造を見るための「白い道」

三國　解放同盟の方はどう受け止めてくださったか、僕は一ぺん、解放同盟の指導者の方に聞いてみたいと思っています。
松竹の重役が試写を初めて見ましてね、「三國さん、あなた、解放同盟の宣伝映画をつくったのですか」と言われたですね。そういうふうに感じる人もいたんですね。解放同盟の宣伝映画というのはいいすぎで、まあ、解放同盟の人たちは喜んでこの映画を見てくれるんじゃないかということなのかもしれません。
野間　戦争にしろ、環境問題にしろ、差別の問題と非常に関係が深いわけですからね。
三國　差別の多重構造を、日本の為政者は巧みに積み重ねまして、随時パズルのように組み替えることによって、国の利益のために全部犠牲にしているんですね。それが日本の差別の実態ではないかという気がしてならないのですけれど。
野間　そうですね。僕のところなんかもね、ときどき電話がかかってきまして、「お前は何をしとるか」

とね。決まり文句だけれど。無署名できたりします。結局、部落の学校のほうが立派だとか、文化会館とか、ほかよりも金を使っているとか、そういう発想の人も多いんですね。

電話口で僕はインドの例を出して、ネルーはどんなことをやっていたかと話します。アウトカーストの国会議員を何名か出す。各省の長官にはなれないが、必ず次官で一人入れる。留学生も必ず出す。各大学は必ず一〇パーセントはアウトカーストを入れるのですね。その例を出すと相手は黙ってしまうのですよ。いまもそれが続いているのですね。

三國　ああ、そうですか。

野間　それはインドへ行きましたときにね、ミルクが入った安い紅茶を出す店がありましたが、そこへ入っていると、小さい店ですけれど、大学生で満員なんですよね。こっちは二、三人で、よく聞いてみたらやっぱり一〇パーセントではまだつらいというのですね。アウトカーストは必ず一〇パーセントが入れるわけですが、それでも競争率がきびしいのですね。相手がアウトカーストでも「結婚しますか」と聞くと「する」という。それは本心ではないと、後でわかりましたが。

三國　日本の政治を非常に集約的に表現すると、一体どういう原理に基づいてやっているんでしょうかね？　支配原理というのでしょうか。きっとあるような気がするのですけれど。

株式会社と同じように意識的には構造支配が行われているのではないでしょうか。文部省だとか、運輸省の偉い人が発言するのを聞いていると、構造的な支配原理に基づいて政治を行なっているという印象を受けてしようがないんですけれど。

野間　そうですね。ただその構造そのものが、こういう構造だというふうには説明しがたいが、軍事支配と管理支配の結合であることは確かですね。

三國　その構造の内容を見せないことが鍵でしょうけれど、しかしこれからわれわれ日本人は、それを見る知恵を養わなければいけない。その知恵のためにぼくは「白い道」をつくったつもりなのです。

野間　黒人に対する差別がありますよね。あれはきちんと見えるというんですね。では部落の人は見えないのか。見えているではないか、と僕はいうのですよ。見えないわけはないですよ。

三國　僕はこの前、上杉さんと九州でお会いしたのですけれど、そのとき、この支配原理みたいなものを見ること、ただ単に被差別部落というふうな問題にとどめないという呼びかけが大事ではないか。今日の看板のような「市民に連帯する」ということを十分に重く見て、市民といっしょに見る目をつくっていく、そういう運動の展開が大事ではないかと思う、という話をしたのですがね。しかし、「市民と連帯する」という大きなテーマも何かやはり、「われわれだけはその構造が見えているんだ」という一種のセクト性が感じられる、といったら怒られるでしょうか？

野間　そんなことない。怒られることないでしょう。

三國　そういう意識があると絶対に呼びかけにはならないと思うのですが。日本の差別は構造支配の中に全部、含まれているような気がします。だからいつでも組替えができるのですね。最近「新人類」などという言葉がありますが、僕は不用意に使いすぎると思います。新人類という差別語ではないか。でも平然として新人類と自分の息子のことをいっているわけですね。このへんに問題があるんじゃないか。その問題点について考えるために、忙しいかもしれないけれど自分の足元を見るという無駄な時間をつくろうというのが、この映画の趣旨なんです。そのつもりなんです。立ち止まると後ろから押されますからね、ひっ転んで踏みつけられて先に行かれちゃうのはまずいから、一生懸命、無我夢中に駆けるんでしょうけど、やっぱり立ち止まって見るという無駄は、やっぱり大事なことではないかと、ぼくはつくづく感じるんですがね。そのことに無関心すぎるような気がして。

——一つの差別は必ず次の差別を生むという、差別の多重層というものではないかという感じがするのですがね。いま新しい差別が、いろいろな形でつくり出されてきていますね。

三國　インドのカースト制度の中にあるアンタッチャブルという差別と中国における道教的な差別、つまり平等を受け付けない意識と、日本の差別とはどうもみんな違うという気がするのですよ。日本の差別は政治のテクニックではないか。流動的に差別をするというテクニックが日本の政治の身上になってるのではないか。

野間　ただ、あまりにも被差別の中にある、芸術的創造力とでもいうべきものが見逃がされてきましたね。つまり歌舞伎の人たちだけが駆けあがったけれど、歌舞伎だけではなくて、そういう芸術的創造力は部落の中に現在もある。実際にずーっと平家物語を受け継いでいったのは、琵琶法師ですからね。貧乏で差別されているだけではなくて、もっと誇り高い心に生きて行く必要がある。

三國　水平社宣言にある通りなのですよ。つまり自分たちが「えた」と呼ばれることに対する無上の誇りを持てということですね。あの意識をぼくはもう一回復活することだと思うのですけれど。

野間　宣言のほうもそうですけれど、綱領のほうにもあります。いちばん最初の綱領が大変いいですね。人類最高の完成を期す、というのです。それをだんだん変えていくのですけれど、最初のがいちばんいいと思いました。

三國　そういう意味で僕は、部落解放運動というものは市民の呼びかけも大事でしょうけれども、市民を目覚めさせるという一つの運動の原点になるという意識を持っていただくことも大事ではないかと思うのです。

野間　差別する側にいながらこの問題を考えている人たちと問答しなければならない。差別されていない人たち、そういうところに生まれてこなかった人たちには、わからないんだといい切ってしまうと、これはもう何にもならないんですね。大運動になりませんね。

三國　若い俳優さんの中にいる部落出身の方も、朝鮮の出身の人もほとんどが自分を隠すのです。ぼくの知っている範囲の人たちは。それで「三國さん、あんたは自分に力があるから平然と、『俺たちは賤民の出身だ』と公言してはばからないかもしれないけれど、われわれは仕事がなくなる」というのです。「それが闘いなんだ、僕の基盤なんか薄いものだ」と僕はいうんです。薄氷を踏む思いで僕は自分を勇気づけるためにそういって歩いているんだ、だから君たちも朝鮮人なら、朝鮮人の名前でやればいいじゃないか。部落出身なら部落出身と公言してはばかりなく仕事をしろ、仕事だけがおれの使命なんだと開き直ったほうがいいと。

寝た子を覚ますということもありますけれどね。でもぼくはやっぱり「いまを生かされている」という認識の上に立って、自分の責任として闘いの姿勢だけは崩してほしくないと思いますね。

野間　隠して隠せるものじゃないんです。部落解放同盟は全部知っているんですからね。しかしそんなことを一つ一つ絶対にいったりはしません。当然のことでしょうけれどね。だけどそれでは同盟の人だけが知っているのかというと、そんなことないんです。わかってるんですよ。

三國　戦後四十年たった民主主義の中であらゆる運動がなしくずしに崩壊してきましたね。切り崩されていってる現実があるわけです。唯一残っているのは解放同盟だけなんです。だからほんとに解放同盟の運動には期待をかけるわけです。だから僕らもその後に付いて走って行きたいという気持ちだけですね。

自分の責任が問われる唯一の映画

――やっぱり、私を意識すること、自意識からしか何も始まらないですからね。三國さんも書いておられたけれども、それが闘いなわけでしょ。それは単に部落だけではなくて、すべての人間に問われていることだと思うのです。

野間先生の『青年の環』が出たとき非常に衝撃的だったのですけれども、どういうふうな形で読者がいま受け止めているんだろうか。藤村の『破戒』とは違うんだ。これが完結したときの衝撃力、三國さんのこの映画……これらによって、そういうところで逡巡して生きている人たちに生きる勇気みたいなものが与えられるのですよ。とにかくそういうふうに見たり、読んだりしてくれなきゃいけないのですけれど、とくにインテリたちは「わからん、わからん」ですましてしまうのですね。

「わからん」というのは「わかりたくない」ということですよ。これは僧侶だけではない。あの映画がわかると、自分の責任が問われる。そこで防衛的に「わからん」ということで切ってしまう。切っておきたい。問題提起の映画ですからね、「白い道」は。

それからやっぱり日本の映画評がひどいですね。見れるだけ見て読んだのですが、がっかりしましたね。映画評論家には、もうちょっとまともな人がいてもいいんじゃないですか。

野間　これから出てくると思いますがね。つまりもっと時間がかかるにしてもね。

——　こういう映画が既存の配給会社に乗るということが、驚くべきことなんだということもわかってない。目の前でパッと発散して終ってしまうのでなくて、自分にすーっと戻るというのか、そういう観方ってできないのかなあ、と思いますね。いちおう関心を持ちそうな人たちに伝えてみても、見た人はいたみたいだけれど、あまり反応がなかったですね。「わからん」と言ったのが半分以上はいました。

三國　ほんとに日本人は素直だなあ、と思いました。「わかんない、わかんない」という形でなんとなし宗教映画を見てもしようがない、という受けとめ方がはじめはあったわけですよ。ところがカンヌで賞を取って新聞に出たでしょう。その日から三〇パーセント客が増えたというんです。いかに日本人が素直かということ。映画会社にとってはいいことなんですけれど。作った本人にしては寂しいですね。

——　映画評の状態からいってもカンヌで賞を貰わなかった場合は、切り捨て、抹殺、無視、そういうことになりかねない状態だったと思うのですよね。

野間　その点ではカンヌの審査員はよく見ているのですね。

——　野間先生はずーっと映画を見ておられるでしょうが、これは一つの思想映画だと、日本でこういうような映画はやっぱりなかったですか？

野間　外国でも少ないのではないでしょうかね。

三國　パリで受けたインタビュー、深夜の三時ごろまでねばられましたけれども、その女性記者はインタビューのいちばん初めに「日本人を見直す」というのです。こういう向きの映画にお金を出す日本人は見直されてしかるべきだ、と(笑)。

——　三國さんは自主上映運動で行こうといっておられたでしょう。何班かの上映班をつくって、全国に。そういうお話をずっと聞いていて、こういう形になったのですけど、お金の問題をめぐっても、ほんとに闘いとしかいいようがない。これ、お金でつくったのかな? という思いがありますね。いま、日本で動いている常識的お金じゃないと思いますね。

―― いま「闘い」とおっしゃいましたね、ここでは何回かその言葉が出てきました。僕の言葉でいえば、この映画は「持続する闘いのしかたを提示してみせた」と思います。この映画の存在すべてがそうです。枝葉末節と思えるかもしれないけれど、パンフレットを見ると、最後のところに全部、松竹から始まって大きな企業の名前がドーンと入っている。もちろん教団も入っています。この映画を見てから、この最後のページをめくって見ますと、非常に面白かったです。いま、闘いの難しさをおっしゃいましたが、僕はこの映画ではそうした闘いから逃げるためによくある二者択一が避けられたと思うのです。小規模の良心的なプロダクションで作って、あくまで自主上映でやっていくか、それとも大企業、大映画会社と結託してダメになるか……この二者択一に映画を見てる側は、うんざりしています。このような闘いは、なにも映画に限らずどこにでもあって、そしていつも困難だけれども、二者択一を避けることが可能なんだということが、まさに三國さんの名前と大教団その他大きな集団がダーッと名前を連ねていた、そこに僕は象徴的に現れていたと思います。

―― ある意味では日本の社会では奇跡ですね。ほんとにそういう意味では、映画作品そのものとしてもそうですが、作品の背後にある、それを生み出すエネルギーを考えるとき、自分自身の生き方が問われているように思いますね。大企業と闘うと称してながら結局諦めるという敗北主義的な雰囲気があまりにも蔓延している中で、この映画の存在は極めて大きいと思います。

―― 映画の最後に俳優さんの名前が四分とか五分とか出ていること自体に、無意識で見ていてはわからないものすごい問題があるのですよね。名前の文字の並べ方に、いままでの日本の芸能界の伝統を打ち破ってしまうようなところがある。

野間 非常に有名な俳優も出られたし、全然知らなかった人も出られたしね、そのみんながあの映画で誇りを持ったと思いますね。だからこの点ではずいぶん違うようになり始めるでしょうね。

――その部分ですけど、三國さんが俳優として生きられた歴史があそこに集約して出ている。ほかの方にはできないことでしょうね。

――先程、野間さんがいままでの日本映画でこういうのはなかった、とおっしゃいました。僕は初め、これを「映画」と呼べるんだろうか、と思いました。でも、よく考えてみると、むしろ「映画」という固有名詞があるとしたら、この映画にこそ与えるべきではないかという感じがしています。いわゆるカッコ付きの「思想映画」ではないし、これはなんなんだろう、と考えるうちに映画の映像言語とは何かをこの映画に教えられたように思えたのです。

新聞の映画評

三國　新聞社の人はびっくりしたみたいですね。カンヌの映画祭で賞を取ったということは。

野間　それは実に面白いね。

三國　だからどこかなんか、「意外や、意外」なんて（笑）。

――いちばん大きく載せたのはスポーツ新聞ですね。

野間　スポーツ新聞というのは、いいとこあるんですね。あそこの記者は……。

三國　日本の新聞記者には野人がいなくなったですね。大阪に一人、いますけれどね。

――新聞記者の姿勢は当然のことながら枠組みの中でしか動けない、ということですね。サラリーマンですね、やっぱり。

三國　新聞記者というよりも、もうサラリーマンになってしまったということはいえるのではないですかねえ。

――少なくとも、こういう映画を扱う記者の方は見識を持ってほしいですね。ただの社会部、学芸部、というのではなく。

野間　その点はこの間も、新聞社の方と話したのですが。部数が大きすぎる、日本の人口割にすれば。大体、部数二百万の新聞がないといけない、二百万が必ず買われる。『ル・モンド』は単語がほかの新聞より多いのですよね。これを読むのは難しいです。そういう新聞がイギリスにもアメリカにもあって、部数がもっと少ないでしょう。

三國　今度の審査員特別賞、まだ半分、疑っているのですよ、ほんとうだろうかって。載ったのだけれども、別に三國連太郎という人間がいるんじゃないかと（笑）。

野間　それもまた面白いことですけどね。

――いま映画や出版など、マスコミをはじめとして日本文化のあり方すべてが問われているんじゃないですか。今度の三國さんの映画もそれを問うている。新聞で、八百万だとか九百万だとか、そんな部数を競っている国なんてないですよ。しかも中身は、同じような新聞でしょう。

野間　しかもそれだけ売れる部数を出しながらまだ、そんなに収入があるわけじゃなさそうですしね。

――銀行に弱いですね、日本の新聞社は。いつか僕は公害問題をやったときにわかったのですが、銀行系列がありますね。大きい出版社もそうなんですけれど、ここの問題をやると、この新聞はダメとか、この企業ならばこの新聞はいいというふうに、銀行系列がそれでわかっちゃう。

――まあ、新聞はやっぱり飼われていますね。だから決して八百万とか、九百万とか売っていても経営基盤がしっかりしているということでは決してないんですね。

――出版という分野でも一番強い広告というのは口コミですね。やっぱり「親鸞」を見た人が「よかったぞ、お前、見ろ」というような口コミしかないですね。

野間　そうですね。「難しいぞ」でもいいと思うのです。そんな難しいものなら見に行こう、と思う人もいるしね。

映画界の流れは変わるか

野間　時間は当然かかりながら、ほかの監督、俳優に対してかなりの刺激を与え、「あれを超えよう」という構えを生み出していくと思いますね。しかしこれはなかなか超えられないですね。刳舟《くりぶね》を漕ぐだけのことでも、後ろにずーっと広がりがある。

――舟の場面はほとんど琵琶湖ですか。

三國　いえ、猪苗代と両方でやったのです。舟が着くまでは琵琶湖です。着いてしまってからは猪苗代湖です。
野間　助監督の方はもぐってて、何か着ているわけですか？
三國　ウエットスーツを着ています。でも一日入っていたら寒いですよ。
三國夫人　氷の海に一日入っているから可哀想です。
野間　何日間、かかりましたか。
三國　三日間かかりました。
三國夫人　長浜で四日ぐらいかしら。それから向こうへ移動して、猪苗代湖でまる一日でしょうか。私たち、たくさん着ていましたが、それでも寒かったんですから、ほんと大変だったですね。
野間　心臓でも止まったら……。
三國夫人　若いからできる。
野間　このような映画を映画産業のほうは、どう受けとめているのでしょうかね。やはりかなり考えている？
三國　流れを変えられるのがつらいんでしょうね。いままで「寅さん」をやっていたのが急にあれやって、次に寅さんがどういう反響を受けるかという危機感みたいなものがあるのでは。
――　少なくとも監督たちは、流れを意識してないでしょうが、結果としては、流れに影響するようなものがはっきりしたでしょうね。「これはあまり安易なことやってるわけにいかないぞ」と感じたのではないかと思いますが。
三國　「関係ないね」と思っているんじゃないでしょうか。
――　そんなに甘くはないでしょうね。全然ではないけれど、まだまだ無視できると思っているんじゃないですか。日本の社会状況はそれほど深いものです。
野間　上映運動というか、批評を載せていくということ。そういうものが方々に出ていくと違ってきますね。
――　地方での上映のネットワーキングが出来ればいいんですがね。
野間　流れを変えるのは大変です。このような映画が出来るのは一〇年に一本ぐらいがいいとこでしょうが、ただし当の映画会社がそんな考えだったら困りますね。

三國　東西本願寺の人たちは総体的にどういう受けとめ方をしているかということは、たいへん興味がありますね。

――東西本願寺のほうでは評のようなものは出ていないのですか。ああいうところは機関誌のようなものを持っているでしょう?

三國　評は出ていません。評は出しかねるのではないでしょうか。

――カンヌ映画祭受賞は、東本願寺の新聞ではベタの小さな記事でした。

三國　若い人と年寄りの人と、僧侶の人の感じ方がどう違うか興味がありますね。

野間　中間ぐらいの人が見てますね。若い人の意見はあまり知らないですね。

三國　金沢に行ったときには西本願寺の方が「三國さん、これ薦めてもいいけれども、門徒が減るのが心配ですわ」と。

野間　何をいっとるかね(笑)。

三國　でも実感としてはわかりますね。両方とも困るのでしょうね。

――実質的には同じことではないんでしょうか。ただ西のほうが意外に応援していますね。

三國　どういうわけでしょう。

野間　いま、西のほうが靖国、反核問題とかを進めています。

三國　実際的に動いてくれているのは西本願寺なのです。いちばん問題なところだと思っていたのですがね。

――東で一生懸命になっているのは、結局少数派ですね。

三國　でもある方は難しい、難しい、などといいながらも、二千人集めてくれましたから。小松(石川県)もよかったですよ。

――小松は日常的な運動の基盤がありますからね。

三國　あそこは七千人動員しました。

――労働組合との関係もありますしね。

三國　西本願寺の宗務総長をしていた神戸のある方は全部自分が切符を買い取りまして、門徒の人たちに全部配付して、門徒の人が来たときに映画を通して討論をするといっていました。あとは名古屋の別院では、全部別院で買い取って見に来た門徒の方に、一〇〇円でも二〇〇円でも千円でも置きたいだけ置いていってください、という自由な形で配付していましたですね。

―― 東京では全日仏を通して、他宗派にも流れています。

三國 はぁー、迷惑したでしょうね。

―― いや、喜んでいましたけれどね。たいした数ではなかったたですけれど。

ロケーションでの苦労

―― 三國さん、初歩的な質問なんですけれど、映画の中の親鸞は何年から何年までの親鸞なんですか。

三國 あれはもう制限なしです。そういう時間にこだわらずにやったのです。だから親鸞役の森山君にも、一切メーキャップをするなと。一〇年たとうと、二〇年たとうと、同じ顔でやってくれ、と。

―― 時間を超えているわけですね。

三國 はい。超えようではないかと。

野間 親鸞が死んでから二代目ぐらいの言葉が入っている（笑）。

―― ただあれは京都に戻った親鸞というのはなかったですね。

三國 ないですね。関東を出るまでです。

―― 時間で区切ればですね。

野間 そうだけど、『教行信証』の綱領が入っていますね。

―― だから、そういうふうにストーリーとして見ていくと、全然、親鸞も老けない。奥さんもあのままだし。

野間 あまり力まないで綱領なんかも、ふーっと入ってくる。ああいうのもいいですね。

―― ところであの森山さんは、いくつなんですか。

三國 昭和二十七年生まれです。

野間 メーキャップするなと言われて困ったでしょうね。やりようがないものね。

―― ラッシュで見て、それから封切で見まして、森山さんが封切の時によみがえっていたのですね。あれはどういう編集の魔術があったのか、そこらへんをちょっと……。

三國夫人　効果音とか音楽とか、セリフもまた入れ替えましたし。

――セリフが変わってましたね。

三國　正直いいまして、おそらくセリフなんて合わないと思ったのです。合わせられる人じゃないですからね。だからもう合わなくても、いいんだと思ったのです。とにかく考えたことを画面を通して伝えられれば、それでいいんだ、という考え方でやったものですから、セリフの調子さえよければ、口が合わなくても、それでOKを出したんです。

三國夫人　本番までは一時間、ちょっとしたセリフで。それから大体一シーン二時間ずつぐらいかけて、徹夜が続いて。結局、彼が誰かをおぶっている時はずっとおぶわせていたんです。声の出方が違うから、同じ形でいこうと。何か食べる時には食べさせてしゃべらせる。彼も頑張ったですね、最後は泣きベソかいちゃって。

三國　素敵な人ですよ、あの人は。

三國夫人　一生懸命、頑張ってました。

――撮影を見に行ったときも、ちょっと涙が流れてて。

三國　野間先生、芝居というのは俳優さんの意識の問題ですね。うまい、下手、というのは次の問題ではないかというような気がしてるんですけれど。

野間　俳優がその役にずっと入って行くというのは、一人一人、入り方があるとは思いますけれども、なかなか難しい。どこか外れたり、斜めになっていたりするんですね。見てられないな、という感じで。

――意識というのは姿勢ということですか？

三國　はい。

――最終的には森山さんの親鸞で、ほかにはない、ということになっている。

野間　それはそうです。あれがなければ何もなくなっちゃう。

三國　つまり親鸞という人を演じて、テクニックがあればもっと観客の人たちにわかりやすく演じることもできると思うんです。だけど、やはり意識を伝えるということは、なかなか至難のわざではないかと思う。そういう意味で「どうしてあんな素人を使う」みたいなことをよくいわれましたけれど、僕はあれでよかったと、いまでも思っています。

―― しかし音楽全体がよかったですね。

三國 そうですか。あれも、いろいろともめましてね。録音部のほうは、とにかくこれは映画音楽じゃないというんですよ。だけど僕は、この映画だけはオーケストラは嫌だっていったんです。

―― カンヌではいかがでしたか。音楽については。

三國 音楽については、あまりいわなかったね。

三國夫人 圧倒的に若い方が「音楽がよかった」とおっしゃるんですね。それも都会の方。地方へ行くと、「あれ映画の音楽ですか?」という人がいらっしゃるのね。打楽器、パーカッションはセリフを食っちゃうので、まず難しいということで、みんな嫌がってオーケストラになるらしいんですけど。

三國 ですから、あれはラッシュをかけてて、譜面じゃなくて即興で全部入れてもらったんです。

―― それにしても奥さんも大変だったですね。神経を使いすぎて円形脱毛症になって。

三國夫人 あれは簡単にポコッとなくなっちゃうんですね。朝はちゃんとあったような気がするのですけれど、帰って来まして帽子を取ったのです。そしたらないんですよ。びっくりしました。真ん丸にこんなでした。

野間 どれくらいで治るんですか?

三國夫人 そのうちに生えてきたんです。

―― 注射か何かで?

三國夫人 いいえ、何もしなかったですよ。メーキャップさんがね「心配しないで。かつらは作ってあげるから」って(笑)。自律神経がおかしくなってしまうらしいですね。それでまず食欲がなくなります。胃液が全然出なくなる。そのうちに被害妄想みたいに、だんだんおかしくなってくるんですよ。ノーローゼとは違うのですけれど、みんなが三國の悪口をいっているような感じになってきちゃうんですよ。

三國 それと怖かったのは奥只見の爆破だったね。

―― 雪の中を歩きますね。あれは距離的にはどれくらい歩いているんですか? 雪がわーっと降ってきますね。あれはほんとの雪ですか?

三國 はい。あの吹雪で、もうほんとに前が見えません。

――その雪の中のロケが何日間ぐらいなんですか？

三國夫人　一〇日近くいたんじゃないかしら。大部隊なんですよね。それにあちこち移動しますからね。

三國　ワンカットごと、絵のいい所を探して。

――そうすると、その一〇日間はずっと雪の中ですか。ほんとに忍耐づよくなければ出来ないですね。やはり迫力がありました。

三國夫人　爆破のシーン、ほんとに寒かったのです。足尾銅山なのですけど。役者さんが裸同然の衣装なんです。それに毛布なんかも凍るし、お湯を沸かしていても、ガスボンベが凍っちゃうんです。ガスは出なくなるし、氷が張ってくるんです。それぐらい寒いんです。裸足でわらじも履いていませんしね。

――あのロケは何日ぐらいですか。

三國　爆破のシーンは一日でした。途中のところは、いろいろあったのですけれど、爆破のワンカットは一日です。

三國夫人　徹夜でした。

――リハーサルを何回かやっておいて、暗くなってから？

三國夫人　そうです。その後また、一度消しますね。それからまた、いろいろなカットを撮るわけです。だからいちいちガソリンを撒いてまた撮って、ガソリンの火が強すぎるというので、「少し弱めろ！」とかね。それは大変でした。

――ものすごい爆風だったのですか。

三國夫人　ほんと、事故がなくてよかったと思って。ドーンと。キノコ雲です。みんなヘルメットかぶって。それから最初に火事場のシーンがありましたね。雪がなかったので、福井まで雪を買いに行ってトラックで運んだのです。それでみんなで夜になるまで雪撒きをして地ならしをして。そのうちに溶けてくるのですよね。

――あそこで塩を撒かれた？

三國　あれは阿藤太が人買いをやっているところです。

――塩を撒くとぐっと雪の温度が下がるんじゃないですか。

三國　普通の雪だけだと、雪がベタベタになっちゃって結晶が見えないのですよね。寒さが出ないものですから、「塩を買ってきて、全部撒け」といったのです。みんな凍傷になってしまって。

――　苦労された方々は受賞されたので喜んでいるんじゃないですかね。

三國夫人　カンヌでみんなでご飯を食べたときに、「もう信じられない。まさか、あのとき寒さで震えていたのが、こんなにいい所でご飯が食べられるなんて！　この違い！」なんて。「よかったねえ」なんて道代さんなんか喜んでくださった。苦労のしがいがあったですね。

三　映画づくりの姿勢を問う

――映画「ミッション」と「親鸞・白い道」――

「ミッション」（監督／ローランド・ジョフィ　総製作／デビッド・パットナム　脚本／ロバート・ボルト）

第39回カンヌ国際映画祭グランプリ受賞。この映画は、18世紀中葉、南米の地の果てに殉教した二人のイエズス会士の物語。イエズス会の伝道〈ミッション〉が成功を収めることは、当時南米を征服していたスペイン、ポルトガルの利害と衝突することになり、両国国王は、イエズス会本部に圧力をかけ、南米からイエズス会を追放する画策をおこなった。教団そのものの命運を案じた本部は、南米の伝道区閉鎖を決定。しかし、二人のイエズス会士は、教団の決定に背き、インディオと楽園を守るために伝道区に残り、両国軍の砲火の中、殉死する。愛と力、正義と策謀、歓びと悲哀、強さと弱さという、正と負をあわせもたなければならない人間存在の不条理は、観る者に深い感動を与えた。

三國　「ミッション」を見て非常に感動したんですね。ただ、こういう映画が、どうして日本では、まるで駄目だったんですかね。

―　営業的にですか。

三國　ええ、全然入らなかったそうです。判らないですね。だから、どだい、日本人というのは、考えることが飯に繋がらないんで、おやりにならない習慣が身についちゃったんではないかという気がするんですが。

―　日本では駄目なんですか。感動しないんですかね。

三國　駄目だったですね。入らないですね。しかし、「プラトーン」は入っているわけですね。質としては、「プラトーン」も相当高いものだと思うんですがね、同じレベルのものとして、単純な分け方をすると、「ミッション」の場合は、考えさせられる深さをもっている。「プラトーン」は、もう、目の前で展開して、考えなくてもテーマが判るということですかね。

―　だから、少しでも考えさせられるのは嫌なんでしょう。

三國　うーん、でも日本人というのは理屈いうの、好きなのですがね。

―　屁理屈ですね。議論は、あんまりしないようになっちゃったんじゃないでしょうかね、今の若い人たちは。

三國　前にも話しましたけれど、僕はこの間、ふっと藤村操、一九歳ですか一八歳ですか、一九〇三（明治三十六）年、日露戦争の一年前に死んだ彼の、「巌頭之感」をちょっと読んだんですけど……。日本人て、それほど捨てたもんじゃないという気がしたんですがね、あれを読んで。

―　当時、大変な自殺ブームがありますね。

三國　はい、自殺の古典ですかね（笑）。随分はやったそうですけれど。

―　近代的自殺の古典ですかね。

三國　はい、そうですね。近代的ですよね。僕は名文だと思ったんですね。「人生不可解」と。しかし、こんな文章、一八歳で昔は書けたんですね。「悠々たる哉天壌、遼々たる哉古今、五尺の小軀を以て此の大をはからむとする。ホレーショの哲学の竟に何等のオーソリティを價するものぞ、萬有の真相は、唯一言にして悉す、曰く『不可解』。我この恨みを懐いて煩悶終に死を決す、既に巌頭に立つに及んで胸中何等の不安あるなし、始めて知る、大なる悲観は、大なる楽観に一致するを』。これ、最初から用意したもんですかね。それとも、その場に立って書いたもんですかね。

―― 用意したんじゃないでしょうかね。

三國 苦労したんですかね。藤村操の時代というのは、まだ、才能がおおらかに羽ばたけた時代なんでしょうね。

年代が一つ二つ低いんですが、綾部の高校一年生の、「大人に対する不信」という新聞への投書があったんです。「大人というのはどうしてお金にだけ関心があって、平和とか教育問題とか軍備とかについては無関心なんだろうか」というんですね。どうしても理解がつかない。何か、人間としての責任感を感じて欲しかったというんですね。でも、自分の中にも大変エゴイズムがあって、それは一概に否定はできないけども、ただ、一つだけお願いしたいのは、あなた方がつくった「ツケ」を私たちの時代に残さないで欲しい。それだけは守って欲しいという投書でした。そういう自分自身のエゴイズムを、一六歳の、高校一年の子供が自覚するというのは、文章の形は違うと思いますけれど、やはり藤村操の「人生不可解」に次元が重なりあうものではないかという気がしたんです。

ちょうど藤村操の死んだのが日露戦争の一年前ですね。少年の社会に対する思索と言うんでしょうかね、そういうものが一、二年後にとんでもない時代に遭遇していくんではないかという恐怖感みたいなものを、僕みたいに被害妄想的な人間というのは感じますね。

―― 若さというのは、豊かな観念性をもっていると思いますけれども、やはり一五〜一七歳くらいの時に芽を摘まれてしまうんでしょうね。だから、決められたレールの上を歩まない人間は、まだ、そういうことを考えられるわけです。その上に乗っかってしまった子供というのは、そういうことをまったく考えられないような所に押し込められてしまう。

三國 さきほど日本人は理屈好きだといいましたけれども、ときどき議論すると、周囲の人たちは、不思議な顔をするんですね。現場で演出家と議論しておりますと、「台本に書いてあるのだから、台本通りやればいいじゃないですか」といった、非常に合理的な発想をするわけですね。その裏には、何かとても古めかしい、日本人の慣習みたいなものがあって、そういうもので、ふっと頬被りをしてしまう部分がある。

ずいぶん文明が栄えてきましてね、今、自由にとても便利に生きていますけれども、何か日本人の精神構造は、大化の改新の直後とあまり変わらないんじゃないかという気がするんですが。隣組組織とか、大政翼賛みたいな、なんか非常にまやかしみたいなムードに浸ることが好きなのか、それとも一つの体制というのか、そういうものがそこへ、人間をどんどん追い込んで行って、個人の目覚めを妨げる部分もあるのかな、という気がするんですけどね。

―― そうですね。新聞に出ていたんですが、隣組的発想で相互に監視しあうことを地方議会で決めているわけです。怪しげな者がいるのに気が付いたら、すぐ通報するということを制度化するというんです。昔の隣組ですかね。アカ狩りみたいなもので、相互監視ということになっちゃいそうですね。隣組も昔のことでなくて今のことになってきましたね。

三國　僕自身が役者になったのは、アカ狩りが盛んになったころでした。素敵な俳優さんが仕事ができなくなり、どこかに隠れてしまったり、組織そのものが、そういう人を使わないということになったわけです。その間隙を縫って、僕は役者になったわけです（笑）。

―― 「親鸞・白い道」が上映され、その間にカンヌ映画祭での受賞があったわけですが、観客、マスコミ等、いろんな映画評があったと思うんです。それらの反響は、三國さん自身、予期されていたものだったのか、予期しないようなものだったのか、そのへんのところから、お話いただければと思いますが。

三國　物作りの態度というものは、個人の問題すべてに関わるわけです。活字になって世間に公表されるもののなかでは、若干、恐怖を感じながら警戒していってますけれども、映画づくりの場合は、そういうものを全く払拭しましたね。「個」として、この作品に対してどう対応するかを、純粋なところで考えようとしたわけです。

本当のことをいいまして、僕らの仲間では、「お前、ちょっと頭、おかしいんじゃないか」というような人もいましたけれども。

まあ、準備期間は十年近くかかっておりますけれど、結果的に制作に着手して脚本を書く段階では、つまり、僕を離れた、僕以外の場所では、資本主義という組織がきちっとできておりますから、そのなかで自分がものをつくる一番いい場所を探すには、どうしたらいいかということを考えるわけですね。

僕など単純なもんですから、まず、お金と絶縁すればいいんだと思ったんです。商契約を取り交わさないということですね。だから、すべての創造する土台というのは僕個人、三國そのものの小さな脳のなかにあることであって、それを主張できる場は、やはり経済の因果関係を作らないことだということです。原作も売り渡さないし、脚本料も取らない。演出料ももちろん取らないということで、一年半をそういう形で継続したわけです。ですから、この作品を見て、誰かがどういうだろうかということは、全く考えないでやってきたわけですね。

—— 見た人たちはいろんなことをいうわけです。その中でも特徴的だったのは、非常にわかりにくいと。三國の意図がわからないというか、映画そのものが全然わからないというか、まあ、部分的にはわかっても、全体としてはわからないというような反応や意見がかなり多かったそうですね。

—— そういう意見は都市部に大変多かったような気がします。忙しいですからね、都会の人は。全部説明してもらい、居眠りしてても理解できるようなものしか受け入れない部分もあるんじゃないでしょうか。

—— いわゆるインテリといわれるような人からも、そういう意見が多かったというのが、気になるんですけれども。

三國 開き直ったいい方をしてしまうと、インテリの方は、判っていても判らないといったほうが、自分が生きやすいということもあるんじゃないでしょうか。判るっていったら問題を放棄できないでしょう。判ってしまったら意識的に放棄しなきゃならんわけですから。

—— 逆にいえば、インテリもそういうところまで、追い込まれていると。

三國　僕、インテリというのは、あんまり信用できないような気がするんですけどね。でもやっぱり、歴史学者が責任を持って、歴史学者としての一種の使命を果たす時期に来てるんじゃないかと思うんですがね。大化の改新以降、全く変わらない人情論みたいなものがずっと生活の裏付けになっているわけで、いろんな矛盾のなかで生きているんじゃないでしょうかね……。

僕なんかとても卑怯な生き方をするわけですよね。そうしなければ自分の場がなくなるもんですから、必死にそれを守るわけです。でも、ささやかに、一種の目覚めみたいなものはあるんです。戦後を生きて来た僕にとっては無視できないことではないかと思って、一生懸命傾斜しかかるものを何かで支えるわけですね。でも、支える基盤というのは、やっぱり僕なりの歴史観を裏付けにしなければ、流れに棹さすことはできないですね。まあ、そういう僕の歴史観が間違いだといわれればそれまでのことですけど。

しかし、歴史学者の先生方もなんとなく僕と同じような次元で「やばい」というような感覚があって、知っていることも知らないふうにいったり、いろいろなロジックを使って——頭がいいですからね、インテリは——知識を組合せながら、『日本書紀』みたいな形で、誰か、何かを気付くだろうという形であいまいにお書きになり、いざ何かの時に糾弾された時は、自分でどっちにでも返事ができるような、どうでも答えられるような書き方をするわけですがね。僕等なんか、そういうものに惑わされてしまうんですよね。

そういう惑いみたいなものは、やはり、ある意味では問題にしなければならない時期に来ているような気もしますし。国会なんかで政治家がいうように、戦後の総決算の時期という意味では、精神的にも総決算すべき時期として認識する時代になっているんじゃないかという気がするのですが、違いますかね。

——　三國さんが、「白い道」を十数年かけて、構想から上映までこぎ着けられるには、いろんなことがあったと思うんです。三國さんの膨大なノートを見せていただきましたが、ノートのみならずお近くの人から聞いた限りでも、親鸞が歩かれた所を何回も歩かれたそうですね。映画をつくられる時の姿勢ですが、親鸞を描こうとしているのか、三國連太郎の現在の思想というか、現在の存在というか、それを表現しているのかな、という思いがしたわけです。親鸞という名前を借りているけれども、親鸞を越えようとしておられるのか、親鸞から少しずれようと、はみだそうとしておられるのか、そのへんのところはどうですか。

三國 はみ出してしまったというのが、実態かもしれませんですね。でも、「ミッション」にしましても、「プラトーン」にしましても、やっぱり、ものをつくる「個」のなかの「痛み」から出てくるわけですね。そこから発想するわけでしょう、すべて作品というのは。そういう意味では「白い道」というのは、私自身の痛みということに繋がるかもしれません。

僕は、いろんな方々に親鸞について意見を聞いたりしておりますけれど、その意見をそのまま自分の映画のなかに引用している部分はあんまりないんですね。ただ参考にはしていますけど。僕はべつに、親鸞という人物にこだわっているわけではないんです。いってみれば「宗教者のある生涯」、正確にいえば、「ある宗教者の出発」という意味でこの映画をつくってしまったのかもしれません。

僕は戦前、戦後を通して生きてきているわけですが、戦後四〇年の間に、僕も含めて日本人全体が、国をあげて目に見えない、ある種の嫌気性の細菌――空気を嫌う細菌ですね――に侵されているんではないかと思うんです。まあ、エイズみたいなもんでしょうかね。「ミッション」という映画を通してそれをつくった監督さんの、同業者として言葉にならない何かが伝わってくるんですね。それを感じていると、これは日本だけでなく、世界に共通する病原菌ではないかという気が、私にはするんですね。いずれ、エイズと同じように予防法が考えられてしまうんでしょうけど（笑）。

しかし、エイズと違うところは、ちょっと危険なんですね、この病原体は。民主主義なんて言われてますけれども、民主主義というのは建前で、お尻にそうではない戦前の幻想みたいなものを引きずって生きているような気もするわけです。そういう意味で「ミッション」という映画に共感を持ったわけですけれども。そんな所から、この「白い道」の発想というのは、僕も個体としてそういう病原体に侵されてきているという確認を、とにかく早くしておきたかったということでしょうかね。とても、それは人間にとって嫌なことでもあるし、難しいことかもしれませんけれども。

そうするために宗教があるのじゃないかと思うんです。あったはずだと思うんですね。宗教というか仏教は、そういう意味で、いつの時代でも人間が侵されている病巣は、エイズの予防法と違いまして、どうにも根本的に消滅させることはできないわけですから、その病気に対する「養生法」みたいなものじゃないかなと思うんですね。

本当にお釈迦さんが末法を予言したのかどうか知りませんが、宗教者が、今の医者のように、とても堕落してしまっているのではないかという気がします。お釈迦さんの弁証なんかを読んでいますと、絶えず一対一なんですね。医者も一対一でなきゃならんはずなんですが、どうもベルトコンベアーみたいにして医者は患者を診る状況ですね。そのために、いろいろなコンピュータ機器なんかで診断するとか、大変科学的な方法で断層写真を撮れるとか、超音波で診断するというような方法がありますけれども。どうも、宗教者のなかにも医者の真似をして、非常に歩どまりのいい、自分たちのセクトを守るための経済活動をしている部分もあるように思えるのです。そういうことが、今日のこういう時代をつくってしまっているんじゃないかと。

ですから、早くそういう意味で「養生法」として仏教というものを再認識することしかないんじゃないかなという気がするんですね。ちょっと乱暴ないい方になりましたが。

――「白い道」の時代状況は中世、十二、三世紀でしょうか。十二、三世紀という時代背景と現代との重なりみたいなものは、考えておられるのですか。

三國　正直いって、背景画として時代考証しただけにすぎないのです。一応、親鸞という人の名前を使っておりますし、八百年前に活躍された方ですから、その背景がないと具合が悪いかな、画にならんかなと思いまして。一義的ではなくて、二義的な形で背景を考証したということですね。あの時代を考証して背景にしたというのが、正しいいい方でしょうかね。

実をいいますと、とても乱暴ないい方なんですけど

——こんなことをいうと僕は売れなくなっちゃうかな——脚本家が、とても覚えにくい台詞の羅列で、ストーリーを説明する脚本をお書きになるんですよね、近頃。これも、また聞きなんですけど、中村勘三郎さんという歌舞伎の名優がいらっしゃいましたが、まず台本がきて、めくりますと「とにかく役者に台詞を覚えさせるような負担のある本を書くな」といったそうですけどね、まさに、実感だと思うんです。

僕は、演劇とか、映像というのは、台詞ではないと思うんです。台詞なんてのは、あまり大事なことじゃないような気がするんです。ご覧になった「ミッション」でも台詞、少ないですよね。原住民のことばは、一切スーパーは翻訳してありません。でも、判るわけですね。

—— つまり、台詞はそれほど重要でなくて、やはり映像であるということですか。

三國　それが、やはり映像の基本だと思うんです。でも、テレビができてしまってからことばが基本になってしまった。どうしてこうなったのか良く判りませんけれども。

—— 映像化する手続きを省くために、ことばに置き換えちゃうということでしょうね。

三國　そういうこともあるかもしれませんですね。

—— 金がかからんですね、ことばは。

三國　はい。とても安上がりなんですね。だから、経済的なメリットを考えて、そういうふうに置き換えたのが、日本の戦後に栄えた映像の常識になってしまったんではないでしょうかね。

だから、日本のインテリという人たちは、「白い道」を見て筋書きが判らない、内容が難しいとおっしゃるのに、どうしてカンヌで、全く日本語を知らない人たちが見て、一応理解ができたんでしょう。まあ、わざわざ日本から来たんだから、賞の一つもあげなきゃならんという思いやりもあったかもしれませんけれども、でも、アフリカとかアメリカとかブラジルとかからも来ているわけです。でもその作品は、入賞していないわけですから、〝思いやり〟だけでもないような気がするんですね。僕はこの頃、撮影所に行く時、帽子で顔を隠しながら気にしながら歩いているんですよ（爆笑）。

――　現代の人間というのは、あまりにもことばに支配されてしまって、あるがままの世界、現実を見ることができなくなってしまったということでしょう。あるがままの世界というのは、ことばを交わさなくたって、目と目で判る。映画だったら映像の物語っている状況を見る力というのか、そういうのは、だんだん希薄になってきてるということなんでしょうか。

三國　とてもびっくりしたことなんですけど、以前、ある労働組合の委員長に会った時に、「白い道」をやりたいんだという話をしたんです。そしたら、「三國君、君はね、マルクスがあれほど否定した宗教というものに、どうしてそんなに侵されてしまったんだ」というようないい方をされまして、「おかしいな、どうしてこうなんだろうか」という疑問をもったんです。

本当に仏教というのはそうだろうかと思って、物理学者が書いた経典の注釈書を読んだことがあるんです。そしたらね、まったく自然科学的なんですね。素粒子の寿命を表す最小時間単位というものを、今日と全く変わらない数値で、経典が、はっきりと明言しているんです。それと地球の年齢なんかもはっきりと謳ってますし、地球の直径とか月までの距離というものが、古典のなかに、ちゃんと明示されているわけですね。仏教以前からも、もちろんお釈迦さんもその影響を受けているはずなんですけれども、何かがあった。決して非科学的でも、麻薬でもないわけですね。皆さん、経典をお読みにならないんですから。

日本人というのは活字に弱いですね。たとえば、仏教が入ってきましても、まず、経典の理解からでなくて、『今昔物語』だとか、『日本霊異記』なんていうような仏教文学をつくりあげましてね、みんなに恐れ戦《おのの》かせるわけですね。そういう部分があるんで、とても弱いわけです。だから、マルクスをお読みになって、すぐ宗教は麻薬だなんていうと仏教そのものをまったくこっち側に置いといて「仏教は麻薬だ」と一つの方向にならっちゃうんじゃないでしょうか。そういう弱点が日本人の一つの特質みたいな気がします。格好いいことに傾斜するんですね。将棋倒しみたいに。

――　ところで、この「白い道」は、まさに、現代を描いておられると思うんですけれども、最後のところで三國さんが、たたみ込んでいくようなもの、非常に見る者を引っ張っていくものがあったと思うんですけれど。ただ、それが、どのようにでもとれるというか、非常に難しい、難解な表現だったと思うんですけど。

三國　ものをつくる人間にとって、何かを定義することは、やっぱり思い上がりではないかと思うんですよ。定義ではなくて、これを、どうご理解していただけますかと提出することが、当たり前のつくり方ではないかと思うんですが。無責任だといわれればそれまでですがね。「ミッション」でも、そういう強要はしてませんでしたね。

勧善懲悪でなくちゃならないという流行があるんです。どの芝居見ても勧善懲悪なんですね。おそらく、アメリカなんかの映画だったらば、最後のほうに、全員が虐殺されるなんてことは、ないんじゃないですか。誰か、残るんではないですか。残って、大司教じゃないですけども、思い出をずっと書き、永遠に死者の魂は、生き残った者のなかに記録されるだろうなんてことを書くのが、アメリカ的な映画のつくり方ですし、そういうところが、やはり日本人、好きでしょうね。

大阪で上映会があった時に、舞台挨拶をやったんですが、その帰りにおばあちゃんに呼び留められましてね。「三国さんでしょ」と言うから「はい」と言ったら、「私、親鸞の映画を見に来たのに、親鸞さんなんて、どっこも出てこないじゃないですか。親鸞さんは、いつ出たんですか」というから、「いや、それは、出ないはずなんです。つまり、ラストシーンの善信の後ろ姿から、親鸞というのは重なって生きて行くわけで、そういうふうに見て欲しい。でも、親鸞の足跡を消してしまったのは誰かというのが、僕の一番いいたいところなんです。自分にとっても大事な問題点なんです」と説明したのですが、判ったような、判らないようなな。おばあちゃんは「そうですか。二部は、できるんですか」。僕は「いや、二部なんて作る気はない」といったんです(笑)。

―― 今の宗教者の意見を聞きましたら、そういうことの不満がありましたね。つまり、映画の中にお説教が無いというんですよね。

三國　日本人というのは、親鸞を知らないくせに、日蓮を知らないくせに、道元を知らないくせに教義だけを聞きたがる、と思うんですけどね。何故、日蓮が法華経を通して、体制を批判したのか。親鸞の場合は、聖徳太子のことばを借りて「仏だけが真だ」というい方をしています。親鸞にしても、日蓮にしても、一つの理想的な世界を造るための一つの基点、原点を「信」に置いたということですね。あとは全部蛇足ではないかと思うんです。乱暴ないい方ではありますけれども。

―― だから、ひどく難しくしてしまってですね、肝心なところが判らないというのが、何宗によらず同じですね。仏教は、そんなに難しいはずがない、と思うんですがね。なんかあっちこっち引っ張り廻して判らなくするためにやっているみたいな……。

三國 一億総学者にするような今の教団ですもんね。そんなの、必要ないと思うんです。だから、自分のなかに病巣があるんだという自覚、これがないんですね。僕もそういうところがあると思いますけども、立派な演出家と仕事すればするほど、人の話を聞かないんですよね。自分のことばっかり喋って他人の話になると「ハァー」とやる（爆笑）。まいるんですよね。ちょっと耳貸してくれといいたいですけれど。

―― 内容があるものを見る、思想があるものを見る場合には、相当、頭のほうを回転させて思考を巡らさないといかんですから、そういうことを拒否しているんですね、結局。

三國 僕自身が「聞く耳を持たない」と言うことは、僕自身の病気が危篤状態になっているわけではないかと思うんです。自分自身の病巣を認識するというのか、自覚することが、全ての原点ではないか、出発点ではないかという気がするんですね。浄土真宗の場合は、「聞法《もんぽう》」ですか、それを非常に大事にするわけですけども。ただ、気をつけなければいけないのは、そういうブランドができると、説教師みたいなのが出てきまして、知ったかぶって押しつけるんですよね。講釈師みたいに話に波をつくって。あれは、まやかしじゃないかという気がするんですがね。

―― そういうことを望んでいる。望んでいる人が多いということじゃないですかね。説教を聞く訓練をされますでしょう。それに、自分自身で、親鸞とはこういうものだという前提を、それぞれもっているわけでしょう。映画を見て「俺の親鸞と全然違う。俺の親鸞がいない」と。これは、話を聞く場合でもそうですね。自分の考えを持っていて、自分の思いに合うところだけ聞いていく。合わないところは関係ないと切り捨てる。映画の場合でも話の場合でも同じなんじゃないでしょうかね。

三國　そのような気がしますね。

――「全然あそこには、親鸞がいない」と。これは沢山の人が、そう思ったんじゃないでしょうかね、親鸞を知っていると自覚している人は。

三國　日本人くらい、泣くことの好きな国民性はないですね。映画の惹句なんかで、ハンカチは三枚いりますとか。三枚もって映画を見に行ったり芝居を見に行ったりするんですよね。滑稽でしょうがないんですけれども。ヨーロッパの場合は、いかにして泣かせないかということです。いかにして、観客を冷静にさせるかと考えている。そういう芝居のシステムが確立しているわけですよ。日本では絶対それは駄目ですね。

――準備したハンカチには応えなきゃいけないんですよ（笑）。

三國　日本人というのは、やはり泣く民族ではないかと思うんですね。笑うにしても、笑い方が違うんですね。ポルノフィルムを見て興奮するのと同じなんですね。自分自身に笑いが返ってくると、嫌になるんですね、拒否するんですね。だから、次元の高い笑いが駄目なんです。非常に次元の低い笑いを歓迎するんですね、「あいつは馬鹿だ」と。自分が馬鹿だっていうことを認識するのは嫌なんじゃないかと思いますね。だから、ヨーロッパの映画だとか芝居の笑いというのは、映像の中や舞台上の役の愚かさでなくて、その愚かさがあなた方にあるんだと指摘をしているんですね。「ああ、俺と同じなんだ」という笑いでしょ。日本の場合は、全く逆なんですね。簡単に感情移入をする国民性なんですが、自分自身の問題として笑うのは嫌なんですね。

――そうしますと、自分自身の問題として泣くことも嫌なんですね。

三國　でしょうね。なんか自分の生活の支えにしようとするんじゃないでしょうか。だから、内心ではぁるんですね、不幸な自分を感じるものは。愚かな自分の生き方に対して、これは、とても滑稽だと思う部分もぁるんですけれども、全部、蓋をしてしまうんですね。蓋をしてしまうことが、一つの生き方になってしまっているんじゃないかと思いますね。

―― 今のお話を聞いておりますと、三國さんの持っておられる日本人論みたいなものが、映画づくりの柱としてある感じがしますね。

三國 自分でもそんな気がしますね。僕は、これから先、映画がどれぐらい自分で撮れるか判りませんけども、やっぱり永遠にこのテーマを追い続けるしかないと思うんです。つまり、宗教と日本人との関わりのなかで、その秘密をたぐって行きたいんです。自分自身も、自分の鏡として見たいし、同時にそれを見て下さる人がいれば見て欲しいという願いもあります。

―― 三國さん自身は、これまで、三五、六年の俳優生活を続けてこられて、今回初めて監督という仕事をやられたんですけれども、俳優と監督の違いですね、最も大きな違いというのは、どういう点でしょうか。

三國 違いがどこにあるかということは、判りません。けれども、役者って、こんなに下手なもんかなあ、と思ったことは事実ですね、自分も含めて。だから、注意しなきゃいかんというふうに、僕は大変教わりましたけどね。

―― 今度の映画の中でですね、性の問題もあるんですが、親鸞が、性に対して非常に悩んでいる姿が出てきますね。

三國 僕も実は、原作の第二部だったですかね、ここで、筆の直しが進まなくなってしまって止めてしまった部分は、性の部分なんですよ。どうなんでしょうかね。

―― 小屋の外に出て屋根に手をかけてる姿は、ぁれは、性の悩みなんでしょうけれども。

三國 これは、僕も判らないんですけども、六角堂のいろいろな、伝承なんか見ますと、救世観音が声をかけてくれて「私でよかったら、代わりにどうぞおやり下さい」みたいないい方をしたといってます。信仏寺に残っている信仏の写しではまったく違っています。

救世観音は出てこないんです。非常に眉目秀麗な若僧が出てきたと書いてあるんです。ですからどれを信じていいか僕には判りませんけれど。信仏が写している若僧が出てきたという伝記が、どうも理解しやすいんですがね。でも、男の若い僧が出てきたということになると、「えっ、ホモということになるのかな」という気もしないでもないんですが。

それで、映画の場合は、「ちよ」という特定の想像的人物をおいて、若僧と性行為をさせていく、その姿を見ながら、自分自身の性に対する苦悩、男と女とはいったい何だろうかという場面をつくったわけです。

あれも、判らんという人がいる。僕には、判り過ぎるほど判るんですけども（笑）。個々の経験でいろいろ変わるわけですけれども。

やくざの人たちが刑務所に入ると、楊枝の爪を削って球体にして、自分のペニスのどこか亀頭の部分に塡め込むということがあります。つまり、如実に男の性ってものを物語っている行為ではないかと思うんですけれども。つまり、他の男の誰よりも自分のモノになるという女の状況のために、一瞬、不安になるんですね。鎌倉時代の武士が一生懸命田畑を守ったのと同じように、自分のモノにしたいという欲望でしょうかね。

ことばでいうとロジカルに聞こえますけど、まず、自分のモノになりうるだろうかということが、男が女に対する考えの基本なんじゃないでしょうか。「白い道」の原作の時には、親鸞は、女の前で自分のペニスを切ってしまおうとする部分があるんですが、映画ではそれはできませんから止めてしまったんです。

生殖という、男と女の関わりの部分については、歴史学者が実証した、日本の政治の成り立ちから繙《ひもと》いていく必要があるんじゃないでしょうか。母系社会というのは、聖徳太子の時代ですね。大化の改新によって、藤原不比等が例の大宝律令をつくって、中国の律令をまねて、家父長制度をつくりますね。その時点で、女の位置というものを男の社会から除外しなければ、家父長制というのは確立できないというような考えかたをしているんではないかと思うんです。

かつて女性はお化粧をしなかったそうですね。家父長制度というか、律令によって、完璧に常民を規制していく過程で、中央集権制度というのは確立するわけですが、そうしてくると、徐々に女性が後ろ側にいって男性に媚を売るようになってくる。ひどい女性になると当時、笑わないんですね。よく、古い絵を見ますと、扇子で顔を隠したりなんかして目だけを見せているのがありますね。あまり極端におかしくて笑うと、白粉を分厚く塗ってますから、ポロッと落っこちるそうなんですね。化粧くずれのしないように、笑いを堪えるために、扇で顔を隠した。聖徳太子以前には、男性が媚を売って、女性に対して自分を顕示した。自分を売り込んだということでしょうかね。それが、中央集権制度が確立してくると逆になっていって、女性が一生懸命媚をうるようになるわけですね。

最近では、女性が強くなってきたことと関連があるのかどうか判りませんが、白く化粧する人が少なくなったでしょう。この傾向というのは、女性が目覚めてきた一つの段階ではないかと思うんですがね。もう、男がいなくてもちゃんと女で平和を守れるし、家庭を守れるし、種族もちゃんと増やしていけるんだという ね。女を自分のものにしたいという家父長制のなかで男性が確立してきた意識というのは、非常に政治と一緒に歩いてきたような気がするんですがね。どうなんでしょうかね。

武田泰淳さんの『快楽《けらく》』という小説がございますよね。あれは、大変素晴らしい作品ではないかなと思っているんですが。あれを読むとやはり、男が女を所有するという制度が確立することによって、細胞分裂できない単なる種馬だという潜在意識があってですね、男のなかには、永遠に生きる女を苛めてやろうという復讐心に燃えたんじゃないかという気がするんですがね（笑）。よくは判らないですがね。

――「ミッション」の中にも、かなり重要なテーマとして「愛」ということばが出てきたと思うのですが、今、男と女の性のことについてお話いただいたわけですが、「愛と性の関係」といいますか、また、三國さん自身の愛というものに対しての考えですね、そのへんをお聞かせ下さい。

三國　僕は「性と愛」はあまり関係ないみたいな気がするんですよ。大体どんな好みの女性だって三月《み》もてばいいとこですよ（笑）。だいたい三月くらいで別の女性が欲しいなんて気になるんじゃないでしょうか。

「ミッション」のなかにあった「愛」というのは、「愛は神である」というような結び付けをしてますけど。僕は、今生きている自分自身の生きざまの目覚めみたいなもんじゃないかと思うんです。ある種の責任感みたいなものが「愛」ではないかというような気がするんですが。女性の上に乗っかって汗かくのが「愛」ではないと思うんですがね（笑）。これは、まあ、遊戯でしてね。そんなに神聖なものじゃないような気がしますね。

――「愛」と「信」いうことについては、どういうふうにお考えですか。

三國　「信」ということばを真宗の方々がおっしゃっておりますけど、僕は「信」というのは「愛」だという気がするんです。同義語というふうに見ていいんじゃないかと思うんです。

ですから、一般には、お釈迦様が仏教を開いたのは大変すばらしいことだなんていいますけど、開くつもりなんてひとつもなかったんじゃないかと思うんです。「個」というものの目覚めというんでしょうか。仏教では開悟というんでしょうけれども、そのために、釈尊自身の出家の出発があったんではないかと思うんです。親鸞も同じではないかという気がするんです。日蓮という人が法華経のなかから天台哲学というようなものを深く理解していく過程も「愛」の目覚めだと思うんです。「愛」がなければ、単なる今の宗教家とあまり変わらないと思うんですけれども。

――どうなんですかね、「愛」ということばは最近よく使いますけども、日本人にはあまり馴染みがないんじゃないでしょうかね。

三國　ええ、「愛」ということばは、外来語ではないかという気がしてならんですね。キリスト教がはやらしたもんじゃないんでしょうか。

――それと国ですね、愛国心。ほとんど仏教のなかには出てこないですね、「愛」ということばは。明治以後のもんじゃないでしょうかね。「愛」という字はあったんですけど。

三國　アイアイとかメメとかいろいろあったんじゃないかと思いますけどね。「愛」という確立した感じはずっと近世になってからじゃないでしょうかね。ある特定の人たちの思想表現の手段であったものですが、一般にはやってしまった……。

―― 今、普通使っている「愛」は、江戸時代では「情」ではないですか、なさけ。仏教のほうにもってくると「慈悲」ということばがありますけれど、「慈」に当たるか「悲」に当たるか、それは問題ですけども。僕は「慈」よりも「悲」のほうが、人間の側のものに近いと思いますね、悲しみのほうが。三國さんは、痛みが映画を作る契機になったと、さきほどいわれましたね。その「痛み」は、「悲」ということだから、つながるんじゃないかと思うんですが、どうでしょうか。

三國 かもしれません。よく、何のために映画を作ったのですかという使命感みたいなことを聞かれますが、本当のことをいって、何にもないんですよね。ただ、やってみたいというだけであって、他人がつくるから俺もできるだろうぐらいのものかもしれませんですね。

講演なんかに呼ばれてときたま話するのが嫌になるんですが、お寺の坊さんのほうがよく教義上のことばを暗記しているんですよ。それで飯の種になるもんですから。僕は暗記したって飯の種にならんわけですね（笑）。だから、さて教学ということになるとペチャンコになっちゃうんです。ただ、そういうものに対する疑いみたいなもの、これはやっぱり親鸞という人の教学のある重要な部分としてあるものではないかな、という気がするんです。僕は内容がないにもかかわらず、あちこち自分のなかに内容をつけようとする歩みが六〇数年あったわけですが、歩みそのものが親鸞の一つの思想に重なっていくんではないかな、というような気がしています。そんなふうに自分を慰めながら、一時間半の講演でしゃべったりしているわけです。

―― 非常に基本的なことだと思うんですけども、一番初めにお話がありました、世界的に「私」あるいは「個」が侵される病ですね。いわば目覚めを阻害され、眠り込まされてしまう。建前という箱を頭からかぶってしまって、本来は目覚めていいはずのものが、何となく感じてはいながら直視できない。今、そういう現実だと思うんですね。その時に拒んだ結果、「オレが、オレが」というのが出てくるわけですね。

三國 仏教で言う「我執」ではないかと思うんです

がね。「我執」というものを払拭することはできないけれど、観ることができるということですね、仏教のいっているところは。酸素を吸っていれば、きちっと脳も目覚めてそれを観ることができるわけですけれども、やはり、建前と言うガラスの箱に入れられてしまうと、酸欠状態になるんですね。充分に酸素を吸えないもんですから、血もよどむし、脳細胞も活発に動かない。自分の姿を鏡に写して自分の「我執」を観ると言う作業に疎くなるんではないでしょうか。疎くなるのか、疎ましくさせられているのか、そのへんよく判りませんが。

―― ごく一般的な「白い道」に対する反応というのは、三國連太郎さんが、とにかくやりたい放題、それこそ俺が俺がでつくったんだという見方がある。例えばそういう反応というのは、私ではなくて「我執」、私を冷静に観るのではなくて酸欠状態が出てるんだというふうにいっていることにもなりかねないと思うんですね。

三國 そうですね。ラストシーンで貧民たちが宝来の死骸を穴蔵に捨てて、あとを覗くと、穴の底に親鸞が歩いていくわけです。あれは、つまり、貧民たちが見た親鸞の後ろ姿なわけですね。そこに、足跡があるわけです。カットバックしていませんけれども、事実見た目のなかで親鸞の足跡が消え、消されて埋まっていったということなんです。あの貧民たちに、それを掘り起こすエネルギーが果してあるかないか、ということなのです。今、酸欠なんだというい方をすると、おもはゆかったものですから、ああいう形で表現したわけなんです。でも、僕自身の日常のなかには「僕は、今、酸欠状態なんだ」という自覚はあります。

―― そのへんが、非常に興味深かった。自分自身の痛み、あるいは、酸欠状態とおっしゃった、そういう状態との往復運動といいましょうか、絶えず自分に返ってくるというような動きが、あの映画の中で、僕は一番魅力的だったんですね。相手を、あるいは現代の日本を治してやるんだということで、ああいう映画という形で治療薬を提出したのではない、ということですよね。あの映画を特別な教科書として持ち上げてしまった上で観ている人もいるわけですね。治療薬として提示されたことになってしまう。「白い道」の中でそうはいってなくても、あの映画の存在自体が説教になってしまったら大変なことになると思うんですね。一方には、ほとんど反応しなかった、判らないという人たちがいたと思うんですが、もう一方では、判ったという顔をする人にも気をつけなければいけないんではないかという感じがしたんです。説教の材料にされたら大変だと思うんです。

三國　判りますね、そういう危険性は。一つ僕が後悔していることは、さっき、どっかでいったと思うんですけども、嫌気性細菌に侵されている自分の姿形を観ることは、なかなか個人として難事業だけども、ただ、それを観るための手立てとして仏教という養生法があるんだというようなないい方をしてしまったところが問題かなという後悔は、今しておりますけれどね。

カンヌ映画祭が終りまして、どこなのか忘れてしまいましたけれども、外国の記者の質問で、「よくあんなに好き勝手な映画をつくりましたね」という聞き方をしておりましたね。まあ、好き勝手につくったということは否めない事実ですね。でも、非常に印象的だったのは、「ああいう映画を好き勝手につくらせる日本人の文化というのは、やはり、われわれは見直さなきゃならんのではないか」みたいなことを、外人から聞かれたことはあるんです。でも、本当にそうだろうかなあという気もしないでもないですね（爆笑）。

これは、決して強がりでもなんでもなくて、日本人というのは、純粋な意味での「文化」というものに対して不都合なものだというふうに、本音のところでは考えていらっしゃるのではないか。政治家も何もかもみんな。だから、創造的な営みとしての「文化」みたいなものは、どんどんと押し込められて行きますね。とても不幸な現実ではないかと思うんですけれども。

――もう一つ、伺いたいのですが、「ミッション」を私が見て感じたまま疑問を提示しますと、決定的な場面になると「神」が登場するんですね。その時に「神」というのは、やはり自分と対峙する大きな存在であって、決定的な大きな存在なんですね。非常に恐ろしい緊張感をもって接すべき相手だと思うんですね。その根本的な設定がずっと「ミッション」に流れているんですけど、親鸞の場合、その対峙する相手は、親鸞が勝とうとする相手は何なのか。つまり、決定的な時に、「神」という絶対的な相手と対立する対立の仕方と、「私」という相手と対立する仕方は大きく異なるように僕には思えるんですけれども。

三國　ええ、違うんではないかと思いますね。僕は、そういう意味で鎌倉仏教というのは大変意味があるという気がするんですね。

「神」を絶対化するところから、比叡山の「宗教サミット」なんかも発想しているのではないかという気がするんですね。それで、一応気になったことばを書き残しておいたのですが、「我々が仕えるのは、民主主義ではなく、神だ」というのがありました。それと権力というものの認識ですが、これは「力は正しい」という、「不幸なことに、力のほうが正しいんだ」というい方をしているわけです。こういういい方をすると、そこには、もう、「神」なんてなものは、彼等にはまったくないわけですね。ということから類推すると、「神」を道具にしている一つの組織だということになってしまうのではないでしょうか。

親鸞は、教団をつくるな、というふうないい方をされたのが、やはりよく判るような気がしますね。もともと、浄土真宗という、浄土の真宗ということばというのは、真宗教団のためにあるわけじゃなくて、浄土教そのものに対する親鸞の感性からできたことばではないかという気がするんですね。

「ミッション」の基本的な演出家の考え方が、どこにあるのかよく判らなかったのですけれど、僕は、この部分かなと思った所があるんです。主人公の奴隷商人が、女房が浮気をして弟と関係したため、弟を殺して、なんか大きな重荷を背負って歩くわけですが、あれは彼の肉体に詰まっている一つの運命観みたいなものかなと言う気がして。それが、現住民によって断ち切ることができて、彼は号泣しますね。そして人間として目覚めていくわけです。そこで「神」というものに対して彼の理解、「愛こそ神である」という考え方のなかで、見習い僧になるわけです。突然、状況が変化するわけですね。しかし、彼の中では、「愛こそ神である」という出発点は、どうしても拭いきれないものですから、現住民と共に戦うわけです。現住民の子供が、川に捨てたはずの剣を取ってきてそれを磨いて彼に渡す。彼はそれを持って立ち上がるわけですね。あのへんを見てると、いったいこの作家は何をいいたかったのかなと思ったんです。

――最後に、撃たれた見習い修道僧はなかなか死なないんですね。首を上げてはまた上げて。なんでこんなに死にそうなのが何回も首を上げるんだろうかと思ったんですが、最後に戦わなかった神父が死にますね。あれと一緒に死にますわね。あそこでいいたかったのではないかと。要するに「神」への志向が両方ともになかったと。自分もなかったけれどあいつにもなかったと。あれが不自然に何回も首をもたげて……確認の意味。

三國 そうですね。あそこで、枢機卿が「道はやっぱりなかったのです。これが人間の世界なんです」という諦めのことばがあります。とても印象的だったんですが。

鎌倉仏教では、道は「信」ですね。「信は道の基なり」というふうないい方をしておりますけども。そういう意味では日本の鎌倉仏教というのは、一段階次元を飛び越えた部分で人間社会を鳥瞰、俯瞰したんではないかという気がして、僕は自分にとっては日本の仏教でいいんだという気がして、妙な自己満足はしてますけどね。

――いずれにしても、いつも重要な時に、「神」が出てくるというキリスト教と、「個」なり「我」なりに戻るという仏教との違いは、根本的なことなのでしょうね。「個」なり「我」なりに戻るということを、鎌倉仏教の祖師たちは、常にそれをいってますが、結局、仏教はそこに行き着くんじゃないかと思うんですけれどね。

では最後に、一言でいって、「親鸞・白い道」を誰に見せたかったのかをお聞きしたいのですが。

三國 さっきもいったように、そんなに開き直ってはいないのですけれども、結果的に自分が見たかったんですね。

僕は優柔不断ですしね、警戒して人生を生きていますから。いろいろ、自分自身でもやり切れないくらい、なんの喜びがあって裏切りながら生きているのか、時どき自分で思うわけです。でも、それを悲観的に見てしまいますと、藤村操じゃないけど、とても生きていられないですね。僕はとても卑怯者ですから、やっぱり生きていられる方法をとろうということで。まあ、それを自分自身のなかで確かめてみたいという願いもあって映画をつくっていることもあります。

——ということは、そういうことで、今後また、第二作、第三作と、そういう作品が自分の証として出てくると。

三國 そうですね、もうちょっと、まやかしのない作品をつくるでしょうね、きっと今度は。作れるんじゃないかなと思います、自分では。

——期待しております。

三國 判りませんよ、これは。

四　三國連太郎、次作を語る

——「家」から「個」へ——

――三國さんが「親鸞・白い道」の次に準備しておられる第二弾の筋書きを読ませていただきましたが、かなり大きなテーマで、一つは昭和の総括、それから次の新しい時代をどう生きるか、どう生きていけばいいかという重要な問題につながっていると思うのですが。その作品を語っていただきたい。語るなかで日本の現実を三國さんなりに表現していただきたいのですが。

三國　「親鸞・白い道」のシナリオを手伝ってくれた人と話し合ったのですが、ものづくりの過程で、やはりどうも詳論・各論にこだわりすぎていたんではないかと思っています。各論にこだわりすぎているために、自分のなかできちんと問題が整理できないでいるんではないかと。

ものづくりの立場から言うと、芸能者である僕らは、映像と一番長い付き合いをしてきたものですから、映像をとおして自分を映し出していく。その中に自分自身の本当の実態みたいなものが正直に出てくるんではないだろうかなと思いましてね。そんな話をしながら次作の筋書きづくりをやったわけなんですがね。

――「親鸞・白い道」が上映されたのが一九八七年の六月で、今回は「嗤《わら》う魚《うお》の目」という仮題がついていますが、このタイトルに、いろいろ隠されているんではないかと思うんですが。前回は、「親鸞・白い道」と、ストレートに親鸞に切り込んでおられた。今回は、時代が戦中・戦後で、どういうふうに話が、三國さん自身のなかで動いてきているのかをちょっとお願いします。

三國　僕は、丸山先生の「宗教とは」という短い論文を読ませていただきまして、宗教という軸そのものに対する手触りを、今まさにわれわれがつくらなくてはいけないんではないかという気がしまして。今や手触りもない宗教が、そのへんに林立して跋扈しているというか、一人歩きをしている状態。それがわれわれ自身の進路を妨げているような気もするんですよ。ですから、その点を自分自身の問題意識として今度の映画をつくってみようという気にはなっているんですがね。

この「嗤う魚の目」ですが、魚の目というのは、よく足の裏にできますけど、おそらく人に見せないものですね。痛みはあるくせに他人には通じないわけなんです。その魚の目が嗤っているんだという考えかたで。もうちょっとこけおどしを利かせたタイトルにしたほうがいいかなという気がしていまして、いま題目を変えようと思っているんです。

―― 辞書で魚の漢字を引いたら「魚目《ぎょもく》」ということばがありまして、魚目は魚の目であるということの他に、玉によく似たものということで偽物とか、そういった意味が……。

三國 まあ、それに通ずるものかもしれませんけど、沖縄の陶芸家で魚の目ばっかり誇張して書き落とした陶器をつくっていらっしゃる人がいまして、その人の陶器を見ているうちにそんなことを感じたんですね。偽物から本物を見てみたいという、そういう願望がこういう題名になっていったんではないかと思うんですけれども。なかなか通じないだろうとおもいます(笑)。

ポピュラーではないような気がして、いまは、「海は一人の羊飼いを抱えた」といった、ちょっと長い題名に変えてみようと思っているんですが。

カンヌに行った関係でいろんな映画を見せていただきましてね。いままで他人の映画というのは、あまり見たくなかったものですから見なかったんですけども。偶然知り合ったカナダの映画監督がいて、彼といろいろ通訳を通じて話したら、「自分は映画を見たことがない」というんですよ。僕と偶然年も同じですし、八八年度のアカデミー賞をとったりしているんですが。アカデミー賞をとっても、そんなものはまったく自分が次の作品を撮るために必要だっただけであって、自分自身にとっては無関係のものだ、みたいないいかたをして、「あ、偉いな」と思いましてね。僕も正直言って「白い道」でカンヌで賞をとったといってもですね、それが僕自身の作品の価値というふうな考え方をしていないんですよ。いまでもあちこちで仕事をしますけれども、いかなるプロデューサーもいかなる演出家も「白い道」がカンヌで賞をとったなんてことには触れませんからね。僕の映画について一切触れません。批評家も。だから非常に僕は気楽になったような(笑)。

―― 「白い道」の最後に親鸞の足跡が消えて行く。あれは台風がきたんですかなんて話があったんですけど(笑)。あの消えた足跡をもう一度取り戻そうとする若者が、今度の主人公になるんですかね。その取り戻そうとする人が、一つの悲劇のなかに入って行くというね。そこには真宗だけの問題じゃなくて、仏教全体が抱えている、あるいは、もっと広げると日本人が、あるいは人間が普遍的に抱えている問題でもあるんじゃないかなと。

三國　そうじゃないかと思います。

――物語のだいたいの流れみたいなものをお聞かせいただければ……。

三國　ラストからお話しすることになりますが。宮古島に行きますと、宮古島の先に宮古島と同面積くらいの島があったんですね。

――あった。今はない？

三國　それが一年に一回出てくるんです。それが真西なんです。つまり落日とともに巨大な島影を人間に見せるんです。しかし時間とともに消えていくのです。

主人公は〝けんた〟という名前なのですが、真実を願いながら、実際は自死しているのです。彼は九州から出身地の沖縄に帰ります。映画にすると二〇分くらいの復帰後の沖縄の実態が描かれます。つまり運動が各論に入っていって実態を失いかけているという沖縄の現実ですね。「女流詩人」から「死んだ」といい渡された主人公なのですが、運動に参加して行くことになります。最後は魚の目の焼き物を見て、突然さばにという小さな船に乗って落日とともに、幻の島に向かうのです。――ただ僕はまだ落日と島の投影とがうまくあう時間を調べていないものですから、果してうまくいくかどうかわかりませんけれども。彼は消えていく島に向かって漕ぎぬくんですけれども、島は現実は幻覚でしかなかった。しかし彼だけには見えているわけですね、沈んだ島が。落ちていく太陽に向かって行くわけです。それを幻覚と見るか現実と見るかを、今の僕としては、僕自身に問いかけてみたいと思っています。これがラストシーンで、そういうふうな終りになって行くわけです。

映画の冒頭は、日本流にいいますと大東亜戦争末期の宮古島から始まります。主人公は「のろ」という女性の司祭者の孫として生まれてきます。主人公の母親の相手は旧陸軍の将校だったんです。その将校が米軍に殺されていくのですが、結果的に父無し子とされる。経済的にも、また島の因習などがあって、父無し子は島で育てることができないということで、彼女は子供を連れて北九州に行きます。北九州で朝鮮戦争に遭遇するわけです。朝鮮戦争をとおして米軍の前線病院で仕事を得ます。病院で雑役夫みたいなことをやって子供を育てていく。そこで朝鮮人(韓国人)の李という人物と知り合うのです。その李が母親と肉体関係をもちます。やがて、李の過去の素行を米軍が調査して、ある日、李はその病院を叩き出されてしまう。そしてけんたの母親との同棲生活に入るわけです。その過程で、李という人物の戦中・戦前の朝鮮半島の経歴が出てきます。朝鮮総督府のお先棒をかついで、朝鮮の人人の土地に杭打ちをして土地を没収していくさまとか、そういう彼の過去の生活が出てくるんです。そのような過去をもった李なんですが、主人公の少年が母親と彼との肉体関係を見て、李を殺してしまうんです。そして母親に対しては子供なりになじる、母親の性行為を大変冷たい目で見るんです。母親は「女には男がなくては生きていけない。暮らしていけないんだ」というい方をします。

それがやがてZ寺の住職との出会いの出発点になるわけです。主人公は母を捨てて一人で旅に出ます。さすらいの旅のなかで、朝鮮の芸能者と沖縄の芸能者が出会ったりする場面もあります。そんな事件を経て三池から飯塚へ行くわけです。炭鉱労働者の実態に触れるとか、主人公はいろんな体験をします。——谷川雁さんのサークル村の強姦事件もそこに挿入したりしていきます。ただこのへんの話がそのまま使えるだろうかどうかという気がしているんですけども。

—— あれはサークル村のメンバーが仲間の妹をレイプする。サークル村の大衆討議では、女性のほうが悪いという結論になりますね。

三國 僕はあれを逆に受け止めているものですから。飯塚の小炭鉱を背景にして、幸い現地でインタビューしたものがあったもんですから、それをもとにしながら組み立てをしていきます。ただ主人公の心のなかに、母親がいった「男がいなければ……」ということばが引っかかり、後半、異性への性的不能をきたしてホモセクシャル的感覚をもつようになるわけですね。一方彼の周囲には、いつもサディスティックな社会背景しかないという状況のなかで、Z寺へ逃れていくことになり、その寺の住職Pとの出会いがあります。そこで水俣という問題が出てきます。そこで女流詩人で石牟礼道子さんのような人物とのかかわりあいも出てきます。

非常にホモセクシャル的な感じで、けんたとPが雨のなかで殴り合う場面などがあります。主人公と女流詩人とのからみのなかに、主人公のマザー・コンプレックスが描き出されます。僕も詳しいシークエンスの構成をしていないもんですから具体的にはまだはっきりいえないんですけれども。その詩人の意思と、Z寺の住職の考えに従って、けんたは専修学院に行くことになります。京都では、自殺した笠原さんのように、「念仏」と「差別」の問題の激論をたたかわせて、そのあげくZ寺へ帰ってくるとまったく暴力しか残っていない。水俣に行ってもやたら暴力を振るう。Z寺は警官の宿所にあてられて、機動隊の炊き出しをやったりします。とにかくけんたは、血みどろになって労働運動を弾圧する機動隊と殴り合うしかないわけです。そこで隠れ念仏が随所に出てくるわけですね。いまも見世物にして残ってますけれども、隠れ念仏が鹿児島から水俣に渡ってきまして、寺院の地下にかくれ部屋を作るわけです。

けんたもいろんな暴力事件を起こして、そこへ逃げ込んだりします。その逃げ込んだ場所で、隠れ念仏をとおして、真宗の軸芯に触れていくというところもあるのです。しかし念仏そのものに対して、どうしてもけんたの中にはのめり込んでいけない部分があるわけなんです。住職の勧めもあって彼は結婚するのですが、その娘との閨房では彼は不能という状態で、生活に耐えられなくなりZ寺に帰ってきます。そこで、もう自分は生まれた沖縄に帰るといいます。主人公を見送った女流詩人は、「けんたは死んでしまったんだ」とつぶやくのです。死の傍証のような意味合いで、沖縄の運動に参加する主人公の姿があります。最後は、さっきいった西の沖にある一年に一回浮かんでくる島に向かってさばにを漕ぎ出して行くという。

だいたいそういうようなことなんです。うまくまとめて話ができないんですけれども。

――たくさんのモデルがいて、それを参考にしながらこの主人公けんたがつくられていったわけですね。沖縄戦・朝鮮戦争・三池・水俣と、そしてもう一度沖縄へ。これは沖縄を基軸として、戦後日本のもっとも深い歴史の深層を描こうということでしょうか。

三國 そうなんです。なんか自分が生きてきた戦後四〇何年間を、自分のなかで総決算してみたいような気がしましてね。それと「白い道」のラストの親鸞の足跡が消えていく様子を、台風がきたんですかと見る人に、そうではなかったんだという思い直しをしていただきたいということなんですね。内容はそんなに難しいとおもわないんですけど、どうでしょうかね。

――沖縄そのものが存在としてちょっと遠いという気がしているんです。沖縄には二度ほど行きましたけど、どうもここは日本ではないな、というような思いで帰ってきたわけですが。沖縄の左翼の立場の人たちから、左翼の闘争というのは、結局は本土復帰が中心だったわけで、これは間違っていた、ということを聞きました。しかし、間違っていたからといって取り返しがつくものではないですね、歴史というのは。あの時も、共和国をつくろうという動きも一つあったようですが、ただそれは本当に現実の運動にまではいかなかった。とにかくアメリカの占領下から逃れられれば、というようなことだったわけです。実際には、復帰というのは、要するに日本に肩代わりになっているだけでアメリカの占領というのは変わらない、と。そういう非常に複雑な沖縄の人たちの気持ちを聞き、沖縄は、どうもやはり日本文化圏のなかで位置づけるのは無理があると思いますね。沖縄というところが、どうもわかりにくいという印象がありますね。もちろん、単にことばだけの問題ではないとおもうんです。

今回、舞台が九州ということですね。最近四回ほど九州に行ったのですけれども、私が行ったのは柳川あたりなんですが、沖縄ほど強烈ではないけれども、結構まだ何かを引きずって生きているな、という感じはしました。ただ、沖縄のほうがもっと強烈ですがね。

三國 それはいえると思いますね。

――やっぱりそれは、苛められてきた、苛め抜かれてきたということが代々受け継がれてきているのかもわかりませんけれども。

三國　非常に恐い部分もある。懸念というのでしょうか、沖縄に舞台をもつということにずいぶん躊躇したんですけども、でもそこを外せないんですね、出発点として。

――　そうでしょうね。引きずっているということは、やっぱり非常に恐いことだと思いますね。日本の、本土の人たちのように、すぐに何でも忘れてくれれば、これは楽なんですけれども。ただし、そこからは何ものも生み出されないとおもいますが。確かに九州でも南方は、硫球文化圏に入るかもわかりませんね。

三國　ええ。そんな感じがしますがね。僕らもこの前、短い時間ですが、九州をぐるぐる廻っていて強くそれを感じさせられたんです。まさにはっきり二つに分かれている部分があるんですね。飯塚の炭鉱主のものの考え方とか、長崎近辺の人たちの意識みたいなものは、まるで熊本・鹿児島・宮崎とは違うような気がするんですよ。

――　つまり南のほうが自然が豊かだということでしょうか。

三國　南のほうが侵蝕される痛みをまだ感じているんですね、少なくとも。北九州のほうは惰性に乗っかって、レールの上であぐらをかいてしまっている部分が多く見受けられるような気がするんですが。

――　それは自然が豊かであるから、自分たちでなんとか生きていけたということでしょうか。

三國　そうですね、はっきりとは見当がつかないけれど。僕は九州に、敗戦後一年か二年ほど生活したことがあるんですけどね、宮崎交通というところで。その時代に、宮崎交通に入る前に闇屋をやったりなんかした時、自分で粗悪な洗濯石鹸をつくりまして、熊本・鹿児島・宮崎と売り歩いたわけです。その時代の自然と今の自然とは、格段の差があって自然とはいえない部分があるような気がするんです。例えば、人吉からずっと入って、今、宮崎に抜けるハイウェーがあるんですけれども、昔はもちろんハイウェーがなかったわけですが、かつて戦後に、僕が霧島を見た印象と隔世の感があるんですね。今年歩いた過程のなかで。

――　海に関しては、海の幸という点では北も豊かですもんね。

三國　それはそうですね。これは僕の偏見かもしれませんが、戦後、腹がへっていたから美味しく感じたのかもしれませんが、今は海の幸そのものがまずいです。たくさん捕れるからどこへ行っても食べられるわけですけれども、僕が鹿児島・熊本に住んでいたころとは随分味が違いますね。これは九州と離れてしまいますが、渡蟹なんか油臭くて喰えないですもんね。それに広島のカキなんて僕は絶対喰わないですね。でも今年山形にロケに行きまして、山形の海の十メートルくらいのところのカキを食べたんですが、夏ガキと言われたけれども決して恐さを感じませんし、やはり美味しいですね。

自然ということから言うと、山形、秋田あたりは生きているかどうかわかりませんが、ある意味では北陸の先のほんのわずかの部分でしか、列島のなかの自然というのはないんではないでしょうかね。

――　そうすると南と北を分けるものというのは何なんでしょう。

――　例えば、最近はアイヌの人と沖縄の人との交流があるんですね。やっぱり何か合うものがあるんですね。北と南に離れているんだけれど。つまり日本を、京都を軸と見るか、東京を軸と見るかの違いはありますが、とにかく二つに分けて僻地へ追っていった。京都であれ東京であれ、その距離との問題があるんじゃないかと思いますね。これは三國さんから教えていただいたんですけど、支配するために鎌倉時代から人間を南北の僻地へ送っているわけですよね。追い散らされていったものが両側に納まっているんじゃないでしょうかね。

三國　あの島津だって元々は関東の人ですからね。

――　二階堂――今の政治家にもいますが――なんかもこっちから行った者ですし、隼人《はやと》というのも差別語でしょう。

三國　そうですね。

――　薩摩隼人と今は威張っていってますけど。あれは蝦夷と同じような意味合いがある。

三國　白丁《ぱくちょう》というんでしょうか、あれと同じ意味で受け取れるものではないかと思いますがね。分類された一つの人間集団に対する呼称ではないかと思うんですが。

沖縄でインタビューを取ってきた本を読む限りでは、もう絶望的な気がします。遅かれ早かれ戦争が起きれば、第一線に立って鉄砲を撃って上御《かみご》一人《いちにん》のために、という統一された思想で犠牲を払う別の人たちになっていく方々ではないかと思うんですね。そういう意味では、東京あたりに住んでいらっしゃる方のほうが本質を追っかけて、どうやって生きて行くべきかという苦悩を、苦悩と言うと怒られるかもしれませんが、そういうものをもっているような気がしないではないですね。

僕は沖縄で恐ろしいとおもったのは、一つの固定観念をおもちになっているということなんです。その固定観念がとんでもない方向に突っ走る可能性をはらんでいるという気もするんですがね。よく判らないんですけれども、学者の先生方がいろんな各論を作っていきますけれども、各論というのは何をいっているのかよくわからないんです。例えば、宗教書でいえば、いろいろ仏教解説書なんかを読んでいても深く各論に入っていますけれども、みんな学者の固定観念にすぎないような気がするんですよ。だから固定観念以外のものは排斥しますわね。歴史学でもそうではないかというような気がするんですがね。

―― 三國さんはだいぶ前になりますが、「家」の問題をお話しになっておられますよね。戦地で人を殺す使命をもって出かけたのも家のためではなかったかと。家というのは、日本列島という大きな仕組みのなかの「点」ではあるが、戦争に駆り立てたのも家ではないか、そういう気がしてならない、これがやはり一番の問題だ、というような話でしたね。

「家」というは、何かある肝心な時にふっとものすごく大きな力をもってくる。正月になったら家に戻るとか、結婚や葬式の時にも出てきたりします。

三國　僕は理論的に説明できないんですけれども、体験的にいえば、「家」というのは外的な圧力によって伸縮自在なんですね、「家」という観念は。ある部分では否定され、ある部分では膨らんでいくんです。それは決して家という核のなかの事情ではなくて、外の事情によって、家というものの軽重が決まっていくんですね。それはどこかにそういうものを操っている元凶というか、何かがあるような気がするんですがね。とても恐ろしいような気がするんです。

ですから、外国に行って家の問題について、「白い道」を中心にしてアメリカの映画記者なんかと話をしていても、ことばが不得手だということもありましょうが、日本人の家、家族という問題に入るとまったく理解がいかないみたいですね。何だかわけがわからないというんです。だからその部分はわからないけれども、ラストの一〇分であなたの言いたいと思うことは、すべてわかるような気がする、と書いてくれた人もいらっしゃるようでしたが。

―― こういう「家」という観念は、日本独特のものので多分、外国にないでしょう。戦争ということになると家という制度がものすごく大きな力を出すんですよね。

三國 今の政治家が、教育に関して非常に古い意識を持ち出して、親に孝行だとか、家をもう一ぺん大事にしようなんていうことばが出てきますと、僕らみたいに戦争体験をした人間は、ぞっとしますね。

―― そのへんのところが日本という国を解く一つの鍵……。

三國 ではないかと思いますがね。それであえて今度の作品は家の問題から入ってみたいと思ったんです。

―― 家というのは、日本人を、戦後に生まれた人間であっても、縛りつけているということですね。

日本の社会のなかでは、「自由」というものと対立するのが「家」ではないかと思います。家に対してどういう立場をとるかで決定しちゃうんじゃないかと思いますね、個人の自由というものは。それはみんなそこで悩み苦しみ、そして最後はそこにからめとられて行く。みんな悩んでいると思うんですね。悩んでいるんですけども、最後には己=個を捨ててそこに帰って行ってしまう。どうもそんな感じがしますね。

三國 すべて「家」という固定観念を構築するためには、各論が全部とりまいて垣根になっているんですね。鮮やかにことばをもてあそびながら、垣根をちゃんと構築しているのが各論である、ということがいま問題なんじゃないか、と思いますけれどもね。それに縛られている人が多いですよ。

僕は「白い道」をやってから妙に誤解されましてね、

人生相談みたいなことで相談に来る女優さんなんかが多いんですけどね（笑）。亭主はこうだとかああだとか、暴力をふるうとか、別れたいと思うとか。でも、籍が入っているんで不用意に家を出られないとか、不用意に出てしまうと、あと自分が女優生命を押しつぶされてしまうんではないかとかね。僕には相談されても何もわからない。僕は嫌だと思ったら出ちゃうしね（笑）。そういう各論のなかで、自分が固定観念に縛られ、虐げられている人たちが自由を考えるなんてことは、とても絶望的なものではないかというような気がするんですよ。

僕は正規には三回結婚をしているわけですよね。同棲は何回もしていますが。いつも籍を入れる時に迷うんです。それは別れることなんかではなくて、相互に人間三カ月も暮らしていればあきますからね。毎日ビフテキ喰ってごらんなさい。いろんな障害が出てくるわけですよね。やっぱりいろいろとりまぜて、自分の命を確保するために必要な栄養源を補給しなければならんわけでしょう。あえてそういうものを無視されているわけですね、戸籍ということで。僕は僕自身がそうであるということよりも、女性も三月もしたらきっとあきると思うんですよ。三月以上はみんな我慢しているだけにすぎないというような気がしましてね（笑）。そういう時に、じゃ、さよなら、また逢いましょうね、というふうになれるようにするためには戸籍を入れないほうがいいんじゃないか。そういってずいぶん頑張るんですけど、結果的には世間の目とか、そういう一つの固定観念のなかで、女性の方が一応入籍してほしいというんですね。なかには好きな男ができて、あの時に籍をいれなければよかったと後悔する女性もいましたけども。

何回も繰り返すようですけども、本当に固定観念のために人間が自由を失っている。とても自由などということを、われわれはいまのこの制度の中では求められないものではないかと思うんですがね。

―― それの大本というのは、家なんですね。もうちょっと広げれば血縁とか、血でしょうか。

三國　僕なんか伊豆の出身ですから、伊豆に行くと親戚がいっぱいいるんですけど、全員が白い目で見て、僕と会っても口を利かないですよね（笑）。それは何かというと母親の墓をつくらない、父親の墓をつくらないということに対する彼らの固定観念なんですね。

僕は田舎の中学で、甲乙と二クラスに分れていて、五〇人ずつで百人ばかりですね。不思議なことは、一三、四歳くらいの時の印象が、すでに彼らの中にしっかりと固定観念としてあって、とにかく僕がやることに対してすべて疑問に思うんですね。「おまえ、よく偉そうなことをいったり賞をとったりするけど、あれは誰かにお金を使ってもらうのか」ってね（笑）。「中にはそういう人もいるかもしれないけども、俺はそれだけの余裕はない」というようなことをいって笑い話にするんです。僕が勉強が苦手だったもんで、一切勉強しませんでしたし。

―― 家に縛られないようになるには、ある意味で勇気と力がいることですね。

三國 息子が役者をしてまして、彼の中学時代に、僕は夫婦別れをしているわけです。それ以後、僕は彼を一切引き取らないでアパート住まいをさせたんです。大学に入ったら役者をやると突然いいだして、役者になったんですね。最初のころは、非常に僕に対して否定的なんです。非常にズレてるというんですね。つまり芸術家としてのセンスがないとか、いろいろ批判して。僕は、ああいい傾向だと思って、「とにかくいずれにしても一人で生きるしかないんだからどんどん否定しなさい。僕は否定されても頭にこないからかまわない。何をいってもいいんだ」といったら、当時、「親父でも何でもございません」とか、「あんな親父の真似はしたくない」とか、「アカの他人でございまして、三國さんです」なんていう。「父親なんて呼びたくない」みたいなことをいいました。これはすばらしいと思ったんですよ（笑）。ところが二七、八になってくると、家族という意識がまた芽生えてくるんです。これは危険なんですね。三〇歳を過ぎるくらいまで、「家」というものに対して非常に否定的な意識をもって生きていったら、きっとすばらしい俳優さんになるんではないかと思ったんですが。最近心配しているんです、僕はそれで。

―― 「家」という固定観念を何とか打ち砕いていく生き方が必要ですね。自らの力と勇気を出さない限り変わりませんよ。日本では最小単位が家ですから、個人にまでいかないんですね。個がないんですね。個を前提にした集団ならいいけど、個がない集団なんて……。

三國　そうだと思います。それは日本の仏教も同じでしょう。家単位でしか宗教とのかかわりをもたない。それは形式ですね。

「ミッション」にしても、「薔薇の名前」にしても、個の自覚を非常に問題視しながら映画をつくっていると思いますが。両方とも各論がないような気がするんです。いつも個を中心にもってきている。個という核でしょうかね。

——個という全体ですね。新しい映画では、つまり己の題を……。

三國　はい。そのつもりで書いているんです。他に目を向けないようにして、絞り込んでみたいと思っているんですね。

でも、うちの事務所では、僕がこれをやっていると、またかというようなもんで、嫌な顔をしてますからね。でも本当に「白い道」では、九九％の人がクランクインしないと思ったんじゃないでしょうか。ほとんど逃げちゃいましたからね。長かったから逃げるのも無理なかったかもしれませんが（笑）。

（一九八八・一二）

追記　三國連太郎氏の原作・脚本・監督第二作の制作作業はその後いちじるしく進展しており、ここで語られている題名、ストーリー、人物像などは、大幅に書き改められつつあることを註記いたします。（編集部）

〈補〉鎌倉仏教と現代

――「親鸞・白い道」の時代背景を読む――

丸山照雄

まずはじめに自己紹介をさせていただきますと、私は山梨県の身延山に生まれました。日蓮が晩年の九年間をすごし、遺言により墓を建てたところです。

私はその地の寺に生まれたのですが、仏教を自分の内面に位置づけ、仏教者として生きるのだと、心のうちに定まってきたのは、三〇代も後半になってからです。それまでは、僧籍は持っておりましたが、仏教を客観的に観るという立場から一歩も出られなかったといえます。

そのような私が仏教を自己の生き方を定める基礎として、行動と思惟の起点と為しうるにいたったのは、上原専禄先生に出会ったからです。のちに、上原先生やお嬢様から、痛烈なご批判をいただくことになりましたが、私の個人史における事実でありますから、このことについて申しあげることをはばかる必要もないかと存じます。教えを受けたのは、私一人ではありません。日蓮宗の主だった日蓮研究の学者が集まりまして「上原先生を囲む日蓮研究会」というのをつくりました。この会をつくった経過と運営の責任は私にあります。およそ二年くらい続きました。それが上原先生の晩年、先生の言葉を借りれば、「集団思考」の最後の試みとなりました。

研究会だけでなくて、随分とご迷惑であり、あつかましかったとは思いますが、個人的にお宅をお訪ねしてしばしばお話をうかがうこともありました。こうして私が聞きかじってきたことを、私なりに、多分お叱りを蒙るであろうと思われるのですが、自由気ままに解読したり、推理したりしながら消化してまいりました。

私がお話することは、上原先生の教えのある部分を、私の自由気ままな理解で申しあげるということになります。私の得手勝手な一種の仮説であります。上原先生ご自身は歴史学者でありますから、実証的な手続をへないことを無責任にお書きになったり、お話になったりはしておりません。

私は学者ではないので、実証的手続をはぶいて申し上げることになりますので、仮説というよりも空想にもとづく鎌倉仏教理解、ということになると思います。ただ、私の唯一のとりえは山育ちゆえに足の強いことでして、上原先生から提起された様々な問題を、実践のなかで試みてみよう、という野望だけはいだいてまいりました。頭で考えられない者は、足が考える以外に方法はないと思っているわけであります。

鎌倉仏教の範囲

まず鎌倉仏教といいますと、みなさん方の頭に浮かぶのは、親鸞、道元、日蓮、それに法然が加わりましょうか、これらの方々だろうと思います。仏教に関係のない方は宗派と宗祖がつながらないと思いますので整理します。

法然……浄土宗――知恩院、増上寺。多くの派に分かれている。

親鸞……真宗は十派ある。東本願寺は真宗大谷派、西本願寺は真宗本願寺派。

道元……曹洞宗――永平寺、鶴見の総持寺。

日蓮宗は、私の生まれた身延山に総本山がありますが、その他新旧とりまぜてたくさんの日蓮系教団がありますことは、ご存じと思います。

ここにあげたのは有名な著書をもっている方、宗派とかかわりのある方々です。歴史に残る仕事をのこした坊さんたちが沢山いるわけで、その全体像を構造的に把握して行くということが、鎌倉仏教理解には是非とも必要だと思います。仏教学、仏教史の専門の方は、鎌倉仏教を構造的に把握するということはあまりしていない。まず平家期の人であった源信を冒頭に置いて話を進めますが、その理由は、鎌倉仏教の全体像をみる上で、彼が鎌倉仏教形成へむけての問題提起者という位置づけを、私がしているからです。

ご存じのように源信は『往生要集』で知られており、みなさん方もごらんになったことがあるかもしれませんが、この書で特徴的なのは地獄観の提出です。天台僧ではありますが、浄土教の立場による著述ですから、来世往生、つまり死後救済観も強く打ちだしています。当時貴族社会などに相当な影響力をもった点も重要ですが、地獄観を提出したことに、私は意味があると思います。つまり鎌倉仏教というのは、一方に巨大な地獄の観念をもちながら形成されていったという全体構造がみえるわけです。仏の国と地獄の対置は、現世への批判であると同時に、人間のつくりだす歴史社会をきわだてて自覚せしめることになります。浄土教にせよ、道元の禅にせよ、また法華信仰にせよ、ただ法然、親鸞等々の祖師と仰がれる方々が突然あらわれたのではなく、非常に広範な民衆が伝承しているところの念仏信仰が前提としてありました。

平安期には空也がいた。仏さまが口から出てくる空也像がありますが、ああいう風に念仏だけを唱えた念仏行者・聖《ひじり》の存在とか、融通念仏の成立とか、浄土教の一般的流布という背景をみておく必要があります。それから聖徳太子以来の法華信仰の流れがあります。宗派と関係なく、法華経に依る人たちを持経者《じきょうしゃ》といい、大衆的なひろがりをもっていました。

鎌倉仏教成立の背景にある状況、問題提起者、そして仏教全体の構造というものをまず念頭においていただきたいと思います。

〔平安末期―鎌倉期の僧侶たち〕

源信　九四二（天慶五）―一〇一七（永久五）年
永観　一〇三三（長元六）―一一一一（天永二）年
良忍　一〇七二（延久四）―一一三二（長承元）年
覚《かく》鑁《ばん》　一〇九五（嘉保二）―一一四三（康治二）年
法然　一一三三（長承二）―一二一二（建暦二）年
栄《えい》西《さい》　一一四一（永治元）―一二一五（建保三）年
慈円　一一五五（久寿二）―一二二五（嘉禄元）年
明恵　一一七三（承安三）―一二三二（貞永元）年
親鸞　一一七三（承安三）―一二六二（弘長二）年
道元　一二〇〇（正治二）―一二五三（建長五）年

良観忍性　一二一七（建保五）—一三〇三（嘉元元）年
日　蓮　一二二二（貞応元）—一二八二（弘安五）年
一　遍　一二三九（延応元）—一二八九（正応二）年

栄西——道元（禅　宗）
源信——法然——親鸞（浄土教）
日蓮——日蓮（法華経）

ここに幾人かの人々の名をあげましたが、例えば覚鑁《かくばん》という方がおられますが、高野山を追われた方です。覚鑁以後、真言宗は新義真言と古義真言とに分かれるわけです。智山派や豊山派は新義真言の宗派です。密教教理のうえでも、真言密教を大衆のものとしていくうえでも非常に重要な役割をはたした方です。鎌倉仏教の全体構造の中に、こういう方まで含めて位置づけておかなければならないと思います。

最近、法然や親鸞の教理が生まれた背景について、新しい検討が加えられております。例えばＮＨＫにおられた阿満利麿氏——いまは明治学院大学の教授になられましたが——この人に『中世の真実』という著書があります。当時の日本人の宗教意識というものを、民俗学の側面から追跡していって民衆の宗教意識と親鸞、法然の教理との関係を解明しようとしています。浄土教が大衆の宗教意識をどう転換せしめていったかを追求した本なので機会があればお読み下さい。

というのは、当時の民衆の宗教意識と鎌倉仏教のたてた教理の関係がみえていかないと、社会にたいして、あるいは庶民の生活意識に、どういう影響をもったか、いかなる意味があったかもみえてきません。

また、鎌倉仏教を考えるときに、『日本霊異記』の存在も無視できません。当時の日本人の宗教意識がどういう状態にあったかを知るうえで重要な資料だと思います。

文学作品でいえば、たとえば『徒然草』も重要です。当時の仏教者――おそらくインテリという立場でしょうが――がもっていた思想を読みとっていくうえでも重要であるし、日本人の思想の転換期をみるうえでも重要です。

旧仏教と新仏教のかかわり

それから美術の方からも考えておく必要があります。奈良仏教は中国から建造物をはじめ多くの美術を伝えました。平安期からは真言密教がこれに加わります。天台宗はもともと密教ではなかったのですが、真言宗との対抗で密教を積極的にとり入れます。そのような風潮のなかで絢爛《けんらん》たる極彩色の仏教美術が生まれてくるわけです。これにたいして鎌倉仏教は否定的な立場をとります。鎌倉仏教は単彩、水墨に象徴されるような美意識を持っていたといえるでしょう。道元は歌を残しておりますが、他の方々は文学的表現を拒否しています。この点もまた、注目しておく必要がありまます。

ご存じのように運慶の彫刻が鎌倉期の仏教美術を代表しております。このように鎌倉仏教を宗教の側面からだけではなく、文化史的な視点からももう一度見直す必要性があると思います。

禅は栄西、道元の二人によって展開されます。栄西は中国臨済禅を学んで天台宗の中に伝承しました。その弟子となった道元も中国に渡りますが、中国の曹洞禅を学び独自な世界をつくりだしていきます。浄土教の場合、代表的なのは法然、親鸞です。日蓮の場合のみ一人で二役をすることになります。時代的には後から登場するのですが、日蓮を解読するときにむずかしい問題があるわけです。旧仏教に近い位置どりでみれば、栄西、法然、日蓮とも並びますし、道元、親鸞、日蓮と並べる観方も成りたちます。日蓮には両側面があるということです。

このような観点で考えるのは、文字のうえのことだけでなく、具体的なこととして観察することもできます。例えば浄土宗のお寺へ参りまして、お寺の荘厳《しょうごん》（本堂内部のつくり・飾り）を、拝見しますと、天台宗の影響が非常に強いことが判ります。あるいは浄土宗の声明《しょうみょう》を聞きますと、天台声明からの変化も聞きとれますが、天台声明の痕跡をも強くとどめている。ところが真宗のお寺へ参りますと荘厳形成は整理されていて、天台の影響から脱皮していることが形式の上からもはっきり見えます。旧仏教との距離のとり方が法然、親鸞ではちがうのだということが、おわかりいただけるはずです。

日蓮宗の場合、浄土宗と日蓮宗のお寺は区別がつかないくらいよく似ています。教義上ではひどく対立しているようにいわれるのですが、よく似ています。用いる楽器も同じです。これは旧仏教との距離がほとんど等しいのです。声明というのは仏教音楽ですが、日蓮宗の場合は単に天台声明を省略しただけのものを用いております。ついでですから申しあげておくと、浄土宗声明は現代音楽とのかかわりをもたせて聴きますと大変興味深いものです。レコードもありますので、是非一度お聴きいただきたいと思います。

それから真宗の声明の代表的な作品は阪東節といわれるものです。曲の頭の部分を〈はっとん〉といいますが、そこを大谷家が独占しております。もともとは関東の庶民大衆のものであったものを、貴族が占有したのです。これは非常にダイナミックな声明でして、それを聞くと労働の現場を通して生まれてくる日本歌曲の源流が読みとれると思います。

旧仏教と新仏教を形の上で区分してみましたが、教理の内容に入りますとむずかしい問題になります。道元、親鸞は読みやすい、わかりやすい、日蓮もある部分は読みやすい、ところが全体像ということになると、解読がむずかしくなります。

仏教の成立史的意味

鎌倉仏教と一般にいわれている存在は、インド・中国・日本の仏教史の流れの中でいかなる位置を占めるのか、その評価もいまだ定まっていないと私は考えています。現代という時点でとらえると、日本仏教の教勢の圧倒的多数が、鎌倉仏教に依拠しています。浄土宗、曹洞宗、浄土真宗、日蓮宗等を基盤として、今日の日本人の心の内面に仏教が存在しつづけています。もし鎌倉仏教がなかったらと考えていただくとわかりますが、そうすると日本人にとって仏教というのは、成田さんとか浅草の観音さんとか四天王寺とかに代表されるような宗教になってくる。あるいは比叡山や高野山や奈良のお寺のような、見方によっては文化財としての宗教になってくる。ところが鎌倉仏教が存在したがゆえに、仏教はかろうじて宗教としての生命をつないできたと思うのです。

私は仏教の歴史を展開史とみております。これはキリスト教とちがうところで、キリスト教の場合はイエスの復活があり、弟子たちが『新約聖書』というイエスの言行録をまとめました。キリスト教の原点がそこに成立する。ところがゴータマ・ブッダの教説は、直弟子たちによって集大成したのではない。少なくとも仏教教典の成立というのは三世紀くらいにわたるわけです。初期経典から後期経典にいたるまで三世紀余を要する。しかもそれだけではなくて中国へ入りますと、インドにおいて形成された仏教とはまたちがった神学的構造が発見工夫されていく。仏教成立をいかにとらえるかということになると、展開史としかいいようがないわけです。

現代から仏教の歴史をふりかえってみると、鎌倉仏教は教理の原理として完結点を示しているように思われます。これについては異論はあると思いますが、ゴータマ・ブッダに始まった展開史は鎌倉仏教において一つの環を閉じると私は考えます。なぜかといいますと、今後われわれが想定しうる未来においても、仏教が提出しうる原理を生みだしたという意味あいにおいて、環が閉じたといえるのではなかろうか。これは私ひとりの考えではありません。真宗のある教学者もいっております。もっとも彼は親鸞において環を閉じるといいますので、いささか強引にすぎるわけですが、そうではなくて、私は鎌倉仏教、先程その全体をみていただきたいといった、その全体構造のなかで、仏教は原理的に完成した、といえるのではないかと考えます。

信仰主義の成立

ではなぜ鎌倉仏教というものが、それほど仏教全体の歴史のなかで、特に教理史的に重要なのか、これについて私は浅学ですので全貌を指摘できるかどうかわからないのですが、まず第一にあげなくてはならないのは、「信仰主義」の確立だと思います。「信仰」という言葉は仏教ではきらう人もいまして、「信心」ともいいます。真宗などでは絶対に信仰という言葉を使いません。日蓮の場合は信仰と信心を使い分けていますが。

宗教なんだから信仰なんてもともとあるもので、信仰がなければ宗教にならないじゃないかとお考えかもしれませんが、信仰主義とあえて主義をつけましたのは、鎌倉仏教においてはじめて信心が仏教の中心におかれたということであり、信仰主義、信心主義というものが確立されてくるとみていただきたいからです。こんなことをいうのは、私しかおりませんけれど、私はそのように思っております。もちろん「信」というものはそれなりに初期仏教からありまして、「南無」を意訳して「帰依」「帰命」すると申します。教理的には入門の段階に位置します。

それ以前の仏教と信仰主義の仏教とでは何がちがうかといいますと、その前の仏教は周知のように「悟り」、悟るという字を使ったり「覚り」という字を使ったりしますが、一つの自己認識の完成を目的としています。つまりこれが成仏といわれるものです。仏へと到るのに何を方法としたかといいますと、「戒」をもって生活を規律する、簡単に解説すると、無駄なものをできるだけ省いて煩悩の荷物をひとつひとつおろしていく。つまり生物学的に背負っている願望荷物をできるだけ小さくしていく、そのために「戒」があり、「行」があります。ところが鎌倉仏教の信仰主義では、とくに親鸞と日蓮において明確にされるわけですが、戒を否定する。親鸞は行も否定しました。戒・行は特殊なエリートにできることであって、万人を救うという仏教の教理に反する、特定のエリートだけが成仏する方法をとるのはおかしいではないか。そこで生活者としてそのまま仏になる方法というのが、信仰主義として提起されてきます。

日蓮は「信をもって慧にかえる」と書いています。「慧」とは仏の智の世界「覚」の内容を示しています。「信」とは、戒や行の手続をとび越えて覚りへ直進するものです。ですから信仰をもつことが精神を固定化するものと捉えたり、「不動の信念」といった主観の強化を意味するものではなく、少なくとも完成された智をめざすものです。

仏教における「信」とは、今日の概念でいいますと、限りなく認識という概念に近いといえましょう。近代的「認識」概念と等しくはありませんが、正反対なものでもありません。

ともかくこういう風にみていかないと仏教における信心、信仰の内容はときほぐされてこないだろうと思います。これが鎌倉仏教においての信仰主義ということです。このことによってさらにいろんな問題が起ってきますが、これはまたあとで説明します。

二番目が歴史意識です。こんなことはあたりまえだとみなさん思われるかもしれませんが――とくに有難いお坊さんから仏教の話を聞くとき、注意していただきたいのは、そこに出てくる歴史という概念は如来の歴史、本願の歴史なのです。本願というのは仏の誓い、救わずにはおかないという誓いを本願といいますが、仏のたてた誓願の歴史、救済史観、そういう概念でいっているので、一般にいうところの歴史の概念とはちがいます。

仏教の歴史意識

仏教の歴史とは、始めと終りがない仏という存在の歴史です。始めがなくて終りがない、つまり永遠なる時間なのです。これを仏の歴史または如来救済史観というわけです。これが仏教の基本的な考え方です。一方、人間に属する歴史的時間があるわけです。当然これは始めがあって終りがある時間。つまり相対的な歴史的時間です。仏教では永遠の時間――歴史というより時間なのですが、これは自然に属する時間です。この永遠なる時間に人間の相対的時間を解消してしまう。つまりこれが仏教の基本的思惟方法なのです。アジア人の非歴史的思惟をもっとも精密に展開したのが仏教の自然主義的な歴史意識です。ところが鎌倉仏教にいたって、如来の歴史のみではなく、人間に属する歴史が自覚化されてきます。

人間の歴史と永遠なる存在との関係がはじめて教理的に問題になります。

とくにこのことを問題にしたのは日蓮ですが、日蓮以外の方も時代の思潮として自覚化していきました。たとえば親鸞は、浄土教の登場からは教理的につながりようもない聖徳太子を敬愛しています。聖徳太子が尊重したのは唯摩経・勝曼経・法華経なのです。浄土系経典は問題にしていない。ではなぜ聖徳太子なのか。日本における仏教受容の歴史的事実、仏教受容の地域性と自己とのかかわりの自覚——つまり歴史にたいする主体性の自覚にほかならないと私は考えます。

坊さんたちと話をしていると〝人類の平和〟とか〝人類にひらかれた教団〟とかそんなことをいいたがりますが、人類というのは人間の総和ですね。これ自体歴史観の欠如を傍証しているようなものでしょう。これを私は「普遍主義」と名づけたいと思います。宗教というのはキリスト教でも仏教でも、真実はひとつ、普遍であるといいはってやみませんが、むやみに普遍主義をふりかざすと現実性に欠けることになります。鎌倉仏教にいたってはじめて、仏教は歴史意識をもつにいたったわけですが、その具体的現われとして、人間の個体、個性、社会的には地域、などが発見されていきます。具体的にみると「地域」の発見は文化の対象化と関係する。

あとでまた触れますが、仏教では今でも文化論が弱い、あるいは拒否反応があるのです。文化は仏教と異次元のものだと主張したりするのです。にもかかわらず鎌倉仏教では、萌芽的ではあるが文化論が提起されてきます。これらが仏教の教理史上の大きな変革であり、転換であったといえると思います。

宗教倫理と自我の形成

そこで最初に申し上げた信仰主義についてふれてみたいと思います。今日のテーマは、現代とかかわって鎌倉仏教理解をお話しなければいけないのですが、私がいうところの信仰主義の成立は、現代の私どもと、もっとも関係があるのです。やや強引な主張と受けとめられるかもしれませんが、信仰主義の成立こそが近代的自我形成の萌芽であると思います。

おそらくキリスト教においても、同時代に信仰主義は起ってきたのだと推定されますが、仏教の教理の文脈では、逆説的な関係をはらんでおります。その点を少し申し上げます。

今日の言葉で信仰主義を私流に訳し直しますと、「宗教倫理の心情的内面化」ということになります。日本人は宗教倫理と世俗倫理の区別がつかない。坊さんなんかでも区別ができないまま道徳・倫理のお説教をしております。宗教倫理とは何であるか、唯円の『歎異抄』では典型的に表現されています。絶対的な価値観ですね。念仏のみが誠《まこと》＝真実である、その他の人の思いはすべて虚《こ》仮《け》（真実なきもの）である。いいかえれば人間と人間との関係における倫理は虚妄なものであり、念仏という自己と仏との関係を結ぶ真言《しんごん》こそ唯一絶対の真実（価値あるもの）であるというのです。これだけが絶対普遍のもので、他には一切真実はない。これは考えてみればあたりまえなことで、世俗的価値観は、人と時と所によって変るわけです。このような変化する規範を世俗倫理として退け、変化しない規範を自己と仏との間に確立する。その内面化された価値観の確立を通して個体が独立していく。何ものからも侵されることなき主体の形成につながってくるのです。

キリスト教においても同じだと思うのですが、神と自己との約束を通して、自我の形成が始まるのだろうと思います。まさに鎌倉仏教における信仰主義は現代と深くかかわっているのです。

鎌倉仏教成立の背景には、ご存知の通り末法観の時代意識が存在しました。終末的な状態、今日いうところの世紀末的時代意識に似ているわけです。教理上、末法とは何であるのかを考えますと、末法の時代の人間は救いがたいということが前提にあり、浄土教が成立している。同様に、日蓮の法華経主義が主張されます。救いがたき凡夫と浄土教はいいます。何をもって救いがたいかといいますと、個体の自我成立が救いがたいわけです。自他を区別し、自己を絶対化するものが救いがたいと浄土教ではいっているわけです。その自我の自己否定（他力の信）の確立をめざして、浄土教が選択されてくる。

日蓮の場合、救いがたき末法の凡夫を生みだすその時代のために説かれた教典があるではないかという意味で、経が時を選び、経が人を選ぶとして、法華経をたてます。

いずれにせよ、重点を人間におくか、歴史におくかのちがいなのです。仏教の自由の概念は自他を区別する位相からの超出を意味します。自己に塀を囲う自我意識を不自由という。自他を区別しないこと、自我を超克することが自由の獲得なのです。このような考え方からすると、近代的自我を確立した人間とは、これはもう箸にも棒にもかからない、どうしようもない人間ということになるのです。自他を区別するところから自我は始まるわけですから。そこで浄土教の信仰主義では、自我の絶対否定を主張するわけです。信心が自己に確立するとは、絶対的自己否定の精神の確立であるというのです。往生が決定するためには自我を超克しなければならない。ところがまあ逆説的といいますか、絶対的自己否定こそが、絶対的な自我の確立へと対応していくというまことに不可思議な構造が生まれてくるわけです。

末法を終末観として訳すと、先がみえない、希望がみえない、そして不安である——そのような時代意識と受けとっていいでしょう。そういう意識を一般的に末法といいます。しかしそうではなく、鎌倉時代においては、自我をもった救いがたき人間があらわれてくる時代であるということだったと思います。その現実に対応しながら信仰主義が生まれてきて、その信仰主義が個体の自立から自我の確立へ向かうという逆説的関係が成立したということです。

次に、歴史意識というものは何を生みおとしてきたかを考えてみましょう。先程いいましたように、人間を永遠にして絶対なる時間のなかに位置づける、という仏教の伝統的な考え方にたいして、それを批判する形で、つまり世俗世界の正義という問題が改めて提起されます。日蓮の『立正安国論』はその歴史的要請に対応しているわけです。「立正」とは、「正法を立つ」の意味でして、仏教の「真実」を立つことを条件として、社会に正義を実現する、さらに正義が実現されることを条件として正法の純化を実現する。この相互往還の連続的関係を「立正安国」という主題で提示しているのです。いいかえれば、立正とは仏教における絶対的価値であり、安国とは相対的倫理、つまり歴史社会における正義の問題であります。この時まで、教理の歴史ではあいまいにされてきた課題でした。

仏の本願・本誓願の実現における現実性に欠けていた。そのような仏教史を踏まえたうえで、地上の相対世界に約束を実現せずにおかないとする仏の意志の下に自己を立たしめる、その自覚が、日蓮の強固な主体性を生みだすのです。仏誓願の現実への媒体、メディアに徹するところに、仏者の主体が成立するのだと、日蓮は教えております。

道元禅師とか法然上人・親鸞聖人は、歴史意識を直截には表現しておりません。しかし、同時代を体験した方ですので、当然にも、歴史的課題を共有しています。歴史意識の目覚めというべき同時代思潮のただ中に立って、それぞれの立場と方法をもって、独自の教理を生みだしていった。あの驚異的なエネルギーをもたらしたものは、歴史現実との間に身を置いた緊張関係だったのだと私は思います。

知識人にとっての親鸞

明治以降の思想史をふりかえりますと、日本の代表的知識人は、仏教、とくに鎌倉仏教を好んでとりあげ、論著をのこしておられます。三國さんの「白い道」もそのような思想史のなかに位置づけられる作品でありましょう。野間宏さんも同じであります。私の知るかぎり野間さんはマルクス主義者でした。岳父の信仰の継承という側面を理解したうえでも、なおなぜ親鸞を語る人になったかの問いはのこります。吉本隆明というような思想家が親鸞をなぜ書くのか、なぜ語るのか、なぜ親鸞でなければならないのか、問いがのこるのです。三木清はマルクス主義の哲学者ではありませんけれども、晩年の遺作は『親鸞ノート』でした。文学者では数えきれない人が親鸞を語ってきたわけです。なぜ親鸞なのか、自己にとってなぜ親鸞かは説明されないままに来てしまいました。どこかで共鳴・共感しているにはちがいないのでしょうが、つきつめれば、親鸞が好きであるという一点に収まってしまうわけです。ある方の表現を借りれば、親鸞をして己れを語らしめているにすぎない、という批判が現われても不思議ではない状態があります。親鸞へ感情移入することによって親鸞を語るという例が多いわけです。今日お話している鎌倉仏教の基本的なところは、なぜ親鸞を見いだすことになるのか、もう少し拡大していえば、なぜ鎌倉仏教へ遡ることになるのか、その理由についてなのです。

近代日本の思想家・知識人が歴史社会の危機や問題の自覚化――自己集約化を通して、そこへ到る理由、必然性について、未熟ではあるけれど考えずにおれなかったことを、簡単にご報告したのであります。鎌倉仏教成立の背景を考察する場合、平安期の社会的・政治的混乱（古代律令制の崩壊過程）や自然災害などの終末的な危機情況のなかから末法観が流布し、やがて鎌倉政権が生まれるのですが、争乱のなかで民衆の苦悩はさらに深まっていった、そこから鎌倉新仏教の民衆性と仏教の変革が起ったとみるわけです。奈良・京都とつづく古代王朝権力にたいして、鎌倉政権の成立は一種の「革命」性を帯びていたと思いますが、新仏教成立の歴史的意味を、そこだけに求めるのは無理があると思います。例えば革命的変革期といえば、幕末から明治の維新「革命」も、鎌倉政権の成立事情と比して、決して小さなものではありませんでした。しかし、幕末から明治にかけて、鎌倉仏教の成立に比すべき宗教上の「変革」が起ったといえるかどうか。観方にもよるでしょうが、私は、比すべきもないと考えます。

世界史成立の普遍性と仏教

ともかく日本という島国の枠組のなかだけで、鎌倉仏教成立の事情が説明されてきました。最初、上原専禄先生からの指摘があり、その後私も考え続けていますが、鎌倉時代の意味を、日本という枠組みだけで捉えるのでは、とても新仏教成立の必然性や、現代とのかかわりを解くことは不可能であります。

上原先生の仮説にしたがって、そのことの要点だけを申しあげてみます。まず第一に、「人類史」と「世界史」を区別して考えるべきであると申されます。「人類史」とは推定可能な限りでの人間の自然史である。一方、「世界史現実」の実態が成立した時からが「世界史」であると。人間の歴史を考えるとき、この二つの視点があり、それは区別されなくてはならない、と申されました。では、世界史成立の時期はいつか。それは十二、三世紀であると上原先生は考えられたのです。私の理解の範囲のことでありますから「如是我聞」であることをご了解いただいたうえでのことであります。したがって、上原先生の鎌倉仏教論は、世界史成立史の実証的研究を起点としており、密接な相互関係をもっているわけです。

モンゴルの世界制覇というものに媒介されながら、ヨーロッパ・中東・アジアの、それぞれの小世界が世界史的歴史現実の形成へむけて、三つの小世界がひとつのダイナミズムのなかへ投げ入れられていくわけです。動態的つまり政治・経済・軍事の全面にわたる展開がはじまるのです。モンゴルとドイツ帝国との軍事的同盟、イスラム世界への侵攻などは、この事情を端的に表現しております。今日われわれが「世界史」と称する場合の概念に相応する実体が生まれていったのでありますモンゴルの世界制覇、世界帝国形成のヴィジョンを通して、三つに分割されていた小世界がひとつの世界になっていった。その時代が課題として提起したもろもろの問題に応えようとしたのが鎌倉仏教であり、その成立の背景であったわけです。

私どもが「上原先生を囲む日蓮研究会」を始めた時――雑司ヶ谷鬼子母神のお寺の一室で始まったのですが――はじめは五、六人の集まりでした。最初先生が語られたのは、現代世界の情勢を基本的構造としていかに認識するかという問題でありました。四時間の勉強会で、ひとことも「日蓮」には触れませんでした。のちにわかったことですが、日蓮を学ぶということは、現代史の基本的な構造を「課題」化しつつ認識していくことによって、必然的に一二、三世紀世界へ到達するという方法です。歴史認識とは遡源的に歴史を問うものである、と私たちは教えられたのです。なぜ歴史を学ぶのか、それは現代の課題を解き明していくためのものであって、他の何ものでもないというのです。課題によっては明治までの歴史を問うことで大方すむ場合もあるでしょうし、江戸時代まででさかのぼらねばならない場合もあるでしょう。しかしトータルに現代の課題を問おうとするときには、おそらく一二、三世紀の世界史成立の意味と内容を問わざるをえないだろうという、認識に立っておられたと思います。信仰があるとかないとか、鎌倉仏教が好きだとか嫌いだとか、私的な悩みに応えや救いを探しもとめるとかという、そういう接近の方法もあるだろうが、現代を生きる己れとは何者かの問いにしたがっていけば、必然的に鎌倉仏教の存在とぶちあたるはずだと、そのように語られました。

鎌倉仏教においてアジア的思惟の変革がなされた問題や、仏教教理史上の大きな転換が起ったことなど、まだまだ解明しつくされておりません。そのなかで一九六〇年代から七〇年初頭代にかけて、とくに上原先生が注目されたのは民族問題です。民族問題はマルクス主義においても、もっとも扱いづらくてカッコつきになってきた問題といえましょう。私はこの場合の「民族」概念を「文化共同体」と考えました。「世界史の成立」という状況のなかで、文化共同体の独自性・統一性を相互自覚し、自己形成するのが一二、三世紀ではないか。「文化共同体」として民族をとらえた場合、その基軸をなすものとは何か。私はこれを「宗教」と「言語」であると考えます。

たとえばユダヤ人は国土を失い、共通人種でもなく、言語もひとつでなく、宗教を基軸にして民族を維持してきました。それから周辺の大国からおびやかされつづけたポーランドの場合は、宗教と言語によってかろうじて民族を維持しました。民族問題は非常にややこしくて、個別的に検討していかないとわからない面があるのですが、「文化共同体」と考えることが正当かどうかは、今後の研究課題としてのこしておきたいと思います。

民族と文化共同体

日蓮は仏教を民族宗教化したのではないか、たかがその程度のもので、宗教的には鎮護国家仏教の延長だろう、という批判も聞いております。悪意ではなくてそう思っている方もおられます。しかし、好悪の感情は別にして、そのようにとらえてもらっては困るのでして、仏教の民族化を志したわけではありません。先程も指摘した通り、「地域」のもつ個別性と自律性を重視しているわけです。「地域」の重視が「民族の形成」と対応しておりますし、歴史社会の責任領域の特定と主体の確立とかかわっております。

日蓮のヴィジョンとして顕著な志向は宗教統一の問題です。宗教統一を基礎として民族の主体性を確立しようとしたのです。驚くべきことに、この時代に言語問題にも非常に鋭敏な対応をしております。おそらく日本では言語問題を主体性の問題として自覚化した最初の人ではないかと思います。地域言語、方言を重視尊重しております。弟子が京都へ留学して、京都なまりになることを厳しく批判をしています。

日蓮が構想している民族共同体・文化共同体は、のっぺりした非個性的共同体を考えているのではなくて、世界のなかの日本の個性、アジアの中の日本という地域の個性、日本の中の各々の小地域の個性的存在を通して、統一されていく世界を構想しているのです。

言語問題への関心のあり方を考える、あるいは日蓮自身の自己規定・自己認識の構造をみていくと、文化共同体としての民族問題を主体形成とする基本構図が解読できていくと思います。このような民族問題の提起と同時に、新しく造出されつつある世界史的現実の成立に対応しながら、世界の統一的認識の構想も生まれてくるのです。いうまでもなくモンゴルの世界帝国構想が一方にあって、それに対決しつつ、世界を統一的に把握しようとする構想が生まれてきました。上原先生によれば、モンゴルに対応したのは、ギリシャ正教、カトリシズムそして仏教であるというのです。

民族の主体形成の課題は、日本だけでなく、多様な地域に起りますが、スマトラ、ジャワの王がモンゴルの侵攻を予知しつつ——実際には侵攻されないのですが——土着宗教の復興の運動をはかるのです。そのような事例をあげて、民族自立と共同体の統一をはかろうとしていた世界情勢を述べています。では仏教のどこに、そのような構想が生まれたか。親鸞や道元のなかにはどうやら見当らない。やはり日蓮でありましょう。日蓮は日本を自己の責任領域と定め、自己の主体を確立すると同時に民族の主体化をヴィジョンとして追求し、さらに世界の統一的認識を構想していきました。ただ申しそえなければならないのは、同時代に仏教だけではない同じような問題をさまざまな宗教が自覚していったということです。

日本人が親鸞に親しみを覚えるのは、おそらく先程お話した自我の成立の原点と関係があると思います。「信仰主義」と私は名づけたのですが、宗教倫理の心情的内面化は仏教のみにあらわれた変革ではなく、イスラムにおいてもキリスト教においても、この時代に神学上の転換がおこるのです。文化共同体を自覚的に形成するためには、共同体成員が等しく自己を確立していかなければならない。そのためには宗教倫理（信仰）の普遍化が求められます。法然・親鸞・道元の信仰主義もその意味で歴史の要請に応えたものでありました。キリスト教の神学はやがて宗教改革へいたります。

アイデンティティの模索と仏教

このような歴史背景を考えていくと、近代の知識人が思想的アポリアに直面した時、鎌倉仏教へ回帰していく客観的根拠が少しずつかいま見られるのではないでしょうか。仏教は一種の自然主義です。アジア的自然主義である仏教が鎌倉仏教にいたってやっと、自然と人間のつくりだす世界、つまり社会的空間と歴史的時間を見出した。想定される人類の未来にわたって生きつづける原理を完成させたといえます。いいかえれば、仏教は教理完成へむけてのその展開史の環を閉じたといえると思います。

仏教は一種の自然合理主義ですから、融通無碍《むげ》に解釈されたり、理解されたりしてしまいます。けじめがつかない側面を持っています。キリスト教とはちがう思惟構造から生まれてきた宗教だといえるでしょう。キリスト教の人々とのかかわりでいつも問題になるのは、「正義」という概念です。仏教の側からいえば非常に抵抗があるのです。ところがキリスト教の人たちは何のためらいもなく、社会の正義を語るのです。

この間、国連大学とＷＣＲＰ（世界宗教者平和会議）共催のシンポジウムがあって、そこでも議論が出ました。社会正義をあまり主張すると危険じゃないのか、正義のための戦争があるわけで、問題じゃないかと発言する人がおりました。なるほどその通りなんですが、仏教徒は自然主義的普遍原理ばかり主張して、相対的な歴史社会における倫理性をみいだしにくいのです。仏教が社会的問題にアプローチするのは、手続が大変面倒だということです。鎌倉仏教を経てもなお、私たちにとっては難問山積の現実があることを申しあげて、私の話はひとまず終らせていただきます。

（一九八七・五）

あとがき
——野間宏先生との対談記録の整理を終えて——

三國連太郎

強羅のはら荘で野間先生と対談したのは、カンヌの映画祭が終ってフランスから帰国した直後のことであった。すでに三年の歳月が流れ、自分が何を語ったのか記憶もさだかでない。その間、野間先生は懸命に速記原稿に手を加えられ、あとあとこの本が遺っても恥をかくことのないように、完全な姿に仕上げられたのである。言葉をいのちとしてこられた先生のお仕事と、私のように一瞬一瞬の演技が寸刻の猶予もなく過去のものとなっていく立場との違いが、この一冊の本の完成へむかう過程でもはっきりと示されたような感じがする。

思えば、鎌倉新仏教を主題として日本人の精神史を映像にしたいと思いたち、原作の執筆のお願いに野間先生のお宅へ伺ったときから数えて、やがて二十年になろうとしている。無謀な私の思いを婉曲に諭されたことを思いださずにはいられない。しかし私は猪突して原作の執筆に挑み、十五年かけて『白い道』を撮り終えた。映画の完成を先生は大変喜んで下さり、ラッシュの段階での試写会にも足を運んで下さった。この対談を改めて読むと『白い道』をいとしくみつめておられる先生の心情がにじみでているような感じがするのである。

幸いにも日本での不評をよそに、カンヌでは審査員特別賞を得た。私流の「映像言語」による表現の方法が他国の人々に通じた事実は、言葉にいい現せない安堵感となって胸に落ちるものがあった。親鸞の真実が普遍なるがゆえにこそ起ったできごとではあろうが、映像となるまでの迷いや惑いが、無駄ではなかったようにも思えたのである。

九人のスタッフと倶に、パキスタンの平原をインダス河沿いにアフガニスタンにいたる三か月の旅のすえ、なぜか私は鎌倉仏教への「道」に踏みいってしまった。最後のカットを撮ることを放棄して帰国以来、私の念頭には鎌倉仏教しかなかった。『白い道』は〝私自身の道〟でもあった。地平線を目標として見定めたうえで、一本の道筋をたどる眇たる自身の光景は、アフガンの原野でみつめたものであったかもしれない。

「生まれによって賤しい人となるのではない。生まれによってバラモンとなるのではない。行為によって賤しい人ともなり、行為によってバラモンともなる」という『スッタニパータ』の言葉は、現代の社会でもまだ批判的な意味を失っていないだろう。このあたりまえな真実を鏡として、現実の社会を映し、私自身の生き方のなかに認めることは、思いのほかの苦渋を嘗めることになるだろう。『白い道』と名づけたひとつの作品が波風にもまれてきた今日までの経緯をみても、〝今の世〟のただならぬ様相を読みとることができるように思えるのである。この対談の記録が映画『白い道』の負うた難儀に投げられた一箇の浮木となることを願いたい。野間宏先生のなみなみならぬご厚意もまたそこにあったのだと思うのである。

（一九九〇年一一月七日）

親鸞略年譜

西暦	和暦	関連事項
一一七三年	承安　三	京都に生れる。
七五年	五	法然、専修念仏を唱う。平氏滅ぶ。
八一年	養和　元	出家得度、比叡山に入る。
九二年	建久　三	源頼朝、鎌倉幕府を開く。
九八年	九	法然『選択本願念仏集』を著す。栄西『興禅護国論』を著す。
一二〇〇年	正治　二	鎌倉幕府、念仏を禁ず。道元生まれる。
〇一年	建仁　元	吉水の庵に住す法然の門に入る。親鸞、妻帯を決意する。
〇四年	四	法然、叡山の弾圧に抗する「起請文」を著す。この頃長男・慈心坊善鸞生れる。
〇七年	建永　二	法然土佐に、親鸞越後・国府に流罪となる。住蓮、安楽など死罪四人。
一一年	建暦　元	流罪勅免される。信蓮房生れる。越後での念仏弾圧きびしくなる。
一二年	二	法然、歿す。
一四年	建保　二	恵信尼と子の信蓮房をともなって親鸞関東・常陸に出発。上野国佐貫で浄土三部経千部読誦を発願したが、中止して常陸国へ赴く。三善家の所領、稲田に草庵を結ぶ。
一五年	三	栄西、歿す。
二一年	承久　三	承久の乱。

二二年	貞応 元	日蓮、生れる。
二四年	三	『教行信証』初稿成るか。
三五年	嘉禎 元	鎌倉幕府、専修念仏者取締り令を出す。
		親鸞、京都に帰る。
三九年	延応 元	一遍、生れる。
四八年	宝治 二	『浄土和讃』『高僧和讃』起草。
五〇年	建長 二	『唯心鈔文意』を起草。
五二年	四	『浄土文類聚鈔』起草。異端を誡める書状を関東へ送る。
五三年	五	道元、歿す。日蓮、鎌倉で法華宗を広む。
五四年	六	恵信尼は親鸞、覚信尼と別れて国府に帰る。
五五年	七	『三経往生文類』『愚禿鈔』など著す。
		関東の念仏者動揺。笠間の信徒からの質問に答えて「本願ぼこり」をいましめる書状を性信に送る。
五六年	八	長男・善鸞の義絶を書状で性信に伝える。
五七年	康元 二	『正像末和讃』を草す。
六〇年	文応 元	日蓮『立正安国論』を時頼に呈す。
六一年	弘長 元	日蓮、伊豆に流される。
六二年	弘長 二	親鸞歿す。（十一月二八日。九〇歳）

編集後記　本書は、三國連太郎氏の原作・脚本・監督による映画『親鸞・白い道』が、厳格さと批評眼で世界最高の権威をもつ「カンヌ国際映画祭」で、審査員特別賞の栄誉に輝いた直後、一九八七年六月二二日から二泊三日、箱根強羅の神代閣はら荘で延べ二十余時間に亘って行われた作家・野間宏氏との対談とインタヴューを編集して構成されたものである。

本書の中でも、しばしば出てくるが、映画『白い道』の日本での評判は決して芳しいものではなかった。悪口雑言は枚挙にいとまがなかった。「わからない」「面白くない」……。しかし、カンヌで賞を取った後は、そういう悪評はピタリと止み、沈黙するようになった。この映画の核心をいち早く洞察し、監督三國に、『白い道』に、高い敬意払っていた唯一の人が、作家・野間宏であった。氏は語る。「私の『親鸞』(岩波新書)は書き直す必要があるが、そのためには、この映画を通過しなければならない」と。

親鸞から親鸞へと、親鸞に自己を映し、親鸞が現代の我々に遺してくれた遺産をめぐって、二人の強靱な思想家の対話は、深夜遅くまで延々と続いた。同席した私たちを、話題の拡散ではらはらさせる前に、既にそのうねりの中に巻き込み、歴史・政治・経済・社会・文化などあらゆる領域に導き、権力・差別・環境をはじめとする現代の根本問題をつきつけ、思わず発言をしてしまった箇所もしばしばであった。

今、我々は自分たちが作り出した巨大な文明の前で、茫然と立ちすくまざるを得ない状況にある。何を拠り所にして生きるのか、今を生きるすべての人に共通の問題であろう。親鸞を素材に、二人の思想家が縦横無尽に語り合った本書が、その一助となれば、われわれの望外の喜びである。(編集部)

一九九〇年一一月一〇日

新版への後記

〝怪優〟三國連太郎氏が二〇一三年四月十四日逝去された。この数年病いに侵されていたが、前日もお元気に奥様と話しておられたようで突然の死である。戦後映画界で三國さん程存在感のある役者は居なかったのではないか。存在しているだけで、語らずともその場が引き締まってゆく。まさに、千両役者の風格を若い頃から亡くなられるまで常に持ち続けた人。こういう人は稀有だ。役者になるべくして生まれてきたような人といっていいだろう。

しかし、その蔭で大変な努力を惜しまれなかった。

本書は、一九八七年のカンヌ国際映画祭で審査員特別賞に輝いた三國連太郎監督第一作の作品「親鸞・白い道」をめぐる、親鸞を語るに当時最もふさわしい作家、野間宏氏との大熱論である。二十五年前の記録だ。対談後、三年の歳月をかけて、両氏の真っ赤に朱が入ったゲラのやりとりが、五回、六回と続き、九〇年晩秋、野間氏が末期ガンに襲われた時、その朱入れが止まった。その年の暮れようやく本書が出来上がった。二週間後、野間氏鬼籍に入る。品切れになって二十余年。

三國連太郎氏のご逝去に際し、装いを新たに復刊を決意した。それは、この映画作品「親鸞・白い道」が、全国各紙の追悼記事の中で好意的に取り上げられていたからだ。四半世紀という時間の経過か、バブルがはじけて現在の状況を考察する時に何か思い当たることがあるからかは知らぬが……。例えば、日経の春秋子が、「国内では『わかりにくい』などと評判がいまひとつだったが、カンヌで賞を受賞し、『難しいがまじめな内容で、仏教の原点に迫っている』といった評価を海外からもらった。全力投球をした仕事は、世界の誰かが見ているということなのだろう」と。ピューリッツァー賞作家、ノーマン・メイラー氏が大絶讃したことを、後に三國さんから伺った。

三國さんとは晩年の約十五年ぐらいのお付き合いだったが、いつも生きる姿勢を教えていただいた。〝求道者〟としての三國さん、本当に有難うございました。安らかにお眠り下さい。

（亮）

著者紹介

野間 宏（のま・ひろし）

1915年2月23日、神戸市生まれ。在家門徒たる父、卯一の影響下、幼少時より親鸞の思想に触れる。三高在学中に詩人、竹内勝太郎と出会い、富士正晴、竹之内静雄らと同人誌『三人』を創刊。35年、京都帝国大学文学部仏文科に入学。西田幾多郎、田辺元の哲学に傾倒する一方、マルクス主義運動に参加。38年に大学卒業後、大阪市役所に就職、社会部福利課で融和事業を担当。水平社以来の被差別部落の活動家たちと深い交流を結ぶ。42年1月、応召しフィリピン戦線に従軍。帰国して原隊に復帰後、治安維持法違反容疑で陸軍刑務所に収監される。44年2月、富士光子と結婚。

戦後すぐに文学活動を再開し上京。46年「暗い絵」で注目を集め、「顔の中の赤い月」「崩解感覚」など、荒廃した人間の身体と感覚を象徴派的文体で描き出し、第一次戦後派と命名された。人間をトータルにとらえる全体小説の理念を提唱。52年、『真空地帯』で毎日出版文化賞を受賞。64年10月、日本共産党除名。71年には最大の長篇『青年の環』を完成し、谷崎賞を受賞、および73年にはアジアのノーベル賞といわれるロータス賞を日本人として初めて受賞した。75年2月より雑誌『世界』に「狭山裁判」の連載を開始する（～91年4月。没後、『完本 狭山裁判』として藤原書店より97年刊行）。晩年は、差別問題、環境問題に深くかかわり、新たな生命観・人間観の構築をめざした。著書に『野間宏全集』（全22巻・別巻1、筑摩書房）『野間宏作品集』（全14巻、岩波書店）『作家の戦中日記』（全2巻、藤原書店）がある。89年朝日賞受賞。1991年1月2日死去。

三國連太郎（みくに・れんたろう）

1923年1月20日、群馬県太田市生まれ。現在の静岡県伊豆市で育つ。43年12月、徴兵検査の通知が届き甲種合格。逃亡を図るものの、佐賀県唐津呼子で憲兵に捕まり、中国大陸の前線へ送られる。漢口の兵器勤務課に配属され、この部隊で終戦を迎える。

戦後は様々な職に就いたあと、スカウトされて松竹大船撮影所に演技研究生として入る。51年、木下恵介監督の「善魔」でデビュー、役名の「三國連太郎」を芸名にする。以後、「本日休診」（52年）「ビルマの竪琴」（56年）「異母兄弟」（57年）「荷車の歌」（59年）「大いなる旅路」（60年）「飢餓海峡」「にっぽん泥棒物語」（65年）「神々の深き欲望」（68年）「戦争と人間」（70-71年）「襤褸の旗」（74年）「金環蝕」（75年）「復讐するは我にあり」（79年）「マルサの女2」（88年）「利休」（89年）「ひかりごけ」（92年）「三たびの海峡」（95年）「わが母の記」（2011年）など多数に出演し、主演男優賞、男優演技賞をはじめ、数々の賞を受賞。「人間の約束」（86年）「美味しんぼ」（96年）で子息の佐藤浩市と共演。「釣りバカ日誌」シリーズ（1988-2009年）では20年にわたり“スーさん”役を演じる。

企画・原作・脚本・初監督を務め、15年の歳月を費やした「親鸞・白い道」（86年）は、カンヌ国際映画祭で審査員特別賞を受賞。84年に紫綬褒章、93年には勲四等旭日小綬章を受章。映画、テレビドラマで社会派作品から娯楽大作まで幅広い役をこなす一方、仏教、差別問題などに深い関心をもち、著作、講演、社会運動への協力などを通して関わり続けた。2013年4月14日死去。

親鸞《しんらん》から親鸞《しんらん》へ　——現代文明《げんだいぶんめい》へのまなざし　〈新版〉

1990年12月31日　初版第1刷発行
2013年6月20日　新版第1刷発行©

著者　野間宏
　　　三國連太郎

発行者　藤原良雄

発行所　株式会社　藤原書店

〒162-0041　東京都新宿区早稲田鶴巻町523
電話　03（5272）0301
FAX　03（5272）0450
振替　00160-4-17013
info@fujiwara-shoten.co.jp

協力　松竹株式会社　　印刷・製本　平河工業社

落丁本・乱丁本はお取替えいたします
定価はカバーに表示してあります

Printed in Japan
ISBN978-4-89434-917-9

活字／写真版の完全版

竹内浩三全作品集 日本が見えない（全一巻）

小林察編　推薦＝吉増剛造

太平洋戦争のさ中にあって、時代の不安を率直に綴り、戦後の高度成長から今日の日本の腐敗を見抜いた詩人、「骨のうたう」の竹内浩三の全作品を、活字と写真版で収めた完全版。新発見の詩二篇と日記も収録。「本当に生きた弾みのある声」（吉増剛造氏）。

菊大上製貼函入　七三六頁　口絵二四頁　八八〇〇円
（二〇〇一年一一月刊）◇978-4-89434-261-3

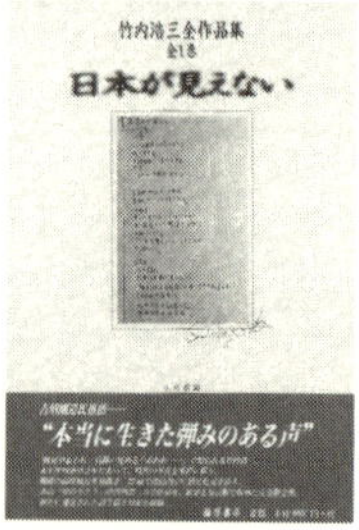

「マンガのきらいなヤツは入るべからず」

竹内浩三楽書《らくが》き詩集 まんがのよろづや

［絵・詩］竹内浩三　［色・構成］よしだみどり編

オールカラー

一九四五年、比島にて二十三歳で戦死した「天性の詩人」竹内浩三。そのみずみずしい感性で自作の回覧雑誌などに描いた、十五～二十二歳の「まんが」や詩をオールカラーで再構成。浩三の詩／絵／マンガが、初めて一緒に楽しめる！

A5上製　七二頁　一八〇〇円
（二〇〇五年七月刊）◇978-4-89434-465-5

詩と自筆の絵で立体的に構成

竹内浩三集

竹内浩三・文と絵　よしだみどり編

泣き虫で笑い上戸、淋しがりやでお姉さんっ子、「よくふられる代わりによくホレる」……天賦のユーモアに溢れながら、人間の暗い内実を鋭く抉る言葉。しかし底抜けの明るさで笑い飛ばすコーゾー少年の青春。自ら描いたユニークなマンガとの絶妙な取り合わせに、涙と笑いが止まらない！

B6変上製　二七二頁　二二〇〇円
（二〇〇六年一〇月刊）◇978-4-89434-528-7

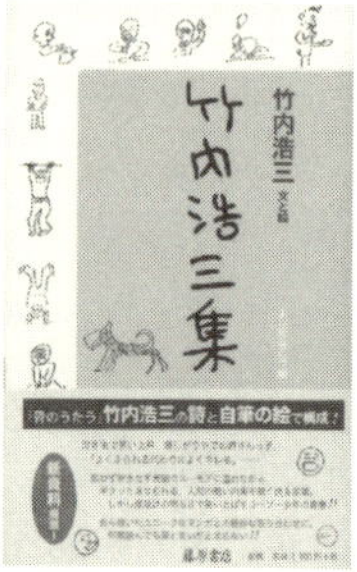

新しい作品も収録した決定版

定本 竹内浩三全集 戦死やあはれ

小林察編

名作「骨のうたう」を残した戦没学生の詩、随筆、小説、まんが、シナリオ、手紙、そして軍隊時代に秘かに書いた「筑波日記」等を集大成。一九八四年の『竹内浩三全集』、続く二〇〇一年の『竹内浩三全作品集 日本が見えない』から一一年。その後新しく発見された作品群を完全網羅。

A5上製布クロス装貼函入　七六〇頁　口絵一六頁　九五〇〇円
（二〇一二年八月刊）◇978-4-89434-868-4

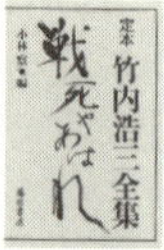

全体小説を志向した戦後文学の旗手

野間 宏(1915-1991)

1946年、戦後の混乱の中で新しい文学の鮮烈な出発を告げる「暗い絵」で注目を集めた野間宏は、「顔の中の赤い月」「崩解感覚」等の作品で、荒廃した人間の身体と感覚を象徴派的文体で描きだした。その後、社会、人間全体の総合的な把握をめざす「全体小説」の理念を提唱、最大の長篇『青年の環』(71年)を完成。晩年は、差別、環境の問題に深く関わり、新たな自然観・人間観の構築をめざした。

「狭山裁判」の全貌

完本 狭山裁判(全三巻)

野間 宏

野間宏『狭山裁判』刊行委員会編

『青年の環』の野間宏が、一九七五年から死の間際まで、雑誌『世界』に生涯を賭して書き続けた一九一回・六六〇〇枚にわたる畢生の大作「狭山裁判」の集大成。裁判の欺瞞性を徹底的に批判した文学者の記念碑的作品。〔附〕狭山事件・裁判年譜、野間宏の足跡他。

限定千部

㊤六八八頁 ㊥六五四頁 ㊦六四〇頁

菊判上製貼函入 三八〇〇〇円(分売不可)

(一九九七年七月刊)

◇978-4-89434-074-9

一九三二年、野間宏十八歳

作家の戦中日記(一九三二—四五) ㊤㊦

野間 宏

編集委員=尾末奎司・加藤亮三・紅野謙介・寺田博

戦後文学の旗手、野間宏の思想遍歴の全貌を明かす第一級資料を初公開。戦後、大作家として花開くまでの苦悩の日々の記録を、軍隊時代の貴重な手帳等の資料も含め、余すところなく活字と写真版で復元する。

限定千部

㊤六四〇頁 ㊦六四二頁

A5上製貼函入 三〇〇〇〇円(分売不可)

(二〇〇一年六月刊)

◇978-4-89434-237-8

全体小説作家、初の後期短篇集

死体について 野間宏後期短篇集

野間 宏

「未来への暗示、人間存在への問い、そして文学的企みに満ちた傑作『泥海』……読者はこの中に、心地良い混沌の深みを見るだろう。」(中村文則氏評)

〔収録〕「泥海」「タガメ男」「青粉秘書」「死体について(未完)」(解説・山下実)

四六上製 二四八頁 二二〇〇円

(二〇一〇年五月刊)

◇978-4-89434-745-8

❸ **苦海浄土** ほか　第3部 天の魚　関連エッセイ・対談・インタビュー
「苦海浄土」三部作の完結！　解説・加藤登紀子
608頁　6500円　◇978-4-89434-384-9（第1回配本／2004年4月刊）

❹ **椿の海の記** ほか　エッセイ 1969-1970　解説・金石範
592頁　6500円　◇978-4-89434-424-2（第4回配本／2004年11月刊）

❺ **西南役伝説** ほか　エッセイ 1971-1972　解説・佐野眞一
544頁　6500円　◇978-4-89434-405-1（第3回配本／2004年9月刊）

❻ **常世の樹・あやはべるの島へ** ほか　エッセイ 1973-1974　解説・今福龍太
608頁　8500円　◇978-4-89434-550-8（第11回配本／2006年12月刊）

❼ **あやとりの記** ほか　エッセイ 1975　解説・鶴見俊輔
576頁　8500円　◇978-4-89434-440-2（第6回配本／2005年3月刊）

❽ **おえん遊行** ほか　エッセイ 1976-1978　解説・赤坂憲雄
528頁　8500円　◇978-4-89434-432-7（第5回配本／2005年1月刊）

❾ **十六夜橋** ほか　エッセイ 1979-1980　解説・志村ふくみ
576頁　8500円　◇978-4-89434-515-7（第10回配本／2006年5月刊）

❿ **食べごしらえ おままごと** ほか　エッセイ 1981-1987　解説・永六輔
640頁　8500円　◇978-4-89434-496-9（第9回配本／2006年1月刊）

⓫ **水はみどろの宮** ほか　エッセイ 1988-1993　解説・伊藤比呂美
672頁　8500円　◇978-4-89434-469-3（第8回配本／2005年8月刊）

⓬ **天　湖** ほか　エッセイ 1994　解説・町田康
520頁　8500円　◇978-4-89434-450-1（第7回配本／2005年5月刊）

⓭ **春の城** ほか　解説・河瀬直美
784頁　8500円　◇978-4-89434-584-3（第12回配本／2007年10月刊）

⓮ **短篇小説・批評**　エッセイ 1995　解説・三砂ちづる
608頁　8500円　◇978-4-89434-659-8（第13回配本／2008年11月刊）

⓯ **全詩歌句集** ほか　エッセイ 1996-1998　解説・水原紫苑
592頁　8500円　◇978-4-89434-847-9（第14回配本／2012年3月刊）

⓰ **新作 能・狂言・歌謡** ほか　エッセイ 1999-2000　解説・土屋恵一郎
758頁　8500円　◇978-4-89434-897-4（第16回配本／2013年2月刊）

⓱ **詩人・高群逸枝**　エッセイ 2001-2002　解説・臼井隆一郎
602頁　8500円　◇978-4-89434-857-8（第15回配本／2012年7月刊）

別巻 **自　伝**　〔附〕著作リスト、著者年譜　（次回配本）

*白抜き数字は既刊

"鎮魂"の文学の誕生

「石牟礼道子全集・不知火」プレ企画

不知火《しらぬひ》

〔石牟礼道子のコスモロジー〕

石牟礼道子・渡辺京二
大岡信・イリイチほか

インタビュー、新作能、童話、エッセイの他、石牟礼文学のエッセンスと、気鋭の作家らによる石牟礼論を集成し、近代日本文学史上、初めて民衆の日常的・神話的世界の美しさを描いた詩人の全体像に迫る。

菊大並製　二六四頁　二二〇〇円
（二〇〇四年二月刊）
◇978-4-89434-358-0

ことばの奥深く潜む魂から“近代”を鋭く抉る、鎮魂の文学

石牟礼道子全集
不知火

(全17巻・別巻一)

Ａ５上製貼函入布クロス装　各巻口絵２頁

表紙デザイン・**志村ふくみ**　各巻に解説・月報を付す

〈推　薦〉**五木寛之／大岡信／河合隼雄／金石範／志村ふくみ／白川静／瀬戸内寂聴／多田富雄／筑紫哲也／鶴見和子**（五十音順・敬称略）

◎本全集の特徴

■『苦海浄土』を始めとする著者の全作品を年代順に収録。従来の単行本に、未収録の新聞・雑誌等に発表された小品・エッセイ・インタヴュー・対談まで、原則的に年代順に網羅。

■人間国宝の染織家・志村ふくみ氏の表紙デザインによる、美麗なる豪華愛蔵本。

■各巻の「解説」に、その巻にもっともふさわしい方による文章を掲載。

■各巻の月報に、その巻の収録作品執筆時期の著者をよく知るゆかりの人々の追想ないしは著者の人柄をよく知る方々のエッセイを掲載。

■別巻に、著者の年譜、著者リストを付す。

本全集を読んで下さる方々に　　石牟礼道子

わたしの親の出てきた里は、昔、流人の島でした。

生きてふたたび故郷へ帰れなかった罪人たちや、行きだおれの人たちを、この島の人たちは大切にしていた形跡があります。名前を名のるのもはばかって生を終えたのでしょうか、墓は塚の形のままで草にうずもれ、墓碑銘はありません。

こういう無縁塚のことを、村の人もわたしの父母も、ひどくつつしむ様子をして、『人さまの墓』と呼んでおりました。

「人さま」とは思いのこもった言い方だと思います。

「どこから来られ申さいたかわからん、人さまの墓じゃけん、心をいれて拝み申せ」とふた親は言っていました。そう言われると子ども心に、蓬の花のしずもる坂のあたりがおごそかでもあり、悲しみが漂っているようでもあり、ひょっとして自分は、「人さま」の血すじではないかと思ったりしたものです。

いくつもの顔が思い浮かぶ無縁墓を拝んでいると、そう遠くない渚から、まるで永遠のように、静かな波の音が聞こえるのでした。かの波の音のような文章が書ければと願っています。

❶ 初期作品集　　解説・金時鐘

664頁　**6500円**　◇978-4-89434-394-8（第２回配本／2004年７月刊）

❷ 苦海浄土　第１部 苦海浄土　第２部 神々の村　　解説・池澤夏樹

624頁　**6500円**　◇978-4-89434-383-2（第１回配本／2004年４月刊）